독선사회

독선사회

세상을 깨뜨린 50가지 이론 4 ─ 강준만 ─

인물과
사상사

왜 우리는
독선에 중독되었는가?

이 책은 『감정 독재: 세상을 꿰뚫는 50가지 이론』(2013), 『우리는 왜 이렇게 사는 걸까?: 세상을 꿰뚫는 50가지 이론 2』(2014), 『생각의 문법: 세상을 꿰뚫는 50가지 이론 3』(2015)에 이어 '세상을 꿰뚫는 50가지 이론' 시리즈로 4번째다.

어떤 분이 내게 묻는다. 왜 그런 책을 계속 써대느냐고? 놀랐다. 나를 좀 아는 사람이라고 믿었는데, 그 이유를 전혀 모르다니 말이다. 실망이 큰 나머지 마음에도 없는 엉뚱한 답을 해주고 말았지만, 그와 헤어진 후에도 그의 질문이 계속 내 귀를 맴돌았다. 그러다가 오늘 아침 신문을 읽으면서 내가 하는 일에 대해 많은 생각을 하게 되었다.

내 눈길을 사로잡은 건 『한겨레』 3면의 헤드라인이었다. "우리는 사람들이 더 똑똑해지길 원한다." 최근 높은 인기를 누리고 있는 진보적 팟캐스트의 주인공들을 다룬 이 기사의 제목은 어느 주인공의 말을 인용한 것이다. 그의 말을 더 들어보자. 그는 팟캐스트를 하는 이유에 대해 이렇게 말한다. "우리는 사람들이 더 똑똑해지길 원하거든. 국민이 똑똑해야 나라가 똑똑하지. 국민이 안 똑똑한데 어찌 나라가 똑똑하겠어."[1]

정말 그럴까? 나는 우리 국민이 충분히 똑똑하다고 생각한다. 아니 너무 똑똑해서 탈이라고 생각한다. 물론 진보적 팟캐스트를 듣고 똑똑한 사람이 더 똑똑해질 수 있다는 데엔 동의한다. 하지만 그 청취자가 아무리 똑똑해져도 그것이 나라가 똑똑해지는 길은 아니다. 그건 보수 성향의 팟캐스트나 웹사이트 애용자가 그쪽 논객들의 말을 듣고 더 똑똑해진다고 해서 나라가 똑똑해지지는 않는 것과 같은 이유에서다.

모든 사람이 개탄해마지 않는 새정치민주연합의 내분은 그 구성원들이 모두 똑똑하지 못하기 때문에 일어난 일일까? 전혀 그렇지 않다. 다 똑똑하다. 어느 정도로 똑똑한가? 모두 다 자신이 정의의 편이라고 확신할 정도로 똑똑하다. 정치평론가 이철희는 새정치민주연합이 살려면 "내가 옳고 정의의 편이라는 생각을 버려야 한다"고 했는데,[2] 백번 동의하지만 이건 지금으로선 기대하기 어려운 게 우리 현실이다. 그건 자신의 똑똑함을 포기해야 한다는 말과 다를 바 없기 때문이다.

문제는 똑똑함의 여부와 정도가 아니다. 진짜 문제는 자신의 똑똑함을 확신하는 독선이다. 똑똑함은 이성이겠지만, 독선도 이성일까? 아니다. 감성이다. 독선적인 사람의 똑똑함은 독약이 될 수 있다. 소통과 타협과 화합을 원초적으로 불가능하게 만들기 때문이다. 누군가는 "이성은 감성의 노예"라고 했는데, 이 말은 갈등이라는 밥을 먹고사는 정치에선 진리에 가깝다. 감성의 지배를 받는 이성의 용량을 아무리 키워봐야 나라가 똑똑해지는 데엔 도움이 되지 않는다.

우리는 인간관계에서 녹선적인 사람을 좋아하시 않는다. 그 사람이 아무리 똑똑해도 '싸가지 없는 인간'이라며 상종하길 꺼린다. 그러나 우리는 정치를 대할 땐 특정 당파 집단의 일원이 되거나 익명성을 얻는 순간 전혀 다른 인간으로 태어난다. 자신이 갖고 있는 어떤 이념이나 당파성의 옹호자가 되면서 다른 생각을 가진 사람들에 대해 노골적으로 경멸감이나 적대감을 드러낸다.

그런 토양에서 정치인이나 논객의 인기는 반대편을 조롱하거나 아프게 만드는 언어를 잘 구사할 수 있는 능력에 의해 결정된다. 언론은 "이게 웬 떡이냐" 하는 자세로 그런 증오의 언어를 미주알고주알 열심히 보도하는 '증오 상업주의'에 탐닉한다. 지지자들의 환호와 언론의 관심을 실시간으로 확인할 수 있는 디지털 시대의 논쟁이란 상처를 주고받는 게임이라고 해도 과언이 아니다. 언젠가 고종석이 잘 지적했듯이, 그런 게임에선 아픔을 느끼는 능력이 가장 모자란 사람이 최후의 승자가 된다.[3]

그런데 흥미로운 건 그런 사람들은 대부분 일상적 삶에선 더할 나위 없이 선량하고 순수하다는 점이다. 이에 관한 수많은 증언이 있어서 하는 말이다. 순수와 정치의 만남이 문제인 걸까? 그렇다면 그 이유는 무엇일까?

순수주의자들은 가능성을 추구하는 정치를 이상을 추구하는 종교처럼 대하기 때문에 타협을 거부하는 극단적 강경파로 활약하기 마련이다. 어느 집단에서건 이런 강경파는 소수임에도 지배력을 행사한다. 그들의 강점은 뜨거운 정열과 헌신이기 때문이다(본문의 「왜 1퍼센트의 사람들이 전체 조직을 뒤흔들 수 있는가?: 1퍼센트 법칙」 참고).

순수는 독선과 동전의 양면 관계를 이룬다. 순수주의자들은 자신의 순수를 무기와 명분으로 삼아 정쟁을 종교 전쟁으로 몰고 간다. 정치를 혐오하고 저주하는 유권자들은 그런 명쾌한 접근법에 환호한다. 대다수의 유권자들은 정치에 등을 돌린 가운데 그런 소수의 전사들은 정치에 큰 영향을 미치고, 정치권 역시 그런 '시장 논리'에 굴복한다. 그 결과 탄생한 것이 바로 '10대 0'의 정치다.

여야 싸움에서건 같은 당내 싸움에서건, 정치인들은 자신의 정당성을 10, 상대편의 정당성을 0이라고 주장하는 고질병을 앓고 있다. 진실은 7대 3이거나 6대 4이거나 5대 5일 텐데도, 언행은 '10대 0'에 근거한 과장과 과격과 극단을 치단는다. 그래야 열성 지지자들의 피를 끓게 만들 수 있다는 생각 또는 그렇게 해온 체질 때문이겠지만, 이게 나중엔 부메랑이 되어 타협의 발목을 잡는다. 양쪽 진영 모두에서 타협을 야합이라고 욕해대니 죽으나 사나 출구가 없는 격돌의 길로 나아갈 수밖에 없다.

정도의 차이일 뿐 나를 포함한 대부분의 사람이 다 독선적이다. 아니 대한민국은 '독선 사회'다. 해방 정국에서부터 그랬고, 지금도 그런다. 1945년 10월 23일 서울 종로 중앙기독교청년회 대강당에서 열린 전 조선신문기자대회에서 채택된 다음과 같은 선언문 내용은 그

머리말

로부터 약 70년이 지난 오늘날에도 한국 언론을 지배하는 행동 강령이 되고 있다.

"신문이 흔히 불편부당을 말하나 이것은 흑백을 흑백으로써 가리어 추호도 왜곡치 않는 것만이 진정한 불편부당인 것을 확신한다. 엄정 중립이라는 기회주의적 이념이 적어도 이러한 전 민족적 격동기에 있어서 존재할 수 없음을 우리는 확인한다. 우리는 용감한 전투적 언론진을 구축하기에 분투함을 선언한다."[4]

보수와 진보를 막론하고, 날이 갈수록 우리 언론의 당파성은 심화되고 있다.[5] 날이 갈수록 분열로 온 사회가 찢어지는 '사이버발칸화 cyber-balkanization'는 극단을 치닫고 있다.[6] 상대편을 향해 서로 독선적이라고 손가락질을 해대지만, 피차 역지사지를 하지 않는 독선 공방 속에서 모든 건 권력 쟁탈의 의지로 환원된다. 이런 상황은 보수에 유리하고 진보에 불리하건만, 진보는 그런 생각조차 없이 자신의 순수성을 전투적으로 표출하는 일에만 전념할 뿐이다.

이와 관련, 시사평론가 유창선은 「성찰 없는 괴물이 되어버린 진보」라는 칼럼에서 "인터넷 방송과 팟캐스트에서는 특정 계파나 정치인의 편에 서 있는 증오와 저주의 언어들이 쏟아지고 있고, 그 우물 안에 모인 마니아들은 열광하곤 한다. 그들의 '님'에 대한 비판의 글이라도 쓰려면 융단폭격을 각오해야 한다. 이 같은 광경 그 어디에도 인간의 고통을 끊어내기 위해 밀알이 되는 진보의 숭고함이나 품격 같은 것은 찾아볼 수 없다"며 다음과 같이 개탄한다.

"진보의 숭고한 가치가 자리하고 있어야 할 머릿속에는 자신이 지지하는 정치인에 대한 완고한 집착만이 가득 차 있다. 넓은 세상의 사람들은 고개를 가로저으며 그들의 곁을 떠나간다. 다른 사람들과는 소통하지도, 정서를 공유하지도 못한 채 자신들의 세계에 갇혀 지내는 '진보의 자폐증'이다. 일부의 문제일 뿐이라고 치부할 일이 아니다. 그런 유사 진보가 판을 쳐도 그 누구도 이를 질책하려 들지 않는 진영 내의 비겁한 침묵은 진보 내부의 자정 능력이 작동되지 못하고 있음을 고백하고 있다. 그러는 사이 세상 사람들은 그 거친 모습이 진보인 줄로 믿어가고 있다."[7]

'비겁한 침묵'이 대세가 된 이면엔 그 침묵을 깨는 데에 치러야 할 비용이 아주 크기 때문이다. 모처럼 옳은 말을 했다간 '증오와 저주의 융단폭격'이 날아드니 누가 입을 열겠는가. 그럼에도 그런 융단폭격에 굴하지 않고 할 말을 하는 이도 드물게나마 있으니 불행 중 다행이다. 정치평론가 이철희는 새정치민주연합에선 "미국의 티파티Tea Party처럼 조직화된 당원들이 혁신을 주도하는 길도 난망하다"며 다음과 같이 말했다.

"이 당의 가장 활동적인 시끄러운 그룹은 인터넷과 SNS에서 활동하는 일부 누리꾼들이다. 그런데 이들은 싸가지 없음, 즉 '무싸' 정신만 북돋울 뿐 당의 건강한 활력을 제고하는 쪽으로 기능하지 못하고 있다. 심하게 말하면 이들은 천박한 진보, 막말로 존재감을 드러내는 깡통진보를 육성하고 있다. 요컨대 이들은 당의 역량을 키우기보다 약화시키고 있고, 대립과 분열을 조장하는 티어파티Tear Party다."[8]

물론 이 말은 융단폭격을 당했다. 그런데 생각해보면 참으로 이상한 일이다. 우리 사회엔 진보가 증오하거나 저주해야 할 일들이 정말 많다. 최근 대법원에서 무죄판결을 받은 강기훈 유서대필 조작 사건을 비롯해 악마의 소행으로 여길 만한 잔인한 인권유린 사건이 끊임없이 벌어지고 있다. 그럼에도 증오와 저주의 언어들이 그런 인권유린 사건의 주범들을 향하는 법은 없다. 그 주범들이 아무런 반성과 사과도 없이 큰소리 떵떵 치면서 잘 살고 있어도 '신상털기'는커녕 그들이 누구인지조차 모를 정도로 관심이 없다. 증오와 저주의 언어는 오직 자신이 시시하는 특정 계파나 정치인을 비판하는 사람들만을 향할 뿐이다.

순수의 타락, 그것도 타락인지조차 모르는 비극적인 타락이다. 미국의 빈민운동가 솔 알린스키Saul Alinsky, 1909-1972가 1960년대의 신좌파 대학생들을 향해 던진 말이 오늘날 한국 진보의 현주소를 놀라울 정도로 정확히 짚어내고 있다. "그들은 사회를 바꾸는 데에 관심이 없다. 아직은 아니다. 그들은 그들 자신의 일, 자신을 발견하는 것에만 관심을 두고 있다. 그들이 원하는 것은 존재증명revelation일 뿐 혁명revolution이 아니다." 9

인권유린 사건에 참여해 정의를 구현하는 데에 일조하는 일은 힘들 뿐만 아니라 위험할 수도 있다. 도덕적 우월감을 느끼면서 "나 이런 사람이야" 하고 존재증명을 하기도 어렵고, 증오와 저주의 언어를 쏟아내는 배설의 쾌감도 만끽하기 어렵다. "저 권력을 내가 만들었어"라고 외칠 수 있는 권력 감정을 누릴 수도 없다. 오직 자폐적인 세계에서 권력 쟁탈전에만 소모되는 진보, 이게 한국 진보의 민낯이다.

배설을 통해 스트레스를 해소할 수 있다면, 수명 연장엔 도움이 될지도 모르겠다. 그렇게 본다면 진보 운동은 세상을 바꾸기 위한 이타적인 운동이라기보다는 자신의 수명을 연장하기 위한 이기적인 운동으로 재정의되어야 하지 않을까? 그러나 증오와 저주의 언어로 남에게 온갖 아픔과 상처를 주면서 자기 혼자만 오래 살겠다는 건 그 어떤 인권유린 못지않게 파렴치하고 잔인하지 않은가?

새정치민주연합은 혁신의 슬로건으로 '육참골단肉斬骨斷(자신의 살을 베어주고 상대의 뼈를 끊는다)'을 내걸었지만, 그런 발상부터가 잘못되었다. 그런 '죽임의 정치'로는 안 된다. 그런 발상이 바로 증오와 저주의 언어를 양산해내는 온상이 되고 있다. 비유일망정 독선의 독기가 서린 슬로건을 내걸어선 안 될 일이다. 이 슬로건에 대해 칭찬과 격려는 있어도 아무런 문제 제기가 없는 걸 보면 한국 사회는 '독선 사회'인 게 분명하다. 우리는 선하고 정의로우니 그 어떤 희생을 감내해서라도 악하고 불의한 적을 이겨야 한다는 전제(즉, 선악 이분법과 승자독식주의)가 한국 정치, 특히 진보를 골병들게 만드는 주범임을 왜 깨닫지 못하는가?

거시적으로 보자면, 이런 '독선 사회'는 '다름'을 인정하지 않았던 한국 특유의 사회문화적 동질성이 만든 것이다. 그런데 그게 나쁘기만 했던 건 아니라는 데에 우리의 고민이 있다. 한국 사회는 다양성을 박해하면서 획일성을 예찬해왔기 때문에 전 국민이 '전쟁 같은 삶'을 살면서 "잘 살아보세"라는 한 가지 목표에 집중하게 만들 수 있었다. 그래서 '한강의 기적'이라는 말로 대변되는 압축성장이 가능했다. 성공과 행복의 기준이 다양했다면, 우리가 그렇게 미친 듯이 일하고 공부할 수 있었을까?

그러나 '다름'의 불인정은 물질이 아닌 정신 영역에선 재앙을 몰고 왔다. 우리는 각기 다른 생각과 소통하고 타협하면서 화합하는 삶을 살아오지 못했다. 물론 독재자들의 독선만이 독야청청했던 독재정권 때문이다. 폭력적 독선에 대항하는 길은 신념적 독선 이외엔 없었다. "싸우면서 닮아간다"는 말은 사실상 "일방적으로 당하면서 독선을 강요당했다"는 걸 표현한 것이지만, 한번 형성된 체질은 세상이 바뀌어도 좀처럼 바뀌지 않는다.

민주화 이후의 민주주의가 온갖 갈등과 분란과 이전투구로 몸살을 앓고 있는 이유도 바로 그 후유증 때문이다. 궁극적으론 세월이 해결해주겠지만, 그렇게 넋 놓고 기다리다간 나라가 망할지도 모르니, 우리는 소통과 타협과 화합을 모색하기 위해 애를 써야만 한다. 우리의 진정한 적은 좌도 우도, 진보도 보수도 아닌, 독선이다.

진보주의자들은 재능의 우연성을 믿는다. 재능의 우연성을 믿는다면 이념의 우연성도 믿는 게 옳다. 재능의 우연성이란 무엇인가? 성공한 사람들이 혼자 잘나서 그렇게 된 건 아니라는 말이다. 부모를 잘만난 우연이라거나 기회를 잘 만난 우연 등 우연적 요소가 재능 못지않게 또는 그 이상으로 그 사람의 성공에 영향을 미쳤다는 뜻이다. 따라서 가난의 책임을 가난한 사람들에게만 돌려선 안 된다.

이념 역시 다를 게 없다. 어떤 사람들은 특정 이념이나 당파성을 위해 태어난 것처럼 '독선의 전사'로 활약하면서 반대편의 사람들을 '악마화'하는 데에 여념이 없지만, 그 사람의 이념이나 당파성은 우연적인 것에 불과하다. 새누리당과 『조선일보』를 열성적으로 지지하는 사람은 그 당과 신문을 지지하기 위해 태어난 건 아니다. 새정치민주연합과 『한겨레』의 열성적 지지자도 마찬가지다.

언론사 입사를 원하는 언론고시생들 대다수에게 이념이나 당파성은 부차적인 것이다. 그들은 우연과 운에 따라 『조선일보』 기자도 될 수 있고 『한겨레』 기자도 될 수 있다. 어느 신문사 기자이건 출발할 땐 거의 비슷하다. 그 조직에 몸담고 물이 들 때쯤에서야 '조선일보 맨'이나 '한겨레맨'으로 다시 태어나는 것이다. 정치는 조직이고, 조직은 종교다. 이와 관련, 2012년 새누리당, 민주당, 안철수 캠프 등을 출입했던 『한겨레』 기자 송채경화는 다음과 같이 말한다.

"이 세 집단을 두루 경험하면서 신기했던 것은 어느 곳이든 각각의 캠프에 합류한 외부 인사들이 캠프의 논리에 너무 쉽게 물들어버린다는 점이었다. 평소에는 객관적이고 냉철한 사고의 소유자라고 알려졌던 이들도 어느 한 정치 집단에 들어가기만 하면 외부의 비판에 귀를 닫아버리고 자신들의 생각만 옳다고 주장하는 모습을 여러 번 목격했다. 어느 조직이나 이런 '물듦'의 원리는 비슷하겠지만 정치판에서는 더욱 심했다. 특히 후보를 지나치게 미화시킬 때는 이곳이 종교 집단이 아닌가 하는 생각마저 들었다. 캠프 사람들이 모두 집단최면에 걸린 듯 진심으로 보이는 경우가 많았기 때문이다. 이런 현상은 비록 정도는 다를지라도 세 집단 모두에서 비슷한 방식으로 나타났다."[10]

정당 내부에서 선거 패배의 책임을 규명하는 게 가능하지 않은 이유도 바로 여기에 있다. 정당은 물론 정당 내의 각 계파 또는 패거리가 집단최면에 걸린 듯 종교 집단화하는 상황에서 그 어떤 이성적 논의가 가능하겠는가 말이다.[11] 재능보다 우연적인 이념이나 당파성을 자신의 종교로 삼으면서 그것이 필연인 양 여기는 독선주의자들은 자신이 믿는 정의와 도덕과는 다른 종류의 정의와 도덕을 믿는 사람들이 있다는 것을 인정하는 동시에, 그것은 우열優劣의 개념으로 서열을 매길 수 있는 게 아니라는 것을 깨달아야 한다. 그래야 소통이 가능해지기 때문이다.[12]

나 역시 '내가 옳고 정의의 편'이라는 생각'에 기반한 독선적 글쓰기를 10여 년간 해오다가 2003년 내게 일어난 엄청난 행운 덕에 더 크고 넓은 안목을 갖게 되었다. 이에 대해선 이미 많은 말을 했기 때문에 건너뛰련다. 내가 다시 들어도 지겨운데 독자들은 얼마나 지겨우랴. 어찌되었건 나는 이후 '독선 사회'를 바꾸기 위한 글쓰기를 해왔으며, 이 책은 그런 글쓰기의 연장선상에 있다.

사람들은 메시지가 중요하다고 그러지만, 현실 세계에서 더 중요한 건 메신저다. 똑같은 말이라도 누가 하느냐에 따라 설득력이 크게 달라진다. 나는 이미 '독선'이라는 때가 묻은 사람으로서 '화합'을 역설하는 데엔 한계가 있었다. 나는 그런 한계를 극복하기 위해 메시지를 간접적으로 전달하는 이른바 '넛지' 방식에 눈을 돌리게 되었고,[13] 그 결과 이 '세상을 꿰뚫는 50가지 이론' 시리즈를 내게 된 것이다. 이 시리즈는 세상만사 모든 것을 다루지만, '독선 사회'와 직접적인 관련이 있는 주제들 중엔 다음과 같은 것들이 있었다.

「왜 지식인 논객들은 편가르기 구도의 졸이 되었을까?: 확증 편향」, 「왜 개인보다 집단이 과격한 결정을 내리는가?: 집단극화 이론」, 「왜 정치는 민생에 도움이 안 되는가?: 그리드락」, 「왜 우리는 정당을 증오하면서도 사랑하는 걸까?: 스톡홀름 신드롬」, 「왜 '있는 그대로의 세상'은 안 보고 '원하는 세상'만 보나?: 알린스키의 법칙」, 「왜 정치적 편향성은 '이익이 되는 장사'일까?: 적 만들기」, 「왜 극우와 극좌는 서로 돕고 사는 관계일까?: 적대적 공생」, 「왜 근린증오가 더 격렬할까?: 사소한 차이에 대한 나르시시즘」, 「왜 선량한 네디즌이 '악플 악마'로 변할 수 있는가?: 루시퍼 효과」, 「왜 진보세력은 선거에서 패배하는가?: 프레임 이론」, 「왜 갈등 상황에서 몰입은 위험한가?: 터널 비전」 능능.

나의 메시지는 한결같다. 자신의 확신을 의심하라! 이 책에 실린 글들은 대부분 우리 인간이 똑똑함과는 거리가 먼 감정적·습관적 판단에 얼마나 취약하고 허약한가 하는 걸 말해준다. 즉, 우리가 독선을 범해선 안 될 충분한 이유가 있다는 걸 깨닫자는 것이다. 정치 이야기만 나오면 이성이 마비되니, 정치 아닌 다른 이야기를 통해 우리의 한계와 모자람을 인정하자고 꼬드기는 것이다. 그런 우회적 설득 시도를 정치에 접목시킨다면, 다음과 같은 메시지가 될 것이다.

한국 정치의 개혁과 사회적 진보를 위해 우리에게 필요한 건 똑똑해지는 게 아니라 자신의 똑똑함과 확신의 한계를 깨닫는 것이다. 자신이 싫어하는 정치 세력을 쓰레기로 매도하면서 면책 심리를 키우고 반대 세력을 악마화하는 '증오 마케팅'으로 카타르시스를 느끼는 버릇을 버리자. 정치적 판단을 할 때 인간의 뇌는 이성이 아니라 감정 영역이 작동한다는 걸 인정하고 자신을 되돌아보면서 소통과 타협과 화합의 길로 갈 수 있게끔 해보자.

세상은 엄청나게 크고 넓은 것 같지만, 따지고 보면 나와 같은 사람들이 모여 사는 곳이다. 사람들은 서로 크게 다른 것 같지만, 어떤 점에선 놀라울 정도로 비슷하다. 나를 꿰뚫어보는 게 세상을 꿰뚫어보는 일이고, 세상을 꿰뚫어보는 게 나를 꿰뚫어보는 일이다. 이 세상

머리말

을 바꾼다거나 어떻게 하진 못한다 해도 이해나 제대로 해보면서 내가 져야 할 책임도 있다는 걸 깨닫자는, 이 책의 소박한 취지에 공감과 동의를 표하는 독자가 많기를 바랄 뿐이다.

2015년 7월
강준만

제 1 장

언어의
신비와
함정

왜 우리는 '왜냐하면'에
쉽게 넘어가는가?

왜냐하면 효과

말을 할 때마다 '왜냐하면'을 남용하는 사람들이 있다. 그냥 말을 이어가도 될 만한 상황에서도 악착같이 '왜냐하면'을 사용해 듣는 사람을 좀 짜증나게 만든다. 왜 그런 버릇을 갖게 되었을까? 아마도 자기주장의 신뢰도를 높이려는 강한 의지 때문이었을 것이다.

그런 짜증을 느낀 경험이 있는 걸까? 나심 니컬러스 탈레브Nassim Nicholas Taleb, 1960-는 『블랙 스완: 0.1%의 가능성이 모든 것을 바꾼다The Black Swan: The Impact of the Highly Improbable』(2007)에서 '왜냐하면because'이라는 용어에 대해 강한 의구심을 표한다.

"이 용어는 과학자들의 글에 종종 나타나며, 역사학자들 사이에서는 대부분 잘못 사용되고 있다. '왜냐하면'의 의미가 생각보다 모호하다는 점을 불편하지만 받아들여야 한다(인과관계라는 말의 진통효과를 제거하니 몹시 불편할 수밖에 없을 것이다). 다시 말하거니와 인간은 '설명'을 추구하는 동물인지라, 모든 것에는 분명한 원인이 있으며 여러 설명 중 가장 명백한 것을 취하면 된다고 생각하는 경향이 있다. 그러나 '왜냐하면' 하는 식의 눈에 보이는 설명이 불가능한 경우도 있다. 오히려 원인이라 할 것이 아무것도 존재하지 않아서 어떻게 설명하기 어려운 경우가 빈번하다."[1]

날카로운 지적이긴 하지만, 세상살이가 어찌 그리 엄격하게만 돌아가겠는가. 일부 심리학자들은 일상적 상황에선 '왜냐하면'이 의외로 설득력을 높이는 효과가 있다고 주장한다. 어느 정도일까? 하버드 대학 심리학자 엘렌 랭어Ellen Langer, 1947-는 1978년 도서관 복사기 앞에 길게 줄을 서서 기다리는 사람들이 어떤 조건일 때 다른 사람에게 양보를 해주는지 알아보기 위한 실험을 실시했다. 두 개의 요청이 준비되었다.

(1) "죄송합니다만, 제가 지금 5장을 복사해야 하는데 먼저 복사기를 사용하면 안 될까요?"

(2) "죄송합니다만, 제가 지금 5장을 복사해야 하는데 먼저 복사기를 사용하면 안 될까요? 왜냐하면 제가 지금 굉장히 바쁜 일이 있어서요."

첫 번째의 양보율은 60퍼센트, 두 번째는 94퍼센트였다. '왜냐하면' 때문인가 궁금해 다시 실험을 했다.

(3) "죄송합니다만, 제가 지금 5장을 복사해야 하는데 먼저 복사기를 사용하면 안 될까요? 왜냐하면 제가 꼭 복사를 해야 하거든요."

왜냐하면 효과

말도 안 되는 동어반복同語反覆이었지만, 세 번째의 양보율은 93퍼센트에 이르렀다. 이 정도면 '왜냐하면 효과because effect'라고 부를 만하다. 왜 그런 효과가 발생하는 걸까? 랭어는 "무의식적으로 형식에 초점을 맞추기 때문에 내용에는 주목하지 않는 것"이라며 "내용보다 형식을 우선시하는 태도는 우리에게 너무도 깊이 뿌리 박혀 있다"고 말한다.[2]

로버트 치알디니Robert Cialdini는 "복사기 실험은 '왜냐하면'이라는 한 단어가 가진 독특한 동기 부여 효과를 입증해준다. 이 단어가 설득력을 얻는 까닭은 '왜냐하면'과 그다음에 따라오는 합당한 이유 사이에 우리가 살아오면서 지속적으로 강화된 연상관계가 존재하기 때문이다"며 다음과 같이 말한다.

"이러한 전략은 가정에서도 유용하다. 아이들에게 '당장 밥 먹으러 와'라고 하거나 '바로 잠자리에 들어라'라고 명령하는 것보다는, 왜 그렇게 하라고 시키는지 이유를 설명하면 훨씬 효과적인 전략이 될 수 있다. '하라면 해!' 같은 말은 해서는 안 된다."[3]

도서관과 가정뿐이겠는가. 공항에서 비행기 탑승이 지연될 때에도 다를 게 없다. 다음의 두 안내 방송을 비교해보자. (1) "루프트한자 1234편의 출발이 3시간 지연되겠습니다." (2) "여러분의 루푸트한자 1234편의 출발이 공항의 사정으로 인해 3시간 지연되겠습니다." 내용상으론 다를 게 없지만, 승객의 분노나 짜증을 누그러뜨리는 데엔 (2)가 (1)에 비해 훨씬 낫다. 왜? (2)엔 사실상 '왜냐하면'이 포함되어 있기 때문이다.

이와 관련, 롤프 도벨리Rolf Dobelli는 "사람들은 '왜냐하면'과 같은 이유에 중독되어 있다. 비록 그런 말이 분명한 진실을 담고 있지 않더라도 우리는 그 말이 필요하다. 조직을 이끄는 리더들은 이런 사실을 적극적으로 이용하곤 한다"며 다음과 같이 말한다.

"만약에 당신이 팀장이라면 함께 일하는 동료들에게 열심히 일해야 하는 이유를 반드시 대야 할 것이다. 그렇지 않으면 그들의 근무 동기는 떨어진다. 신발 회사의 목표가 신발을 생산하는 것임은 분명하지만 그것만으로는 충분하지 않다. 다음과 같은 식으로 목표를 알리는 것이 필요하다. '우리는 우리가 만든 신발로 시장에 혁명을 일으키고자 합니다'(여기서 혁명이 무엇을 의미하는지는 중요하지 않다) 혹은 '우리는 여성들의 발을 아름답게 함으로써 세상을 아름답게 만듭니다'라는 말에 사람들의 의욕은 타오른다."[4]

왜 이유가 엉터리일 때조차 '왜냐하면'이라는 단어는 부탁을 수용하는 자동적이고 본능적인 반응을 사람들에게서 끌어낼 수 있는 걸까? 비키 쿤켈Vicki Kunkel은 『본능의 경제학: 본능 속에 숨겨진 인간 행동과 경제학의 비밀Instant Appeal: The 8 Primal Factors That Create Blockbuster Success』(2009)에서 다음과 같이 말한다.

"이러한 반응 메커니즘은 사람들에게 매우 깊이 뿌리 박혀 있어 많은 경우에 우리도 인식하지 못하는 터무니없는 이유에조차 우리는 긍정적인 반응을 보인다.……그러니 이성적이라면 결코 하지 않을 긍정적이며 우리에게 이익이 될 수 있는 예측 가능한 반응을 이끌어내기 위해 사람들의 본능을 자극해야 한다. 이것은 설득이 심리학이 아니라, 생물학적 측면에서 접근해야 함을 보여주는 것이다. 아무리 설득을 한들 이미 사람들에게 선천적으로 프로그램된 본능을 이겨낼 수는 없다."[5]

하버드대학 경영대학원 교수 디팩 맬호트라Deepak Malhotra와 맥스 베이저먼Max H. Bazerman은 『협상 천재Negotiation Genius』(2007)에서 협상 자들은 '왜냐하면 실험'의 통찰력을 활용해야 한다고 역설한다. 이들 은 "인간은 본래 다른 사람들의 정당한 (어쨌든 그렇게 보이는) 요구는 받아들이려는 '속성'을 지니고 있다"며 다음과 같이 말한나.

"협상자들은 목적에 가장 부합하는 정당화를 선택해야 한다.…… 협상에서는 당신의 제안이 '저절로 말을 하도록' 내버려두어선 안 된 다. 당신의 요구에 대한 정당화를 제시한 다음, 그 정당화를 다시 한 번 정당화해줄 스토리를 제공해야 한다."[6]

커뮤니케이션 전문가 이반 프레스톤Ivan Preston은 매스미디어 광 고에 등장하는 전형적인 주장들을 목록으로 만들었는데, 여기에서도 암묵적인 '왜냐하면 효과'가 나타났다. 그는 많은 광고가 사소한 차이 점을 굉장히 중요한 것처럼 자랑하며(예컨대, 카멜 와이드 담배, 보통보 다 2밀리미터 넓음), 상표를 멋지게 보이게 하는 의미 없는 용어를 사용 하고(예컨대, Coke is it!), 과장하거나 무의미한 최상급(바이에르-세계 최고의 아스피린)이 사용된다고 지적했다. 물론 이는 광고주들이 어떤 이유를 갖다 붙여도 효과가 있다는 것을 알기 때문에 그러는 것이다.[7]

우리는 남의 말을 끝까지 다 듣지 않고 '스키마schema', 즉 '어떤 대상에 대해 생각할 때 함께 연상되는 개념의 집합체'로 처리하는 버 릇이 있다.[8] 상대방이 '왜냐하면'을 들고 나왔으니 그다음엔 타당하거 나 적어도 그럴듯한 이유가 있겠지 하는 생각에 나머지 이야기는 듣 지도 않은 채 판단해버리는 것이다. '왜냐하면 효과'는 '우리가 살아

오면서 지속적으로 강화된 연상관계'의 중요성과 더불어 우리 인간의
어수룩함 또는 성급함을 말해주는 게 아닐까?

왜 매년 15만 명이
자신의 이름을 바꾸는가?

이름 효과

2008년부터 2013년까지 5년간 법원에 개명 허가 신청서를 낸 사람은 80만 7,000여 명이다. 한 해 평균 16만 1,000여 명이 자신의 이름을 바꾸길 원하는데, 이 가운데 94.1퍼센트인 15만 명이 새 이름을 얻는 기쁨을 누리고 있다. 남들이 듣기에 이상한 이름을 가진 이들만 이름을 바꾸는 게 아니다. 무난한 이름인데도 느낌이 좋지 않다는 이유 등으로 이름을 바꾸는 사람이 많다. 법원은 개인의 행복추구권을 중시해 개명을 원칙적으로 허용하고 있는바, 범죄 사실을 숨기기 위한 목적 등 특별한 사유가 없다면, 누구든 마음만 먹으면 이름을 바꿀 수 있다. 이른바 '멘탈'의 영향을 크게 받는 야구 선수들은 개명을 많이 하는 편인데, 1983년 이후 개명을 한 선수는 모두 39명이나 된다.⁹

윌리엄 셰익스피어William Shakespeare, 1564-1616는 장미를 무엇이라 부르건 장미의 향기는 마찬가지라고 했지만, 그건 옳지 않은 생각임이 드러났다. 영국 옥스퍼드대학 에드먼드 롤스Edmund T. Rolls 교수팀의 연구에 따르면, 사물의 이름이 불러일으키는 연상 작용이 실제로 냄새를 느끼는 데에 영향을 미친다는 사실이 밝혀졌다. 장미를 호박꽃이라고 부르면 덜 향기롭게 느껴지지만, 고약한 냄새를 풍기는 사물에 그럴듯한 이름을 붙이면 냄새도 나아진다는 것이다.[10]

사람 이름도 마찬가지다. 실험 결과, 미국인의 이름 중 Michael, James, Wendy 등은 능동적인 느낌을 주는 반면, Alfreda, Percival, Isadore 등은 수동적인 느낌을 주는 것으로 밝혀졌다. 교수들은 시험 채점 시 익숙한 이름에게 유리한 점수를 주는 경향이 있는 것으로 밝혀졌는데, 실제로 하버드대학에선 특이한 이름을 가진 학생들의 낙제율이 높았다.[11]

어디 그뿐인가. 사람들은 무의식적으로 자기 이름과 유사한 문자를 가진 직업과 행동을 선택할 가능성이 높다고 한다. 이를 가리켜 '이름 효과name-letter effect'라고 한다. "이름 석 자 부끄럽지 않게 최선을 다해 살겠다"는 말이 시사하듯이, 자신의 이름을 소중히 여기는 '암묵적 자존감implicit self-esteem'이 그 원인일 것으로 여겨지고 있다. 1985년 벨기에 사회심리학자 요제프 누틴Jozef M. Nuttin이 제시한 바 있으나, 본격적인 연구는 2004년 뉴욕주립대학 행동과학자 존 존스John Jones와 브렛 펠럼Brett Pelham 연구팀에 의해 이루어졌다.[12]

존스와 펠럼은 '덴티스트dentist'와 비슷하게 들리는 이름들(예를 들면 데니스)의 목록을 만들었다. 인구통계 자료에 따르면, 미국 인구 남자 이름 중에서 많은 순서대로 39위는 제리, 40위는 데니스, 41위는 월터인데, 전국 명부를 검색한 결과, 이름이 월터인 치과의사는 257명, 이름이 제리인 치과의사는 270명인 반면, 이름이 데니스인 치과의사는 482명이나 되는 것으로 밝혀졌다. 마찬가지로 'Geo'로 시작하는 이름(예를 들면 조지, 제프리)을 가진 사람들은 지질학geology이나 유사 분야에 종사할 확률이 월등히 높았다. 이름의 첫 글자조차도 직업 선택에 적잖은 영향을 미쳤다. 예컨대, 철물점 주인hardware store owners의 이름은 R보다 H로 시작할 확률이 80퍼센트 높았고, 지붕수리 기술자roofers의 이름은 H보다는 R로 시작할 확률이 70퍼센트 높았다.

존스와 펠햄은 그 밖에도 사람들이 자기 이름과 비슷한 주로 이사하는 경향이 있다는 걸 발견했다. 예를 들어 플로렌스란 이름의 사람들은 플로리다로 이사할 확률이 월등히 높고, 루이스란 사람들은 루이지애나로 이사할 확률이 월등히 높다는 것이다. 실제로 통계학적으로 분석해보면 플로리다에는 플로렌스라는 이름의 여성이 많고 조지아에는 조지아가, 루이지애나에는 루이스, 버지니아에는 버지니아가 다른 지역보다 월등히 많다.

또 사람들은 성이나 이름이 비슷하게 들리는 사람들과 결혼하는 경향이 있으며, 사람들에게 자신의 감정과 직관에만 의존해 판단하라고 하면, 대개 자기 이름의 첫 글자와 같은 글자로 시작하는 제품을 선호한다고 한다. 물론 이 모든 건 자신은 전혀 느끼지 못하는 현상이다. 이름이 직업, 거주지, 배우자, 제품 선택에 영향을 미쳤느냐고 물어보면 질문자를 미쳤다고 생각할 가능성이 높다.[13]

이름 효과는 넓은 의미에선 이름이 낳을 수 있는 모든 효과를 가리킨다. 비키 쿤켈Vicki Kunkel이 『본능의 경제학: 본능 속에 숨겨진 인간 행동과 경제학의 비밀』에서 잘 지적했듯이, "우리 몸의 DNA는 로큰롤과 클래식 음악에 다른 반응을 보이는 것처럼, 다른 소리를 내는 이름에도 다르게 반응한다"는 것이다.[14]

2005년 노스웨스턴대학 경제학자 데이비드 피글리오David N. Figlio는 여자 아이의 이름이 여성스러울수록 고등학교에서 미적분 수업을 들을 확률이 낮아진다는 사실을 증명했다. 여성스러운 이름을 가진 여자들은 스스로 여성적인 이상형과 결부시키며 별로 여성스럽지 않은 여자들에 비해 부모나 교사, 동료들에게 조직적으로 다른 대우를 받기 때문에, 인문학이나 외국어 등 전통적으로 여자들이 많이 택하는 교과목에 매력을 느끼게 되고 수학이나 과학 같은 학문 분야는 피하게 된다는 것이다.[15]

2008년 예일대학과 캘리포니아대학의 심리학자들이 발표한 새로운 연구는 이름에 따라 좋아하는 것이 달라지는 것에서 한 걸음 더 나아가 개인의 성적과 성공에 미치는 영향을 조사한 것이었다. 연구진이 6,398명의 야구선수와 1만 5,000명의 MBA 학생, 294명의 학부생, 170개 로스쿨의 자료를 분석한 결과, K로 시작하는 이름을 가진 야구선수들이 삼진을 당하는 비율이 다른 선수들보다 높았다. 또 C, D로 시작하는 이름을 가진 학생들의 성적은 A, B로 시작되는 학생들보다 낮았다. 연구진의 한 사람인 레이프 넬슨Leif Nelson 교수는 "부정적인 단어와 연결되는 머리글자는 부정적인 효과를 내기 쉽다"고 말했다.[16]

그러나 이런 연구의 적합성에 의문을 제기하는 사람들도 있다.

이름 효과

독일 심리학자 스티브 아얀Steve Ayan은 『심리학에 속지 마라: 내 안의 불안을 먹고 자라는 심리학의 진실』(2012)에서 그런 연구를 '성공에 눈먼 허무맹랑한 실험'으로 간주하면서 그런 실험들이 이루어지는 배경에 대해 다음과 같이 말한다.

"매년 2,400권의 심리학 전문 잡지에 10만 편의 연구 기사가 실린다. 이런 정보의 홍수 속에서 모든 연구 기사를 읽고 각 분야를 망라하는 안목을 기를 수 있는 사람은 없게 마련이다. 특히 허접한 연구 기사는 학술 분야에서조차 거의 알려지지 않은 채 사장되고 만다. 단, 대중매체가 개입하면 그중 가장 기묘한 것들이 화제가 되곤 한다. 세간의 주목을 끄는 것이 목적인 대중매체의 특성상 방법적인 결함과 제한성에는 대범하게 눈을 돌린 채 말이다.[17]

아얀의 주장처럼, '이름 효과'는 과연 '성공에 눈먼 허무맹랑한 실험'인가? 그렇게 보긴 어려울 것 같다. 자신의 이름이 직업, 거주지, 배우자, 제품 선택에 영향을 미칠 수도 있다는 걸 아는 건 흥미로울 뿐만 아니라 의미 있다고 보아야 하지 않을까? 한국에서 매년 자신의 이름을 바꾸는 15만 명이 허무맹랑한 미신에 사로잡혀서 그런다고 볼 수는 없지 않은가 말이다.

왜 우리는 대화를 하면
상황이 나아질 거라고 착각하는가?

메라비언의 법칙

"대화를 하고 나면 상황이 더 나아질 것이라는 생각은 우리가 저지르는 가장 흔한 착각 중 하나다." 영국 소설가 로즈 매콜리Rose Macaulay, 1881-1958의 말이다. 그의 말이 맞다면, 왜 그럴까? 왜 우리는 그런 착각을 자주 범하는 걸까? 그런 '대화 만능론'에 대해 영국의 임상심리학자 스티븐 브라이어스Stephen Briers는 『엉터리 심리학Psychobabble』(2012)에서 다음과 같이 말한다.

"오히려 나는 과감하게 우리가 의사소통을 너무나 잘하기 때문에 사람들과 갈등을 빚는 거라고 주장하는 바이다. 대부분의 사람들은 상처, 분노, 조소, 거절을 너무나 잘 전달한다(객관적인 확인이 필요한 경우, 당신의 배우자에게 한 번 물어보라). 그런데 문제는 이러한 감정들이 주로 우리가 통제할 수 없는 비언어적 채널을 통해 전달된다는 것이다. 겉으로는 문제를 해결하기 위해 대화를 하고 있으면서도 얼마든지 이런 좋지 않은 감정들을 표출할 수 있다."[18]

대화가 얼마나 소중한 것인데, 그렇게 함부로 말하는가? 이런 비판이 염려가 되었던지 브라이어스는 이어 "나는 여기에서 대화를 하지 말자고 주장하는 것이 아니다. 분명히 대화가 필요한 때와 장소가 있다. 하지만 대화가 언제나 그렇게 간단한 것만은 아니다. 나쁜 대화는 종종 아예 아무 말도 하지 않는 것보다 훨씬 나쁜 결과를 낳는다"며 다음과 같이 말한다.

"대화는 모든 것을 해결해주지 않는다. 논쟁이 벌어지려고 하면 잠시 자리를 피해라. 그리고 상처가 아물도록 핥은 뒤, 조금이라도 남아 있는 상대방의 긍정적인 이미지를 상기하는 것이 좋다. 이렇게 차분히 마음을 가라앉히는 자세를 취한 다음 상대방에게 함께 있는 것이 즐거울 수 있다는 것을(적어도 불쾌하지 않다는 것을) 알려야 한다.……대화가 중요한 것이 아니라 대화하기 이전에 준비해야 할 사전 작업이 더 중요하다."[19]

브라이어스가 직접 언급하지는 않았지만, 사실상 그는 '메라비언의 법칙Rule of Mehrabian'에 대해 말하고 있는 것이다. '메라비언의 법칙'은 상대방에 대한 인상이나 호감을 결정하는 데 목소리(목소리의 톤이나 음색)는 38퍼센트, 보디랭귀지(자세·용모와 복장·제스처)는 55퍼센트의 영향을 미치는 반면, 말하는 내용은 겨우 7퍼센트만 작용한다는 법칙으로, 대화에서 언어보다는 시각과 청각 이미지가 중요시된다는 커뮤니케이션 이론이다. 그래서 '7%-38%-55% 법칙' 또는

메라비언의 법칙

7:38:55 법칙'이라고도 한다.

이란 출신으로 캘리포니아대학 로스앤젤레스캠퍼스UCLA 심리학과 명예교수인 앨버트 메라비언Albert Mehrabian, 1939-이 1967년에 발표한 논문 「부조화 커뮤니케이션의 해독Decoding of Inconsistent Communications」과 이어 1971년에 출간한 저서 『침묵의 메시지Silent Messages』에서 제시한 것으로, 그는 자신의 핵심 메시지를 이렇게 정리한다. "자신과 이야기하는 상대가 어떤 사람인지 판단할 때 가장 영향을 미치는 요소는 얼굴facial이고 다음으로 음성vocal, 그리고 언어verbal이다." 이 법칙은 대인관계를 위한 자기계발이나 설득, 협상, 마케팅, 광고, 프리젠테이션, 인성 교육, 사원 교육 등에서 많이 활용되고 있다.[20]

예컨대, 일본 심리학자 간바 와타루樺旦純는 『비즈니스 협상 심리학』(1997)에서 "얼굴이 중요하다는 것은 이해가 가지만, 말하는 내용보다 목소리의 질이 상대에게 큰 영향을 미친다는 사실은 놀랍기만 하다"며 다음과 같이 말한다.

"목소리의 질에 관한 연구에서는 목소리가 크고 낮으며 잘 울리는 사람일수록 외향적이고 리더십이 있으며 설득력도 있다고 한다.……다만 낮고 크게 이야기하려면 상당한 비결이 필요하다. 우선 빨리 말하지 않도록 주의해야 한다. 그러려면 소리 내어 신문의 사설을 읽는 것도 좋은 방법이다. 소리 내어 읽는 데 익숙해졌다면 이번에는 거울을 보고 이야기를 해보라. 여러 번 되풀이하다 보면 어느 틈엔가 설득력 있고 인상이 좋은 또 한 사람의 당신을 거울 앞에서 발견할수 있을 것이다."[21]

또 영국의 스토리텔링 전문가 스티븐 데닝Stephen Denning은 『스토리텔링으로 성공하라The Leader's Guide to Storytelling: Mastering the Art and Discipline of Business Narrative』(2005)에서 '메라비언의 법칙'을 거론하면서 "스토리가 공연되는 방식에 따라 듣는 이의 머릿속에서 그 감정적 어조가 완전히 바뀔 수도 있다"는 점을 강조한다.

"파워포인트로 이미지를 전달함으로써 스토리텔링을 보완하라. 파워포인트는 스토리를 보강해줄 수 있다. 그것은 또한 스토리텔러가 맥락을 잃지 않도록 길잡이의 역할을 해준다. 언어적 메시지와 시각적 메시지에 대한 반응은 남성과 여성에게 다르게 나타난다는 점 또한 명심해야 한다. 평균적으로 여성은 언어에 보다 큰 반응을 보이고 남성은 시각적인 것에 보다 큰 반응을 보인다. 따라서 청중 모두를 감화시키는 기회를 보강하고 싶다면 언어와 시각 자료를 모두 활용하라."[22]

문자 메시지의 대중적 확산은 '메라비언의 법칙'에 역행함으로써 많은 오해의 소지를 유발할 수 있다. 이와 관련, 권오성은 "우리가 7%의 문자 메시지 안에서 표현의 다양성에 몰두하는 동안, 93%를 차지하는 온라인 바깥의 소통 방법을 소홀히 하고 있진 않은지도 함께 돌아볼 필요가 있다"고 말한다.[23]

그런 점에서 화상 회의도 소통을 하는 데 명백한 한계가 있다. 미국 디즈니의 전 CEO 마이클 아이스너Michael Eisner는 "내가 내렸던 최악의 결정은 화상 회의였어요. 그러면 안 됩니다. 경영진이 한 자리에 모여서 서로의 눈을 보며 이야기를 나눠야 합니다"라고 말했다.[24]

그러나 의도적으로 대화를 기피하려는 사람에겐 '메라비언의 법칙'에 역행하는 뉴미디어가 축복일 수도 있다. 구본권은 "온라인 SNS로 소통을 하는 배경에는 상대의 감정을 읽게 되고 자연히 자신의 감정 또한 드러나게 되는 대면 대화를 기피하려는 심리도 있다"며 다음과 같이 말한다.

"음성 통화와 달리 스마트폰을 통한 문자 메시지는 메시지의 내용이나 응답 방식을 발신자가 마음대로 통제할 수 있기 때문에 전화기 건너편 상대의 반응과 감정에 신경 쓸 필요가 없다. '우리 이제 그만 만나.' 마주 보고 있는 상대의 표정과 눈빛, 목소리를 온몸으로 느껴야 하는 부담감 없이 '용건'만 전달할 수 있다는 점이 카카오톡을 통해 이별 통보가 오가는 이유이기도 하다."[25]

사실 '메라비언의 법칙'은 굳이 법칙이라고 할 것도 없이 이미 우리가 평소 잘 알고 있던 것이다. 잘 아는 사람이건 잘 모르는 사람이건 누군가와 대화를 할 때에 우리는 상대방의 언어보다는 표정과 음성에서 훨씬 더 많은 것을 읽어낸다. 특히 갈등 상황에서 더욱 그렇다. 표정과 음성으론 닫혀 있음에도 입으로만 뭐든지 툭 터놓고 이야기하자고 해보아야 무슨 소용이 있겠는가. 이미 그걸 감지한 상대방은 결코 속마음을 털어놓지 않을 게 뻔하다. 진짜 소통은 말 이전에 표정과 음성으로 하는 것이다.

하지만 주의할 게 있다. '법칙'이라고 하는 건 뜻밖의 사실을 알리기 위한 수사적 장치일 뿐, '메라비언의 법칙'이 모든 경우에 다 적용되는 건 아니다. 사람과 상황에 따라 얼마든지 달라질 수 있다는 것이다. 그럼에도 속마음은 따로 갖고 있으면서 상대와 대화를 하고 나면 상황이 나아질 거라고 착각하는 우리의 버릇에 경종을 울리는 데엔 아주 좋은 이론이라고 할 수 있겠다.

왜 페미니스트는
일부 남성의 적이 되었는가?

본질주의

본질주의essentialism란 무엇이 되는 데 그것이 없으면 안 되는, 무엇을 규정하는 근본적인 속성들이 있다고 보는 관점이다.[26] 구체적인 용법을 살펴보자. 독일 사회학자 울리히 벡Ulrich Beck, 1944-2015은 "유럽이란 무엇인가? 이 유별난 본질주의적인 문제가 많은 사람들을 괴롭히고 있다"고 말한다.[27] 유럽을 유럽이라 할 수 있는 어떤 본질이 유럽에 있느냐는 질문을 놓고 유럽인들이 괴로워한다니 다행이다. 그런데 그런 고민의 괴로움 없이 무작정 자기 집단만의 본질을 상정해놓고 그 본질을 지켜야 한다고 일방적으로 역설하면 사회적 갈등을 유발하기 마련이다.

그래서 본질주의는 상대주의와 마찬가지로 자주 딜레마 상황을

야기한다. 조지프 칠더즈Joseph Childers와 게리 헨치Gary Hentzi는 "인간 본성 같은 개념을 지지하는 본질주의적 입장을 받아들이면 그토록 많은 정치 체제를 왜곡시킨 것과 같은 종류의 인종, 성별, 계급 차별을 재생산하는 위험을 무릅쓰게 된다"며 다음과 같이 말한다.

"다른 한편, 본질주의적 가정을 아예 폐기하면 행동과 효과를 평가하는 기준을 모두 버리게 되고, 따라서 모든 해석, 논의, 행동은 내재적 가치에 있어서 서로 동등하다는 상대주의화된 세계를 낳게 되는 것으로 보인다. 이러한 어려움을 타개하려고 이론가들이 시도한 한 방법은 국지적인, 한정된 정치 활동의 목적에 맞추어 본질주의적 입장을 취하는 책략적 본질주의이다."[28]

책략적 본질주의 또는 전략적 본질주의strategic essentialism는 인간의 정체성을 규정한 본질주의의 범주들이 비판받아야 한다는 견해에는 동의하지만, 사회적·정치적 세계를 이해하기 위해 때로는 불가피하게 그런 범주를 사용할 수밖에 없다고 보는 것으로, 가야트리 스피박 Gayatri Chakravorty Spivak, 1942-이 대표적 주창자다. 특히 소수자 집단들을 위해서는 정치적 정체성을 확인하는 단기 전략으로 본질주의를 사용하는 것이 효과적일 수 있다는 것이다.[29]

페미니즘에서 본질주의는 "여성과 남성의 정체성이 생물학적·심리적·사회적으로 '고정되어' 있거나 '결정되어' 있다고 보는 전통적인 생각을 말한다. 따라서 본질주의적 입장에서는 어떤 변화의 가능성도 인정할 수 없다."[30] 영국 사회학자 캐서린 하킴Catherine Hakim은 다음과 같이 말한다.

"여성에게 어떤 종류든 특별한 자질이나 기술이 있다고 주장하는 학자는 그 즉시 '본질주의자'로 낙인찍히면서 내쳐지거나 매장된다.…… '본질주의자'라는 꼬리표는 페미니스트들이 받아들일 수 없다고 생각하는 연구 결과나 생각에 붙여지면서 페미니스트들 사이에서 매도용 용어가 되었다."[31]

영국 비평가 테리 이글턴Terry Eagleton, 1943-은 "후기근대수의자들의 책 속에서, 본질주의는 가장 극악무도한 범죄 중의 하나이며, 거의 가장 치명적인 위반 행위이고, 기독교 신학에서 말하는 성령에 반하는 죄에 상응할 만한 것이다"고 비꼬면서 본질주의를 좌우左右를 나누는 바보 같은 게임의 소재로 삼지는 말자고 제안한다. "본질주의가 반드시 정치적 우파의 특성은 아니며, 반본질주의가 좌파의 필수적인 자질도 아니다. 카를 마르크스는 본질주의자였지만, 부르주아 공리주의의 대부인 제러미 벤담은 열광적인 반본질주의자였다."[32]

본질주의 문제는 우리의 일상적 언어생활에서도 자주 나타난다. 특히 누군가를 본질이 담긴 단어로 딱지 붙이기를 할 때에 언어는 곧잘 현실을 왜곡한다. 영화 〈메멘토Memento〉(2000)에서 레너드 셸비Leonard Shelby는 "나는 살인자가 아니야. 일을 바로잡으려 했을 뿐이야"라고 말함으로써 '살인자'라는 딱지가 자신의 본질을 규정할 수 있는 가능성에 완강히 저항한다. 인터뷰에서 인종차별을 했다고 비난받은 메이저리그 투수 존 로커John L. Rocker, 1974-는 "빅리그에서 홈런 한 번 쳤다고 홈런타자가 되지는 않는다.……그런 발언 한 번 했다고 인종차별주의자가 되지도 않는다"고 주장함으로써 자신이 '인종차별주의자'로 규정당하는 것을 거부했다.

예일대학 심리학과 교수 폴 블룸Paul Bloom, 1963-은 『우리는 왜 빠져

044
045

드는가?: 인간 행동의 숨겨진 비밀을 추적하는 쾌락의 심리학How Pleasure Works: The New Science of Why We Like What We Like』(2010)에서 이와 같은 사례를 들면서 "실제로 명사에는 본질의 무게가 실려 있다"고 말한다.

"언어의 본질주의로 인해 현실 세계가 달라지기도 한다. 특히 사람을 시칭할 때 그렇다. 예선에 자폐증이 있는 아이를 치료한 적이 있다. 항상 '자폐아'라고 하지 말고 '자폐증이 있는 아이'라고 불러야 했다. 장애보다는 사람에게 초점을 맞추라는 뜻이다. 명사로 말하면 본질을 규정하는 데 반해 '~이 있는 아이'라고 구절을 표현하면 본질을 규정하지 않는다."³³

최근 한국의 일부 남성들 사이에서 유행하고 있는 '페미니스트 때리기'도 그런 관점에서 이해해보는 건 어떨까? 2015년 3월 『경향신문』은 「페미니스트, 어떻게 적이 되었나」라는 기사에서 "'페미니스트 feminist'는 낯설고, 불편하고, 때로 강렬한 증오를 불러일으키는 단어다"라고 했다.³⁴ 왜 그렇게 되었을까? 수많은 분석이 나오고 있고, 대부분 꽤 타당하긴 하지만, 과연 '페미니스트'라는 본질이 존재하는가 하는 의문을 가져볼 필요가 있겠다.

한때 열렬히 페미니즘feminism(여성주의)을 주장했던 어느 여성은 주변 사람들에게 "나는 페미니스트가 아니다"라고 선을 그었다는데,³⁵ 그건 후퇴라기보다는 그런 본질주의에 대한 불편함을 토로하고자 했던 게 아닐까? 최근 여성단체연합은 『표준국어대사전』에 있는 페미니즘의 뜻을 기존 '여권 신장 또는 남녀평등을 주장하는……'에서 '모든 형태의 차별을 없애기 위한 다양한 이론……'으로 바꿀 것을 제안했는데, 이는 그간 여권이 유린되던 열악한 상황에서 여권 운동가들이 취했던 '전략적 본질주의'의 시효가 다 했음을 말해주는 징후로 보아야 하지 않을까?

달리 말하자면, 이젠 한때 페미니스트들이 매도용 용어로 썼던 '본질주의자'라는 딱지가 부메랑이 되어 여성에게 날아오는 것을 거부해도 좋을 정도로 우리 사회가 남녀관계에 관한 한 탈脫본질주의 시대에 접어들었다는 걸 말해주는 게 아니겠느냐는 것이다. 일부 남성들이 공격의 대상으로 삼는 '페미니스트'는 이제 존재하지 않는 허깨비거나 허수아비다. 본질주의 함정에서 벗어나 각 사안별 질적 분석과 비평·비판에 임해야 할 때다.

본질주의(에센셜리즘)와 본질주의자(에센셜리스트)의 문제를 '선택과 집중'이라는 자기계발 담론으로 바꾼 그레그 매커운Greg McKeown은 『에센셜리즘: 본질에 집중하는 힘Essentialism: The Disciplined Pursuit of Less』(2014)에서 우리 모두 에센셜리스트가 되어야 할 당위성을 역설하면서 "지금 나는 제대로 된 중요한 일에 나의 시간과 자원을 투자하고 있는가?"라고 자신에게 계속 질문할 것을 권한다.[36] 존재하지도 않는 페미니스트 공격에 열을 올리는 일부 남성들이 자문자답自問自答해보면 딱 좋을 말이다.

본질주의

왜 날이 갈수록 '~처럼'이라고
말하는 게 위험해지나?

유추의 오류

우리는 평소 '~와 같다'거나 '~처럼'이란 표현을 즐겨 쓴다. 사람을 묘사할 때 '컴퓨터 같은 정신의 소유자'라거나 '아기처럼 잔다', '전문가처럼 투자한다', '천재처럼 생각한다'는 식으로 표현하면 사람들의 머리에 쉽게 쏙 들어가게 만드는 힘을 발휘한다. 이를 가리켜 유추類推: analogy라고 한다. 유추는 '유비추리類比推理'의 준말로 2개의 사물이 몇몇 성질이나 관계를 공통으로 가지며, 또 한쪽의 사물이 어떤 성질, 또는 관계를 가질 경우, 다른 사물도 그와 같은 성질 또는 관계를 가질 것이라고 추리하는 것을 말한다.[37]

유추와 자주 혼동되는 것이 유사성similarity이다. 유사성을 유추의 범주에 넣기도 하지만, 엄격히 구분하자면 둘은 다르다. 예컨대, "오

렌지가 야구공 같다"는 표현은 단지 둥근 모양만을 들어 비유하는 것이므로 유추라기보다는 유사성의 예다. 오렌지를 삶의 달콤함에 비유하거나 야구공을 태양에 비유해야 비로소 유추라고 할 수 있다. 즉, 영국 시인 윌리엄 워즈워스William Wordsworth, 1770-1850가 말한 '닮지 않은 것에서 닮은 것을 찾아내는 기쁨'이 있어야 한다는 것이다.[38]

미래학자 앨빈 토플러Alvin Toffler는 "생각의 도구 중에서 2가지 이상의 현상으로부터 유사점을 찾고 이를 다른 현상에 적용하여 결론을 도출해내는 유추만큼 중요한 도구도 드물다. 인간은 유추 없이는 생각도 말도 제대로 하기 힘들다"고 말한다.[39] 그래서 유추는 오래전부터 문제 해결을 위한 좋은 방법으로 추천되어왔다.[40] 예컨대, 데브라 벤턴Debra Benton은 경영자들에게 "유추를 하라"고 권한다.

"예컨대 두 직원이 늘상 언쟁을 한다면 '그들은 마치 서로 경쟁하는 자매와도 같다. 자매를 아빠의 애정을 놓고 싸우고 있고 상대방이 받는 애정을 질투하고 있다'고 생각할 수 있을 것이다. 그런 식으로 유추를 해서, 당신이 그런 상황에 처했을 때는 그 문제를 어떤 식으로 처리할 것인지를 상상해보라(그 아빠가 어떻게 하면 두 딸 모두에게 사랑받고 있고 무시되지 않는다는 느낌을 갖게 해줄 수 있을 것인지?). 그러고는 당신의 문제로 돌아와서 생각을 해보라."[41]

은유metaphor는 넓게 보자면 유추의 한 유형이지만, 좁게 보아 유추와 구분하기도 한다. 노나카 이쿠지로野中郁次郎는 은유가 지식창조 과정을 촉발시키지만, 이것만으로는 이 과정을 완성할 수는 없다며 다음 단계로 유추가 필요하다고 주장한다.

"은유는 대개 직관에 의해 이루어지고 서로 떨어져 있는 이미지들을 상호 연결시키지만, 유추는 모순을 조정하고 구별하게 만드는 좀더 구조화된 과정이다. 달리 말하면 유추는 하나의 문구에 들어 있는 두 가지 아이디어가 실제적으로 유사한지 아니면 상이한지를 명확히 구분함으로써 은유에 내포된 모순들 간에 조화를 이루게 만든다. 이러한 점에서 유추는 순수한 상상력과 논리적인 사고 간의 중간 단계이다."[42]

유추는 서로 관련 없는 두 영역 간의 유사점을 찾아내는 데에 도움이 되며, 서로 연관 없어 보이는 개념을 연결시킬 수도 있다. 이때엔 패턴을 알아차리는 직관의 힘이 결정적인 역할을 한다. 예컨대, 요하네스 구텐베르크Johannes Gutenberg, 1398-1468는 치즈와 기름을 짜는 기계에서 인쇄 절차를 크게 개선시킬 수 있는 메커니즘을 깨달았고, 제1차 세계대전 당시 어니스트 스윈턴Ernest D. Swinton, 1868-1951은 작업 중인 홀트 캐터필러 트랙터를 보고는 기존의 바퀴 달린 차량이 참호를 건널 때마다 봉착하는 문제를 해결해줄 탱크를 발명했고, '청바지의 아버지'라 할 레비 스트라우스Levi Strauss, 1829-1902는 샌프란시스코 항만의 여기저기에 널려 있던 캔버스 롤에서 광부들의 바지가 빨리 헤지는 문제점을 개선해줄 해법을 보았다.[43]

에드워드 드 보노Edward de Bono는 사람들은 적절해 보이는 유추가 선택되어야만 그것을 사용할 수 있다고 생각하기 쉽지만, 결코 그렇지 않다고 주장한다. "유추는 반드시 적절해야 할 필요는 없다. 오히려 적절하지 않은 것이 더 좋을 때도 있다. 그럴 경우 문제와 관련시키기 위해 노력할 것이고, 그 과정에서 문제를 바라보는 새로운 방식이 만들어질 수 있기 때문이다. 유추는 상황을 바라보는 새로운 방식을

유추의 오류

자극하는 도구다."[44]

이렇듯, 유추는 창의력 개발엔 도움이 되겠지만, 논리의 영역에선 유추를 무분별하게 사용할 경우 이른바 '유추의 오류fallacy of analogy'를 범하기 쉽다. 예컨대, "여성은 남성 못지않게 훌륭한 국회의원이 될 것이다. 왜냐하면 정치란 한낱 집안 돌보기에 지나지 않으니까 말이다"라는 진술을 보자. 얼른 생각하면 말이 되는 것도 같지만, 윌리엄 사하키언William S. Sahakian은 "정치 행위와 집안 돌보기 사이에는 현저한 차이가 있으므로 이 유추는 부당하다"고 했다.[45]

유추의 오남용은 역사적 유추에서 두드러진다. 역사적 유추에 사로잡혀 제대로 된 판단을 내리지 못하고 실패를 한 정책 결정자들의 사례가 많다.[46] 또한 유추는 선전과 선동의 도구로 이용되기도 한다. 가장 대표적인 예로 1950년대에 미국 정치인들이 공산주의 확산을 경계하며 외쳐댄 '도미노 이론domino theory'을 들 수 있다. 도미노가 잇따라 넘어지는 것처럼 과연 한 나라가 공산화되면 그 이웃 국가도 공산화될 수밖에 없는가? 그럴 가능성이 높다고 말할 수는 있겠지만, 도미노가 넘어지는 것과 같다고 볼 수는 없다. 그러나 도미노 이론은 대중으로 하여금 도미노 패들이 우루루 무너지는 장면을 연상케 하는 데에 성공함으로써 냉전 정책 수행에 크게 기여했다.[47]

앨빈 토플러는 날이 갈수록 유추의 효용이 떨어진다고 보았다. 그는 "자동차의 등급을 매길 때 마력馬力이라는 표현을 쓰는데, 이는 말이 끌던 마차에서 나온 유추로 자동차를 '말이 끌지 않는 탈것'으로 보던 시절의 잔재이다"며 다음과 같이 말한다.

"이 유추라는 생각의 도구는 점차 사용하기가 어려워진다. 항상 사용하기 까다로웠지만 더욱 까다로워지고 있다. 세계가 변화함에 따라 예전의 유사점들이 비유사점으로 바뀌고 있기 때문이다. 한때 적절했던 비교가 의미를 곡해하게 만들고, 과거의 유사물이 자신도 모르는 사이에 무너지고, 이를 근거로 한 결론도 잘못된 방향으로 흐른다. 변화의 속도가 빠를수록 유추의 유용함도 그만큼 수명이 짧아진다. 이런 상황에서 심층 기반 중 하나인 시간의 변화가 또 다른 심층 기반인 지식의 추구에 사용하는 기본 도구에 영향을 미치게 된다."[48]

　바로 이런 이유들 때문에 많은 철학자는 유추를 비논리적이고 판단을 그르치게 하는 것으로 평가절하해왔지만, 오히려 유추가 불완전하고 부정확한 것이기 때문에 알려진 것과 알려지지 않은 것 사이의 다리가 될 수 있는 것이라는 반론도 있다. 불완전한 일치라는 것을 전제로 할 때 유추는 기존의 지적 도구로 도달할 수 없는 새로운 이해의 세계로 도약하도록 해준다는 것이다.[49]

　현재 우리가 소중히 여기는 아이디어도 후세대에게는 웃음거리가 될 수 있다. 하지만 그런 생각은 역으로 현재 웃음거리가 될 수 있는 생각을 하는 걸 두려워할 필요가 없다는 걸 말해주는 게 아닐까? 그렇다면, '유추의 오류'는 '유추의 축복'이 되는 역설도 가능할 수 있겠다. 그럼에도 이런 모든 장점이 논리 전개에서 '유추의 오류'를 정당화시켜 줄 수 없다는 건 두말할 나위가 없다.

유추의 오류

제 2 장

콤플렉스
의
독재

왜 우리는 '개천에서 난 용' 신화를 포기하지 않는가?

앨저 콤플렉스

처참한 빈곤의 늪에서 태어나고 자라 미국 토크쇼의 여왕으로 등극한 오프라 윈프리Oprah Winfrey, 1954-는 1993년 허레이쇼 앨저 상Horatio Alger Award을 받았다. 1947년에 결성된 '탁월한 미국인들의 허레이쇼 앨저 협회Horatio Alger Association of Distinguished Americans'가 매년 선정하는 허레이쇼 앨저 상 수상자는 미국 식으로 말하자면 'rags to riches(누더기에서 부, 즉 자수성가)'를 이룬 사람, 우리 식으로 말하자면 '개천에서 난 용'이어야만 한다. 앨저 협회의 회원들은 기금을 마련해 가난한 학생들에게 장학금을 주는 사업을 펼치는 등 이른바 '아메리칸 드림 American Dream' 신화를 유지하고 키워나가는 데에 앞장서고 있다.[1]

콜로라도대학 저널리즘 교수 제니스 펙Janice Peck은 『오프라 윈프

리의 시대The Age of Oprah: Cultural Icon for the Neoliberal Era』(2008)에서 "윈프리는 전형적인 '역할모델'이다. 그녀는 바닥에서 시작해 성공 신화를 이룬 여자 허레이쇼 앨저라고 할 수 있다. 끝도 없이 이어지는 그녀의 인생 이야기에서 윈프리는 인종, 성별, 계급이라는 장애물을 자기 결단과 개인적인 '자구책'을 통해 완전히 극복했다고 풀이한다"며 다음과 같이 말한다.

"그녀는 커리어를 쌓던 초기 시절부터 '인종 문제를 극복하려면 능력을 쌓아라'라는 제시 잭슨의 말을 즐겨 인용했다. 또 1998년 인터뷰에서 '여성 인권이나 공민권을 확보할 수 있는 가장 좋은 방법은 내 일을 잘 해내는 것이다'고 말했다. 역량강화의 수사학은 윈프리 사업의 정체성을 설명한다. 그녀는 방송을 할 때 '사람들에게 능력을 심어주고 자기 자신에 대해 그리고 자신의 인생에 대해 깊이 있게 통찰해 볼 수 있도록 자극을 주는 것'을 목표로 삼는다."[2]

허레이쇼 앨저Horatio Alger, 1832-1899는 누구인가? 그는 본래 매사추세츠주 작은 마을의 목사였으나 성적 추문(소년들을 대상으로 한 동성애)으로 인해 교단에서 추방당한 인물이다. 그는 뉴욕으로 이주해 1867년 대표작인 『가난한 딕Ragged Dick』을 비롯하여 『구두닦이 톰Tom the Bootblack』, 『빠져죽을 것이냐 수영할 것이냐Sink or Swim』, 『비상하라 Bound to Rise』, 『행운과 용기Luck and Pluck』 등과 같은 자기계발 소설을 120권 넘게 썼다.

앨저의 책들을 탐독한 덕분에 보험 사업으로 억만장자가 된 윌리엄 클레멘트 스톤William Clement Stone, 1902-2002은 1962년에 출간한 자서전에서 앨저의 책이 적게는 1억 권에서 많게는 3억 권 팔린 것으로 추산했다.[3] 하지만 당시엔 저작권 개념이 영 신통치 않았던 것 같다. 앨저는 내내 가난에 시달려야 했으며, 자기 집이 아닌 누이 집에 얹혀살다가 죽음을 맞이했으니 말이다.[4]

앨저가 쓴 소설들의 제목과 주인공은 달랐지만 이야기 전개와 메시지는 판에 박은 듯이 같았다. 작은 마을 가난한 소년이 행운을 잡기 위해 대도시로 가서 근면, 노력, 절약, 인내, 정직, 행운 등으로 부자가 된다는 내용이다. 예컨대, 『가난한 딕Ragged Dick』에서 휘트니라는 인물은 딕에게 이렇게 말한다. "애야, 나는 네가 성공하고 출세하기를 바란단다. 이 자유 국가에서 어린 시절 가난은 출세를 가로막는 장애물이 되지 않아. 나는 아주 크게 출세하지는 못했지만 웬만큼은 출세했다고 말할 수 있단다. 그런데 나도 너처럼 가난할 때가 있었지."[5]

역사가 프레더릭 L. 알렌Frederick Lewis Allen, 1890-1954은 "지성적인 독자들은 대개 그의 성공 안내서를 쓰레기 취급했다. 실제로 그가 쓴 글들은 다소 평범하고 단조로우며 비현실적이고 창의력이 떨어졌다"며 이렇게 말한다.

"그는 결코 경제학을 중시하지도 않았고, 오히려 무척 미성숙한 정신의 소유자였지만, 세기의 전환기 무렵 미국 기업가들의 사고에 모든 경제학 교수들을 합친 것보다 훨씬 광범위한 영향을 미쳤을 것이다.……수많은 미국 소년들에게는 미국의 경제생활에 눈뜬 첫 계기가 호레이쇼 앨저였을 수 있다."[6]

현실과는 너무도 동떨어진 이야기였지만, 미국인들은 앨저의 소설에 열광했다. 이는 통나무집에서 자란 가난한 아이가 대통령이 된다는 전통a log-cabin-to-White-House tradition과 더불어 늘 미국인들을 매료시키는 신화였다. 그 신화는 오늘날에도 건재하다. 앨저는 소설을 통해 '아메리칸 드림'을 의인화하는 데에 성공했기 때문에 '아메리칸 드림' 신화가 살아 있는 한 앨저라는 이름은 계속 미국인들의 입에 오르내릴 게 분명하다.

캐나다 출신의 미국 교육학자 로런스 피터Laurence J. Peter, 1919-1990는 앨저가 "하면 된다"는 불굴의 의지를 가진 인물의 성공 스토리를 창작해 대성공을 거둠으로써 노력의 유용함을 과장하는 심리 상태가 미국인들에게 만연되어 있다며, 이를 가리켜 '앨저 콤플렉스Alger complex'라고 했다.[7] 앨저 콤플렉스는 앨저 신화와 아메리칸 드림을 떠받치는 기둥이다.

1981년에서 1989년까지 미국 대통령을 지낸 로널드 레이건Ronald W. Reagan, 1911-2004의 보수적 경제 정책을 가리켜 '레이거니즘Reaganism'이라고 하는데, 리처드 리브스Richard Reeves와 지미 캠벨Jimmie Campbell은 레이거니즘은 개인의 운명이란 자신의 진취적 기상과 노력에 달려 있다는 19세기 허레이쇼 앨저 신화의 부활이라고 주장한다. 그들은 가난한 사람 돈을 빼앗아 부자에게 주는 '역전된 로빈 후드 정신'의 논리는 노동계급 내에서도 상하층 간 분열을 조장하고, 노동계급과 빈민층, 도시 근교 거주자와 도심 내 거주자, 백인과 소수인종(특히 흑인)의 분열을 조장하는 데 이용되었다고 말한다.[8]

빌 클린턴 행정부에서 노동부 장관을 지낸 로버트 라이시Robert Reich는 『새로운 미국 이야기Tales of a New America: The Anxious Liberal's Guide to the Future』(1988)에서 앨저 신화는 노골적으로 "심각한 부의 불균형을 정당화한다. 잘산다는 것을 자기 일에 악착같이 전념해서 돈을 모으

고, 약삭빠르게 장사해 주어진 보상이라고 보기 때문이다"고 말한다.[9]

그 밖에도 영화감독 마이클 무어Michael Moore, 예일대학 법대 교수 할론 돌턴Harlon L. Dalton 등을 비롯한 많은 이가 앨저 신화를 비판하고 있으며, 2012년 한 일간지는 「허레이쇼 앨저는 죽었다Horatio Alger Is Dead」는 헤드라인까지 내걸면서 신분 상승의 종언을 선언했지만, 미국인들의 앨저 신화에 대한 신앙은 요지부동이다.[10]

사회심리학적으로 선의 해석을 해보자면 앨저 콤플렉스는 이른바 '생존 편향survivorship bias'의 산물이다. 생존 편향은 생존에 실패한 사람들의 가시성 결여lack of visibility로 인해 비교적 가시성이 두드러지는 생존자들의 사례에 집중함으로써 생기는 편향을 말한다. 언론이나 연구자들의 입장에서도 실패 사례는 기록이 없거나 빈약한 반면, 성공 사례는 풍부한 기록이 남아 있으므로 본의 아니게 성공 사례를 일반화하는 오류에 빠질 가능성이 높다.[11]

이제 개천에서 용이 나지 않는데도 사회 전반에 걸쳐 '개천에서 용 나는' 모델에 따른 열망이 지속되고 이런 열망을 기반으로 한 정책들이 계속 실시되고 있는 건 대중의 앨저 콤플렉스에도 책임이 있다. 사회적 차원의 문제를 모두 힘을 합쳐 해결하려 하기보다는 '각개약진各個躍進'의 무한경쟁으로 해결하려는 집단의식이 지속되는 한, 한국인의 행복감은 계속 바닥권에 머무를 수밖에 없다. 개천에서 용이 나게 하려고 애쓰기보다는 개천의 미꾸라지들이 용이 되지 않더라도 행복하게 살 수 있는 시스템을 설계하고 구축해가야 하지 않을까?[12]

앨저 콤플렉스

왜 근육질 몸매를 과시하는
식스팩 열풍이 부는가?

아도니스 콤플렉스

최근 몇 년간 이른바 '몸짱'은 말할 것도 없고 복근을 드러내며 남성성을 강조하는 '짐승돌'이라는 유행어가 말해주듯이, 과거에 비해 근육질 상체를 당당하게 노출하면서 뻐기는 남성 연예인이 많아졌다. 웬만한 텔레비전 프로그램에서 여성 출연자들이 남성 연예인에게 식스팩six pack(복근)을 보여달라고 박수를 치는 건 이젠 아주 흔한 장면이 되어버렸다. 커플 댄스를 추던 여자 연예인이 남자 연예인의 윗옷을 들춰 올리며 복근을 공개하는가 하면, 심지어 어떤 드라마에선 남자의 복근을 빨래판 삼아 빨래를 하는 꿈 장면까지 등장했을 정도다.

나이를 불문하고 탄탄한 근육질 몸매를 만들려는 열풍은 일반 대중에게 번져나갔다. 2012년 7월 이형준은 "노출의 계절 여름을 맞아 남성들이 몸만들기에 여념이 없다. 예전에는 단지 얼굴만 잘생기면 대다수의 여성들에게 인기를 얻었지만 요즘은 식스팩 하나 정도는 있어야 어딜 가도 당당하게 기를 펼 수가 있다. 특히 바캉스 시즌 바닷가나 워터파크에 가보면 열에 아홉은 근육남일 정도로 남성들 사이에서 복근이 선택 아닌 필수로 자리 잡았다. 남성들의 몸만들기가 화두가 된 것은 더운 날씨 탓도 있겠지만 스타들의 영향이 크다"며 다음과 같이 말한다.

"최고의 남자를 뽑는 '2012 제7회 쿨가이 선발대회'가 홍은동 그랜드 힐튼 호텔에서 펼쳐졌다. 이 대회는 말 그대로 일반인들 중에 최고의 몸짱을 뽑는 몸짱선발대회. 스펙과 외모, 성격도 큰 점수로 적용되지만 수상자들 중 몸 안 좋은 사람을 찾기는 힘들다. P 브랜드에서도 S/S 컬렉션을 통해 몸 좋은 남성 모델들을 대거 투입하면서 여성들의 뜨거운 환호를 받았다. 이때 선보인 이너웨어들은 없어서 못 팔 정도로 문의가 쇄도하고 있으며 군살 하나 없이 매끈한 이들의 완벽 몸매는 남성들의 질투를 일으킬 정도였다. 물론 사람의 겉모습만 보고 판단하는 것은 무리가 있다. 하지만 '이왕이면 다홍치마'라고 배 나온 아저씨보다는 복근 있는 오빠로 불리는 게 낫지 않을까. 다가오는 바캉스 시즌, 여심을 사로잡고 싶다면 복근 운동에 열중해보자." [13]

이런 남성 외모집착증을 가리켜 '아도니스 콤플렉스Adonis Complex'라고 한다. 현대 사회에서 남성들이 외모 때문에 갖는 강박관념, 우울증 등을 지칭하는 용어다. 아도니스는 그리스신화에 나오는 미청년으로, 미의 여신 아프로디테Aphrodite의 사랑을 독차지했다. 아도니스는 '주님lord'을 뜻하는 히브리어 '아도나이Adonai'에서 온 말이다.

아도니스 콤플렉스

아도니스는 틈만 나면 아프로디테와 잠자리를 같이하던 전쟁 신 아레스Ares에게 증오의 대상이었다. 질투에 눈이 먼 아레스가 멧돼지로 둔갑해 사냥 나온 아도니스의 옆구리를 엄니로 찍어 죽음에 이르게 했는데, 아프로디테는 죽은 아도니스를 불쌍하게 여겨 그의 피에 신들이 마시는 술 넥타르nectar를 뿌려 꽃으로 피어나게 했다. 이 꽃이 바로 '아네모네Anemone', 즉 바람만 불면 꽃잎이 날리는 바람꽃 windflower이다. 아네모네는 그리스어로 '바람의 딸daughter of wind'이란 뜻이다.

아도니스 콤플렉스는 미국 하버드대학 의대 교수 해리슨 G. 포프 Harrison G. Pope, 1947-가 심각한 신체 변형 공포증dysmorphophobia을 겪는 미국 내 300만 명 이상의 남성을 설명하며 만들어낸 용어다. 그는 2001년 미국에서 베스트셀러가 된『아도니스 콤플렉스The Adonis Complex: How to Identify, Treat and Prevent Body Obsession in Men and Boys』에서 이러한 현상을 사회적 신드롬으로 규정했다. 이 콤플렉스를 가진 사람은 보디빌딩에 집착하게 된다. 아도니스 콤플렉스에 빠진 사람을 '아도니스 맨'이라고 한다. 트레이닝과 보디빌딩에 비정상적으로 집착하는 모습을 보이는 남자를 일컫는 말이다.[14]

포프는 다른 연구자들과 함께 미국 최초의 인기 액션 인물 '지아이 조GI Joe'에 대한 관찰로 연구를 시작했다. 1964년에 지아이 조는 훌륭하되 탁월하지는 않은 남성 체격을 가졌지만, 1991년 무렵엔 허리는 74센티미터로 준 반면 팔은 41센티미터로 보디빌더처럼 근육이 부풀어 올랐다. 잡지 광고도 비슷했다. 1960년대에는『글래머Glamour』와『코즈모폴리턴Cosmopolitan』에 등장한 남성 모델 중 가슴을 드러내는 등 옷을 완전히 갖춰 입지 않은 경우가 전체의 10퍼센트 미만이었지만, 1980년대엔 그 수치가 거의 3배로 증가했다. 포프 등은 "매체가 이상적이라 제시한 미국 남성은 지속적으로 더욱더 근육이 부풀어 오르게 되었다"고 결론 내렸다.[15]

그런 아도니스 콤플렉스는 2000년대 들어 대중의 일상적 삶으로 파고 들었다. 시카고 루스벨트대학 교수 고든 패처Gordon L. Patzer는 『룩스: 외모 상상 이상의 힘Looks: Why They Matter More Than You Ever Imagined』(2008)에서 "15년이나 20년 전에 만일 당신이 보디빌딩이나 건강잡지 최신호를 보고 싶다면 대형 신문잡지 판매점이 있는 대도시에 살아야만 했다. 설사 그렇다고 해도 단지 2~3종의 출판물밖에 고를 수 없을 정도로 선택이 제한되었다"며 다음과 같이 말한다.

"반면 오늘날은 거의 어떤 미국의 편의점이나 슈퍼마켓을 찾아 매거진 랙을 살필 경우에도 '체격'에 관련된 출판물을 6개나 그 이상 찾을 수 있을 것이다. 우리의 고속도로를 어수선하게 하는 광고판과 도심버스 양편에 걸린 광고판은 어떨까? 그런 광고판은 속옷부터 자동차와 소비재 전자제품에 이르는 모든 것을 소리 높여 선전하는, 늠름한 반라의 남성 모델로 가득 차 있다. 아무 대중용 인기잡지 한 권을 사더라도 당신은 맨살을 드러낸 남성의 가슴, 잔물결이 이는 듯한 근육, 검게 타고 조각한 듯한 털 하나 없는 토르소torso들의 향연을 즐길 수 있다."[16]

광고판을 넘어서 실물을 마케팅 수단으로 활용하는 기업들도 있다. 예컨대, 젊은 세대에게 인기 있는 미국 의류 브랜드인 아베크롬비&피치Abercrombie & Fitch는 식스팩을 갖춘 근육질 남자 직원들을 마케팅 수단으로 활용한다. 뉴욕 맨해튼 5번가의 아베크롬비 매장엔 윗옷을 벗은 '몸짱' 남자 직원들과 기념사진을 찍으려는 관광객이 줄을 서 있다. 이런 마케팅이 외모차별주의 논란을 빚자 아베크롬비는 2015년 7월 말부터 반라半裸의 직원들을 매장에 배치하지 않기로 했다지만,[17] 이런 몸짱 마케팅은 아직 널리 성행하고 있다.

문제는 그런 근육질 나체의 대향연이 광고모델이나 연예인에만 국한되지 않고, 바람직한 남성 문화로 대중에게 확산된다는 점이다. 패처가 내린 결론은 이렇다. "미국 남성은 매체를 통해 조작당하고 있다. 다른 어떤 세대가 여태껏 보았던 것보다 훨씬 더 초超근육질 이미지에 노출됨으로써 이미지 조작을 당하고 있다. 이 모든 것은 '남성 신체 이미지 산업'에 도움이 된다. 즉 미국 남성은 보조식품, 다이어트 보조제, 건강 프로그램, 모발 성장촉진 치료제, 그 밖에 헤아릴 수도 없는 제품들의 선전자라는 역할을 강요당하고 있다."[18]

아도니스 콤플렉스가 심해지면 '근육추형muscle dysmorphia=bigorexia'으로 나아가는데, 이런 남성은 상당한 근육질의 몸매를 가지고도 자신이 왜소하다고 생각한다. 자신의 목표인 신체 사이즈와 모양에 도달하기 위해 끊임없이 운동하며 근육을 키우기 위해 각종 보조식품을 먹고 부작용이 우려되는 스테로이드 약물을 복용하기도 한다. 이것은 정신과에서 말하는 '신체추형장애'의 일종이다. 신체추형장애란 자신의 신체 일부에 대해 왜곡된 이미지를 갖고 자꾸 고치려고 하는 것이다. 근육추형 환자는 신체의 일부가 아니라 자신의 몸 전체가 불만인 게 차이점이다.[19]

한국 매체도 미국 못지않게 연예인들의 근육질 남성의 미를 부각

시킴으로써 '아도니스 콤플렉스'의 확산에 큰 기여를 했다. 적당한 선에서 멈추면 좋으련만, 2015년 4월 현재 시울 강남 일내 일부 피트니스 센터의 트레이너들 사이에선 회원들의 심리적 수요에 맞추기 위해 이른바 '식스팩 수술'과 같은 몸매 성형이 유행하고 있다니,[20] 이건 아무래도 너무 나간 것 같다. 누구 말마따나, 식스팩 없는 사람 어디 서러워 살겠는가? 앞으로 식스팩은 그냥 캔 맥주 한 묶음을 가리키는 용어로만 쓰면 좋겠다.

아도니스 콤플렉스

왜 인간은 몸을 길게 보이려고
애를 쓰는 동물과 다를 바 없나?

하이티즘

"미국 인구 중 키가 6피트(182cm) 이상인 사람은 전체 남성의 14.5%다. 『포천』500대 기업 CEO 중에선 그 비율은 58%나 된다. 더욱 놀라운 건 전체 미국 인구 중 6피트 2인치(188cm) 이상의 키를 가진 사람은 3.9%이지만, CEO 그룹에선 3분의 1가량이나 된다는 사실이다."[21]

미국 저널리스트 맬컴 글래드웰Malcolm Gladwell, 1963-의 『블링크Blink: The Power of Thinking Without Thinking』(2005)에 나오는 말이다. 그는 "우리는 키 큰 사람을 보면 주눅이 든다"며 이런 결론을 내린다. "대부분의 사람들은 자신도 모르는 사이에 자동적으로 리더십 능력을 당당한 체격과 연계시켜 생각한다. 우리는 지도자는 어떠해야 한다는 생각을

갖고 있으며, 그 고정관념은 너무도 강해 그것에 들어맞는 사람을 보면 다른 고려 사항들엔 눈을 감게 된다."[22]

　미국의 역대 대통령 가운데 평균 키보다 작은 대통령은 5명에 불과하다. 최장신은 에이브러햄 링컨Abraham Lincoln, 1809-1865으로 193센티미터의 키를 가졌던 반면, 최단신은 제임스 매디슨James Madison, 1751-1836으로 163센티미터였다. 1968년 리처드 닉슨Richard Nixon, 1913-1994이 조지 맥거번George McGovern, 1922-2012을 이겼던 1968년 대선까지, 미국 대통령 선거에서 당선자를 예측할 수 있는 가장 쉬운 방법은 키 큰 사람을 지목하는 것이었다고 한다. 키가 큰 후보가 다 이겼다는 것이다.[23]

　적어도 1900년 이후 계속 지켜져 온 그 전통(?)을 깬 사람은 1976년 대선에서 공화당 후보 제럴드 포드Gerald R. Ford, 1913-2006와 맞붙은 민주당 후보 지미 카터Jimmy Carter, 1924-였다. 173센티미터의 키를 가진 카터는 자신의 키가 작지 않게 보이게끔 하려는 눈물겨운 노력을 해야만 했다. 카터와 포드가 텔레비전 토론을 벌이게 되었을 때 카터 측의 보좌관들은 180센티미터의 키를 가진 포드와 나란히 서서 토론을 벌이는 것에 반대했다. 그들은 앉아서 토론을 벌이는 방식을 요구했다. 이에 포드 측 보좌관들이 반대하자, 결국 두 후보자가 서로 멀리 떨어져서 토론을 하는 것으로 타협을 보았다.[24]

　그러나 동서고금을 막론하고 세계적인 지도자들 가운데엔 키가 작은 사람도 많다. 170센티미터 이하만 살펴보자면, 푸틴 170센티미터, 노무현 168센티미터, 김영삼 168센티미터, 나폴레옹 167센티미터, 처칠 166센티미터, 흐루쇼프 166센티미터, 박정희 165센티미터, 레닌 165센티미터, 이회창 163센티미터, 스탈린 162센티미터, 무솔리니 160센티미터, 히로히토 160센티미터, 김정일 155센티미터 등이다.

키가 작은 지도자들은 어떻게 해서든 작은 키를 크게 보이게 하려고 애를 썼다. 165센티미터의 키를 가진 박정희는 연애할 때부터 꼭 자신보다 키가 큰 여자를 택했으며, 평소 너그러운 성품을 보이다가도 누가 자신의 작은 키를 기론하면 불같이 화를 내기도 했다.

권력과는 거리가 먼 사람들도 키로 인해 여러 종류의 차별을 받는다. 프랑스 사회학자 니콜라 에르팽Nicolas Herpin은 『키는 권력이다』 (2006)에서 남자의 큰 키는 신분, 연봉, 연애, 결혼, 그리고 많은 요인에서 유리하게 작용하는 신체 자본으로, '키는 곧 권력'이라고 말한다. 실제 키가 큰 남자들은 평균 키의 남자들이나 키가 작은 사람들에 비해 연봉을 더 많이 받고 사회적으로 성공할 가능성이 더 높다는 연구 결과도 많다.[25]

1960년대 밴더빌트대학의 인류학자 토머스 그레고어Thomas Gregore가 브라질의 메히나쿠족을 연구한 결과에 따르면, 가장 키가 큰 3명의 남자가 나눈 섹스 횟수와 가장 키가 작은 7명의 남자가 나눈 섹스 횟수가 같았다. 여러 연구 결과, 오늘날에도 키가 클수록 결혼을 할 확률, 아이를 더 많이 가질 확률, 애인을 가질 확률 등이 높은 것으로 나타났다.[26]

그렇지만 돈으로 작은 키의 열세를 만회할 수는 있다. 온라인 데이트에 대한 여러 연구 결과를 보면, 키 작은 남자가 키 큰 남자보다 돈을 많이 번다면 데이트 시장에서 얼마든지 승자가 될 수 있다. 군터 히치Guenter Hitsch, 앨리 호택스Ali Hortacsu, 댄 애리얼리Dan Ariely는 키 150센티미터의 남자가 키 180센티미터의 남자보다 한 해에 17만

5,000달러를 벌면 데이트 시장에서 동일한 위상이 될 수 있다고 계산했다. 미국 흑인 남자는 자기와 여러 가지 점에서 비슷한 백인 남자와 동일한 위상이 되려면 한 해에 15만 4,000달러를 더 벌어야 한다.[27]

이렇듯 키에 대한 편견과 차별을 가리켜 '하이티즘heightism'이라고 한다. 미국 사회학자 솔 펠드먼Saul Feldman이 1971년에 발표한 「미국 사회에서 키와 키 치별주의: 신장의 사회학Height and Heightism in American Society: Toward a Sociology of Stature」이란 논문에서 처음 사용한 말이다. 이 논문을 보도한 『타임Time』에 의해 널리 알려진 말로, 이미 존재했던 '성차별주의sexism'라는 단어를 원용해 만든 말이다.[28]

키 작은 사람에 대한 차별은 악랄하다. 키 작은 남자가 터프하게 행동하면 '나폴레옹 콤플렉스'를 가졌다고 비난받는다. 힘을 얻으려는 욕망은 신체의 조건을 보상받기 위한 열망에서 나온다는 식이다.[29] 키 큰 사람이 그런 욕망을 갖는 건 당연하지만 키 작은 사람이 그런 욕망을 가지면 '콤플렉스'라니, 이건 매우 불공정하지 않은가.

미국의 경영자문가 토머스 사마라스Thomas Samaras는 『당신 키의 진실The Truth About Your Height: Exploring the Myths and Realities of Human Size and Its Effects on Performance, Health』(1994)이라는 책에서 200만 년 전 인류의 평균 키는 137센티미터에 불과했으나 세월이 흘러 먹는 데만 열중하다 보니 불필요하게 키와 덩치가 커졌으며 이는 결국 '생존비용'의 증가와 지구 환경의 황폐화를 초래한다고 주장했다. 그는 반대로 키가 작으면 장수할 확률이 높고 균형 감각이 뛰어날 뿐 아니라 지능지수도 높다면서 "작은 키에 대한 사회적 편견이 장기적으로 인류를 해칠지 모른다"고 경고했다.[30]

그러나 그런 경고가 받아들여질 것 같지는 않다. 미국의 동물학자 리처드 코니프Richard Conniff는 "영장류의 생활에 지배 행위는 거의 호흡만큼이나, 그리고 아마도 잠재의식만큼이나 기본적일 것이다"라고 말한다. 키와 사회적 지배가 서로 밀접히 연관되어 있기 때문에 늑대 무리의 우두머리 수놈이 머리와 꼬리를 곧추 세우고 걷는 것이나 인간 지배자들이 몸을 더 똑바로 세우고 더 활기차게 움직이는 거나 다를 바가 없다는 것이다.[31]

하긴 텔레비전에서 〈동물의 왕국〉과 같은 동물 다큐멘터리 프로그램을 시청하더라도 영장류가 아닌 다른 동물들도 적敵이 나타나면 자신의 몸길이를 길게 보이게 하려고 애를 쓰는 모습을 쉽게 볼 수 있다. 그런데 인간이 겨우 그 수준이란 말인가? 유감스럽게도 그렇다. 자신의 큰 키를 자랑하거나 키가 작다고 깔보는 사람일수록 인간적 품질의 수준이 낮다는 건 결코 우연이 아닐 것이다. 키가 작은 사람들은 '동물의 왕국' 수준을 벗어나지 못하는 사람들의 시선에 주눅 들지 말고 오히려 그들을 가엾게 여기는 여유를 갖고 사는 게 좋을 것이다.

하이티즘

왜 정치인들은
대형 건축물에 집착하는가?

거대건축 콤플렉스

독일 나치의 건축가들은 '폐허로서의 가치ruin value'라는 이론에 집착했다. 이 이론은 새로운 건물들은 수천 년이 지나도 압도적인 폐허로 남아 제3제국Third Reich의 위대함을 증언하도록 설계되어야 한다는 것이었다. 이런 이론은 고대 그리스와 로마의 건축양식을 본뜬 기념비적인 석조 구조물을 통해서 실현되었다. 최초의 발상자는 아니지만 이 이론을 집약한 이는 아돌프 히틀러Adolf Hitler, 1889-1945의 측근으로서 나치 독일의 군수장관을 지낸 건축가 알베르트 슈페어Albert Speer, 1905-1981다. 그는 1936년 베를린올림픽을 준비하면서 「폐허가치 이론The Theory of Ruin Value, Die Ruinenwerttheorie」을 발표했다.[32]

슈페어의 '폐허가치 이론'은 히틀러의 열띤 지지를 받았다. 히틀러의 지시에 의해 슈페어가 지은 총통 관저의 총면적은 23만 제곱미터에 달했다. 외교관들이 호화로운 입구에서 히틀러의 책상까지 가려면 무려 480미터를 걸어야 했다. 히틀러는 1937년 독일 국가사회당 창당일 기념연설에서 다음과 같이 말했다.

"훌륭한 건축 계획은 독일 민중의 열등감을 완화하는 강장제와 같습니다. 민중을 교화하려면 자부심의 근거를 눈으로 확인하게 해줘야 합니다. 그것은 힘을 과시하려는 것이 아니라 국가에 자신감을 부여하는 사업입니다. 인구가 8,000만인 국가는 위대한 건축을 가질 자격이 있습니다. 그런 건축이 우리의 권위를 강화한다는 것은 우리의 적들도 알고 지지자들도 아는 진실입니다."[33]

히틀러뿐만 아니라 이탈리아 독재자 베니토 무솔리니Benito Mussolini, 1883-1945와 소련 독재자 이오시프 스탈린Iosif V. Stalin, 1879-1953 역시 건축을 정치 선전의 불가결한 도구로 간주했으며, 건축의 정치적 이용에서 강렬한 환희를 느꼈다. 이는 나중에 다른 사회주의 독재자들에게도 퍼져나갔다. 헝가리의 경제학자 야노스 코르나이János Kornai는 1992년 저서 『사회주의 경제 시스템The Socialist System』에서 대형 건축물이나 지도자를 우상화하는 거대한 동상을 '거대함에 대한 숭배cult of scale'나 '거대화gigantomania'란 표현으로 설명하면서 사회주의 체제의 특성이라고 지적했다.

북한 역시 비슷한 길을 걷고 있다는 분석이 있다. 2013년 11월 평양건축종합대학을 방문한 김정은은 이곳이 "사회주의 문명국 건설의 척후대이자 건축 인재 양성의 기지"라고 치켜세웠다. 강의실 벽에는 미국 시카고의 '마리나 시티Marina City' 빌딩을 콜로세움이나 마르세유

궁전과 함께 세계의 대표 건축물로 소개한 영문 게시물이 있다고 한다. 김정은의 대형 건축물 사랑과 관련, 명지대학교 석좌교수 김석철은 "건축은 체제를 웅변한다"는 답을 내놓았다.[34]

자유민주주의 체제하에서도 정치인들은 자신의 기념할 만한 업적으로 재임 중 거대 건축물을 남기고 싶어 하는 심리를 갖고 있다. 이를 가리켜 '거대건축 콤플렉스Edifice Complex'라고 한다. '오이디푸스 콤플렉스Oedipus Complex'에 빗대 만들어진 말이다.

1960년대에 뉴욕 주지사(1959~1973 재임) 넬슨 록펠러Nelson Rockefeller, 1908-1979는 '알바니 몰Albany Mall' 건설로 인해 거대건축 콤플렉스가 있다는 비판에 시달려야 했다. 그가 젊은 시절 '록펠러 센터Rockefeller Center' 건설에 관여했던 게 그런 이미지를 키웠다. 1939년에 완공된 록펠러 센터는 뉴욕시 48번가에서 51번가에 걸친 19개의 거대 고층건물군으로 무려 8만 9,000제곱미터의 땅을 점하고 있다.[35]

영국 건축가 데얀 수딕Deyan Sudjic은 『거대건축이라는 욕망The Edifice Complex: How the Rich and Powerful Shape the World』(2005)에서 "건축을 통해 자연의 풍경을 변화시키는 것과 정치권력을 행사하는 것은 사람의 의지를 실현하는 일이라는 점에서 심리적 유사성을 가진다"며 다음과 같이 말한다.

"시민 개개인의 의사 따위는 중요하지 않다고 여기는 권력자에게는 도시 전체를 인형의 집 크기로 축소한 모형을 통해 자신의 세계관을 눈으로 확인하는 일이 굉장히 매력적으로 느껴질 것이다.……건축은 자의식이 약한 사람들의 자의식을 부추긴다. 그런 사람들은 점점 더 건축에 집착하다가 마침내 건축 자체를 목적으로 삼게 되고, 더 큰 규모로 건물을 짓고 또 지으면서 중독자가 된다."[36]

그렇다면 건축은 미디어의 기능을 수행한다는 게 아닌가. 수딕은 이 책의 결론에서 "독재자를 높이고 찬양하며 개개인을 억눌러서 집단의 일부로 만들어버리는 일은 다른 어떤 예술 형식도 아닌 건축에서만 가능하다"며 다음과 같이 말한다.

"건축은 언론 매체의 초창기 형태이며, 지금도 강력한 언론 매체 역할을 한다. 다양한 독재정치 체제 아래 건축이 화려하게 발달했던 이유가 바로 여기에 있다. 자기의 흔적을 남기고 싶어 하는 권력자들은 하나같이 건축에 매력을 느낀다. 건축은 지적인 매력과 물질적인 매력을 모두 가지고 있다."[37]

정치인들이 거대건축 콤플렉스를 갖는 이유를 좀더 쉽게 말하자면, 그건 한마디로 말해서 '백문불여일견百聞不如一見'의 원리 때문이다. 자신의 업적을 가시적으로 생생하게 보여줄 수 있다는 '시각주의' 효과를 노리기 때문이라는 것이다. 영국 비평가 존 버거John P. Berger, 1926-의 표현을 빌리자면, "보는 것은 말보다 먼저다Seeing comes before words"는 것이다.[38]

영국의 철학자이자 과학자인 프랜시스 베이컨Francis Bacon, 1561-1626은 사람들이 오류를 범하는 형태를 기술하면서 '존재하지 않는 것absence'을 고려하지 못하는 실수를 가장 심각한 것으로 간주했다. "인간의 이해understanding에서 가장 큰 방해 요인은 여러 사물 가운데 감각을 직업적으로 자극하는 것을 중시한다는 점이다. 아무리 중요한 요인이라도 그것을 감각을 통해 경험하지 않으면 경시하게 마련이다. 따라서 무언가를 심사숙고하는 행위는 '보는 것'에 국한되고, 보이지

거대건축 콤플렉스

않는 것에는 거의 주의를 기울이지 않는다."[39]

　　그러나 정치에선 눈에 보이지 않는 것을 고려하지 않는 건 결코 실수가 아니다. 오히려 든든한 정치적 자산이 된다. 이명박을 대통령으로 만드는 데에 결정적 기여를 했던 '청계천 복원'과 집권 후의 '4대강 사업'은 모두 그런 시각주의 원리에 따른 것이었다는 공통점이 있다. 이와 관련, 서울대학교 물리학과 교수 김대식은 다음과 같이 말한다.

　　"오세훈 시장이 만든 서울시청 건물을 보면서 저는 대통령직에 대한 그의 열망을 읽어요. 랜드마크 건물로 사람들에게 깊은 인상을 남겨 대통령이 되고 싶었던 거겠죠. 그 뻔한 욕망을 숨기는 게 보기 싫습니다. 랜드마크를 만들겠다는 그의 열망이 짝퉁이기 때문에 더 싫어요. 청계천을 복원해 대통령까지 간 건 이미 이명박으로 끝난 길이에요."[40]

　　아니다. 적어도 지방에선 '이명박으로 끝난 길'이 아니었다. 전국의 지방자치단체장들이 앞다투어 거대 청사와 각종 호화판 구조물 건설 경쟁을 벌였다는 건 무엇을 말하는가?[41] 건축가 승효상은 정부 세종청사도 거대건축 콤플렉스의 산물로 지적하면서 그 '스펙터클한 건축 속에 내재한 폭력성'은 "수시로 휴머니즘을 겁박하고 희생을 요구한다"고 말한다.

　　"사실 이 스펙터클 사회에 대한 우리의 추종은 이미 도를 넘어 있다. 특히 민선 지방자치시대가 도래한 이후, 임기 내에 가시적 성과를 내세우기에 혈안이 된 단체장들의 스펙터클한 풍경 만들기를 위해 우리 사회는 너무 많은 대가를 치른다. 곳곳에 랜드마크, 테마공원, 무슨 축제, 개발 프로젝트 등으로 도시의 풍경은 괴기하게 되었고 우리의 아름답던 산하와 마을들은 죄다 삽질과 분탕질로 미증유의 몸살을 앓고 있다."[42]

그러나 자신을 평가해줄 수 있는 사람들에게 보여줄 수 있고, 과시할 수 있고, 두고두고 남는 건 건축물인 반면, 사람에 대한 투자는 보여줄 게 아무것도 없으니 이 노릇을 어찌하랴. 지방에서 가장 강력한 투자 대상은 콘크리트 구조물이 아니라 '사람'이었고 그리 했어야 했건만, 사람은 '인재육성전략'이라는 미명하에 서울로 내쫓고 콘크리트 덩어리만 껴안는 일이 전국적으로 벌어졌으니 참으로 딱한 일이다.

거대건축 콤플렉스

왜 세계적인 마천루는
아시아 · 중동 지역에 몰려 있나?

마천루 콤플렉스

거대건축 콤플렉스는 초고층 건물들에서 잘 드러난다. 최근 전 세계적으로 지어진 초고층 건물들은 대부분 아시아와 중동 지역에 몰려 있다. 존 캐스티John L. Casti는 『대중의 직관Mood Matters: From Rising Skirt Lengths to the Collapse of World Powers』(2010)에서 "세계경제나 지정학적 무대에서 '낮은 지위'를 점하던 이들이 갑자기 '거물'이 되려는 이유는 무엇일까?"라는 질문을 던진다.

"오래전부터 심리학자들은 평균보다 키가 작은 사람들이 주목받기 위해 적극적인 행동이나 큰 목소리, 부산하고 보스 기질이 묻어나는 행동 등의 성격상의 특징을 드러낸다고 지적해왔다. 이와 동일한 현상은 국가 차원에서도 나타난다. 그렇다면 세상을 상대로 '우리가

여기 있소!라고 선언할 때 세계에서 가장 높은 건물을 세우는 것보다 더 좋고 저렴한 방법이 더 있겠는가? 기본적으로 그러한 고층 건물은 자신들의 미래가 꼭 오늘과 같은 것이고 변화가 있다면 더욱 밝아지는 것뿐이라는 한 사회의 믿음을 담은 기념물이라 할 수 있다. 그래서 현재의 사회적 요구에 걸맞은 건물 대신 내일의 비전을 입증하며 위로, 앞으로, 영원히 올라가는 건물을 세우는 것이다."[43]

'거대건축 콤플렉스'라는 개념을 원용하자면, 이런 초고층 건물에 대한 열망은 '마천루 콤플렉스Skyscraper Complex'라고 할 수 있겠다. '마천루摩天樓'는 문자 그대로 '하늘天에 닿을摩 만큼 높은 빌딩樓'을 뜻한다. 마천루를 뜻하는 skyscraper라는 단어는 1794년부터 영어에 존재했지만 중산모, 초기 야구의 높이 뜬 공, 상선의 높이 솟은 돛 등 다른 대상들을 일컬을 때 쓰였다. 이 단어는 1888년부터 건물과 관련해서 쓰였다.

'하이티즘'까지 가세한 '마천루 콤플렉스'의 원조는 물론 미국이다. 이 방면의 선두 주자는 시카고였다. 시카고는 철 구조물 위에 하중이 작은 재료를 덮어씌우는 커튼 월curtain wall 공법을 사용하면서 고층 건물 경쟁에서 1880년대를 주름잡았다. 1890년대부터는 뉴욕에 고층화 경쟁의 패권이 넘어갔는데, 뉴욕의 대표작은 1894년 월드 빌딩(94미터), 1896년 맨해튼 생명보험 빌딩(106미터)에 이어 1909년 메디슨가에 세워진 메트로폴리탄생명보험의 본사 사옥(메트로폴리탄 라이프타워)으로 높이 215미터의 50층 건물이었다.[44]

물론 이런 고층 빌딩 경쟁은 필요성보다는 개인적 욕망과 자존심에 의해 시작되었다. 예컨대, 유통업 재벌 프랭크 울워스Frank W.

Woolworth, 1852-1919는 무조건 메트로폴리탄 라이프타워를 능가하는 고층 건물을 세우고 싶어 했다. 건축가인 캐스 길버트Cass Gilbert, 1859-1934가 얼마나 높이 올리기를 바라냐고 물어보자, 울워스는 얼마나 높이 지을 수 있느냐고 반문했다. 길버트는 울워스의 결정에 달려 있다고 대답했고, 그리하여 이 건축가는 메트로폴리탄 라이프타워보다 15미터 더 높게 지어달라는 주문을 받았다. 1913년 맨해튼에 세워진 울워스 빌딩Woolworth Building의 최종적인 높이는 58층에 241미터였다.[45] 이 빌딩의 준공과 관련, 철학자 조지 산타야나George Santayana, 1863-1952는 "미국의 의지는 초고층의 빌딩에 담겨 있다"고 말했다.[46]

그런 의지의 구현에 자동차 재벌 월터 퍼시 크라이슬러Walter Percy Chrysler, 1875-1940도 뛰어들었다. 1930년 77층에 319미터 높이에 달하는 크라이슬러 빌딩Chrysler Building이 완공됨으로써 울워스 빌딩은 제2위로 밀려났다. 높이에 대한 자존심 대결에서 크라이슬러 빌딩은 건물 꼭대기에 첨탑을 세움으로써 오랫동안 승자가 되고자 했지만,[47] 최고의 지위를 누린 수명은 매우 짧았다. 바로 다음 해인 1931년에 뉴욕 맨해튼 34번가에 102층 381미터의 엠파이어 스테이트 빌딩Empire State Building이 세워졌기 때문이다.

1931년 4월 30일 해질 무렵 허버트 후버Herbert Hoover, 1874-1964 대통령이 백악관 집무실에서 스위치를 누르자 엠파이어 스테이트 빌딩 전체에 환하게 불이 켜졌다. 거리를 가득 메운 군중은 고개가 아프도록 빌딩을 올려다보며 박수를 쳤다. 대공황의 고통을 당하고 있는 가운데 완공되어 건물은 절반쯤 비어 있었기 때문에 한동안 '엠프티Empty 스테이트 빌딩'으로 불리기도 했지만, 이 빌딩은 뉴욕 자부심의

마천루 콤플렉스

표현이자 미국 번영의 상징이 되었다.[48]

엠파이어 스테이트 빌딩도 68미터에 이르는 TV탑을 세워 장기집권을 하고자 했다. 86층과 꼭대기 층인 102층에는 전망대가 있어 맨해튼 시가를 한눈에 내려다볼 수 있었다. 이 빌딩은 1972년 맨해튼 남쪽에 417미터 높이의 세계무역센터 빌딩이 들어설 때까지 41년간 최고 기록을 보유했다. 세계무역센터 빌딩은 1974년 시카고에 110층, 443미터의 시어스타워Sears Tower가 건립될 때까지 겨우 2년간 세계 최고 기록을 누렸다.[49]

오늘날 세계 초고층 빌딩 시장은 아랍에미리트 · 사우디아라비아를 중심으로 한 중동 지역과 중국이 이끌고 있다. 세계에서 가장 높은 건물은 2010년 아랍에미리트 두바이에 들어선 부르즈 할리파(828미터)다. 하지만 중국 후난성의 스카이시티(838미터)가 2016년 완공되면 세계 1위 마천루는 중국 차지가 된다. 이 건물도 2019년이면 최고라는 왕관을 사우디아라비아 왕실이 짓고 있는 킹덤타워에 내줘야 한다. 이 건물은 높이가 무려 1,000미터다.

세계초고층도시건축연합CTBUH에 따르면 150미터 이상 초고층 빌딩은 중국이 1,088개로 가장 많고 그 뒤를 미국(677개), 일본(189개), 아랍에미리트(182개), 한국(175개)이 잇는다. 한국초고층건물학회 회장 정광량은 "중동 국가와 중국은 급성장하는 국력과 그동안 축적된 부富를 과시하기 위해 '세계 최고 높이'에 집착하는 반면, 이미 세계 최강대국 자리에 오른 미국은 디자인과 실용성에 무게를 둔다"고 말했다.[50]

데이비드 즈와이그David Zweig는 『인비저블: 자기 홍보의 시대, 과시적 성공 문화를 거스르는 조용한 영웅들Invisibles: The Power of Anonymous Work in an Age of Relentless Self-Promotion』(2014)에서 이렇게 꼬집는다. "그들은 세계 전역에 큰소리로 외치고 있다. 날 봐 줘요! 우리도 여기 있어요!"⁵¹

2015년 2월 현내사동차그룹은 2020년까지 서울 삼성동 한전 부지에 571미터짜리 마천루를 지을 계획을 밝혔다. 2016년 완공 예정인 제2롯데월드(123층 · 555미터)보다 16미터나 높은 것이다. 이에 대해 이기환은 신중할 것을 요청하면서 고려시대의 기록 하나를 소개했다. 1277년(충렬왕 3년), 조성도감(요즘 국토교통부)이 중국의 풍습을 좇아 고층 건물 건설을 강행하자 관후감(천문대)이 나서 신라 말 풍수가인 도선 스님의 『도선비기』를 인용해서 '불가함'을 외쳤다는 것이다. "우리는 산이 많아 고층건물을 지으면 세력이 약해집니다. 그래서 태조(왕건) 이래로 궁궐도, 집도 높게 짓지 않습니다. 잘못하면 화가 미칩니다."⁵²

마천루 건설 붐이 일면 경제 위기나 파탄이 찾아온다는 속설, 즉 이른바 '마천루의 저주skyscraper curse'는 설득력 있게 받아들여지고 있다.⁵³ 그건 마천루의 건설이 경제적 고려보다는 "날 좀 보소"라고 하는 심리적인 콤플렉스에서 비롯되기 때문이 아닐까?

마천루 콤플렉스

제3장

증후군
또는
신드롬

왜 여배우 엠마 왓슨은
자신을 사기꾼처럼 여기는가?

가면 증후군

"내가 무언가를 더 잘해낼수록 내가 무능력하다는 느낌이 더 커진다. 시간이 지나면 사람들이 나의 무능력함을 알게 될 것 같고 내가 이뤄 낸 것들을 인정받지 못하게 될 것 같다. 나는 사람들이 나에게 기대하는 것처럼 살 수 없을 것 같다."

최근 할리우드 여배우 엠마 왓슨Emma Watson, 1990-이 한 인터뷰에 서 자신이 가면 증후군을 앓고 있다며 한 말이다.[1] 왓슨이 말한 '가면 증후군Imposter Syndrome'은 성공한 사람들이 "능력보다는 요행으로 이 자리에 오른 건데"라는 자기 회의로 괴로워하는 현상을 뜻한다. 성공한 여성들 사이에서 많이 나타나는 현상이다. 1978년 미국 조지아주립대학 심리학과 교수 폴린 클랜스Pauline R. Clance와 수전 임스Suzzane A.

Imes가 처음 제시한 개념이다.

가면 증후군은 우리말로 '사기꾼 증후군'으로 부르기도 한다. 미국에서 1980년대 초에 이루어진 연구에 따르면, 성공한 사람 5명 중 2명이 가면 증후군을 앓고 있고, 전체의 70퍼센트가 그런 느낌을 가진 적이 있다고 답한 것으로 나타났다.[2] 미국에서 작가와 어배우로 크게 성공한 티나 페이Tina Fey, 1970-는 영국 신문과 인터뷰하면서 다음과 같이 말했다.

"가면 증후군은 극도의 자기우월주의와 '나는 사기꾼이야! 사람들이 내 참모습을 알아채고 말거야!'라는 생각 사이에서 계속 흔들리는 것입니다. 극도의 자기우월주의가 찾아오면 이런 감정을 타고 즐기다가 사기라고 생각하며 추락하는 거죠. 저는 거의 모든 사람이 사기꾼이라는 사실을 막 깨달았기 때문에 그렇게 비참하게 생각하지 않으려고 합니다."[3]

페이스북 최고운영책임자인 셰릴 샌드버그Sheryl Sandberg, 1969-는 "가면 증후군에 취약하기는 남녀 모두 마찬가지이지만 여성이 훨씬 강렬하게 겪고, 심각하게 영향을 받는 경향이 있다"며 다음과 같이 말한다.

"여성이 스스로 가면을 쓴 사기꾼 같다고 생각하는 것에는 더욱 큰 문제가 도사리고 있다. 여성은 자신을 끊임없이 과소평가한다. 다양한 산업체 종사자들을 대상으로 실시한 여러 가지 조사에 따르면, 남성은 자신의 업무 능력을 실제보다 높게 평가하는 반면 여성은 실제보다 낮게 평가하는 경우가 많다.……여성에게 가혹한 것은 비단 여성 자신만이 아니다. 동료들과 매체도 여성이 이룬 업적을 쉽사리

외부적 요인의 공으로 돌린다."⁴

여성에 비해 적긴 하지만 성공한 남성들도 가면 증후군에서 자유롭지 않다. 정혜신은 정신과 전공의 시절에 "왜 모든 사람의 문제는 low self-esteem(낮은 자존감)의 문제인가?"라는 의문을 가졌다고 한다. 이후에도 그의 그런 의문은 계속되었다.

"상담실에서 사람들을 만나다 보면 자신이 이룬 성취나 인품에 비해서 지나치게 자신을 낮게 평가하는 사람이 많다. 그들의 속마음을 만일 제3자가 듣는다면 '설마 저 사람이 자신을 그렇게 보잘것없이 평가하려구' 하는 의심을 할 만큼 극단적인 사례도 수두룩하다."⁵

성형외과 의사 출신으로 '마음의 성형수술'이 필요하다는 깨달음에 의해 성공학 전도사로 변신한 맥스웰 몰츠Maxwell Maltz, 1889-1975는 이렇게 말한다. "세상 사람의 관점에서 보면 그들은 분명 성공한 사람이다. 하지만 그들은 여전히 열등감을 느끼며, 마치 자신이 갈망하던 지위를 훔쳐서 얻기라도 한 것처럼 자신을 가치 없는 존재로 여긴다. 또한 '친구와 동료들이 내가 가짜라는 사실을 알기라도 한다면' 하고 염려한다. 이러한 반응은 아주 흔하게 목격할 수 있는 것으로, 정신과 의사들은 그것을 '성공 거부 증후군'이라고 부른다. 말하자면 자신이 성공했다는 사실을 알면 오히려 죄의식, 불편함, 불안감을 느끼는 것이다."⁶

가면 증후군은 성공한 소수자(여성, 흑인 등)뿐만 아니라 여러 분야의 사람들에게 일어난다. 대학원생들은 교수 중심의 '전문가 문화'에 동화되기 위해 노력하면서 가면 증후군의 가능성에 직면하게 되며,⁷ 개인뿐만 아니라 대기업이나 정부 같은 거대 조직도 가면 증후군에 시달릴 수 있다.[8] 고교 시절 늘 1등만 하면서 천재 소리를 듣던 학생이 명문대에 진학해 평범해지거나 평범 이하로 전락할 때 어떤 생각이 들까? 정신과 전문의 정성훈은 카이스트에서 일어난 학생들의 연쇄 자살도 '가면 증후군'과 무관치 않을 거라고 말한다.

"누구나 좋은 대학에 들어가거나 대기업에 취직하게 되면 나를 뺀 다른 동료들은 실력도 나보다 나아 보이고, 용모나 매너 또한 나와는 비교도 되지 않는 것처럼 느낍니다. 나는 기를 쓰고 밤을 새가며 해도 따라갈까 말까 한데, 남들은 여유 있게 인생을 즐기면서도 해야 할 일은 똑 부러지게 해내는 것 같습니다. 그러다 보니 난 원래 이 자리에 어울리지 않는데, 무언가 천운이 나를 도왔거나 시험관이 잘못된 판단을 해서 이 자리에 뽑힌 것 같습니다."[9]

자꾸 그런 생각을 하다 보면 자신의 학업 부진이 충분한 근거로 여겨질 것이고, 그러다가 결국 자살을 택하지 않았겠느냐는 것이다. 그렇다면 도대체 어떻게 해야 이렇게 사람 잡는 가면 증후군에서 탈출할 수 있을까? 정신과 전문의 박용철은 가면 증후군을 극복하는 법에 대해 다음과 같이 말한다.

"우리는 자신도 모르게 남들처럼 자신에게 더 가혹한 잣대를 들이대기도 합니다. '나는 완벽해야만 돼', '남들에게 절대 약점을 보여주면 안 돼' 하고 생각하는 것입니다. 나 자신을 소중한 친구처럼 대해주세요. 실수할 수 있고 결점이 있는 인간임을 받아들이고 수치스러워하지 마세요. '내 약점과 실수를 남들이 알게 된다고 해도 내 전체를 비난하지는 않는다'는 믿음이 생기면 가면 증후군은 점점 힘을 잃게 될 것입니다."[10]

가면 증후군

일반 대중의 입장에서 보자면, 뜻밖의 이야기가 아닌가. 늘 부러움의 대상으로 바라보던 사람들이 그런 고통을 겪고 있다니 말이다. 그런데 그건 내면의 이야기일 뿐이고, 겉으로 드러나는 건 다른 사람들을 짜증나게 만들기에 충분하다. 해럴드 힐먼Harold Hilman은 『사기꾼 증후군The Imposter Syndrome』(2013)에서 사기꾼 증후군의 증상으로 8가지를 꼽는다.

(1) 철벽 방어: 비판에 과민하게 반응하고, 질의를 위협으로 인식하며, 실수를 인정하지 않는다. (2) 계산: 실현 가능한 것을 중시하고, 지나칠 정도로 꼬치꼬치 따지며, 실천보다 계획을 세우는 데 공을 많이 들이고, 앞장서지 않고 뒤에서 고민하기 좋아한다. (3) 장벽 구축: 틀에 박혀 사무적이며, 벽창호 같아 보이고, 사생활을 잘 드러내지 않는다. (4) 유아독존: 잘되면 내 탓, 잘못되면 남의 탓으로 돌리고, 인정과 양보가 없으며, 논란이 되는 문제는 덮어두고 체면을 유지하려 한다. (5) 고집불통: 협상에서조차 자기 생각만 고집하며, 남의 말을 깎아내리기 위해 그 사람의 결함을 찾는다. (6) 목석: 지나치게 진지하고, 남이 놀리면 과민하게 반응한다. (7) 모 아니면 도(오만): 주목받기 좋아하고 혼자 관심을 독차지하려 한다. (8) 모 아니면 도(소심): 언행이 소극적이며 다수의 견해를 따르는 경향이 있다.[11]

힐먼은 "가면을 벗고 민낯을 드러내자"는 말로 책을 끝맺고 있지만, 그게 어디 말처럼 쉽겠는가. 혹 주변에서 이와 같은 유형의 사람을 본다면, 행여 분노하거나 상처받지 말고 불쌍하게 여기면서 따뜻한 위로의 말이라도 건네주는 게 좋겠다. 물론 그들의 그런 행태를 성공하지 못한 자신에 대한 위로로 삼는다면 더욱 좋을 것이다.

12

왜 사이버공간은
관심을 받기 위한 아수라장이 되었나?

뮌하우젠 증후군

2014년 12월 10일 공고 화공과 재학생인 오 모(19) 군은 익산 신동성당에서 열린 재미동포 신은미와 전 민주노동당 부대변인 황선의 '토크문화콘서트' 중 황산 등을 섞은 인화물에 불을 붙여 2명에게 화상을 입힌 혐의로 체포되었다. 사건 당일 밤 11시쯤 한 인터넷 사이트에 수갑 채운 손의 사진이 올라왔다. 오 군이 경찰서에서 찍은 '인증샷'이었는데, 어떻게 찍고 올렸는지는 미스터리다. 그는 전날에도 "신은미 폭사당했다고 나오면 난 줄 알라"며 그 사이트에 범행 예고글을 올렸다.

보수단체들이 '테러'를 저지른 오 군을 '구국지사', '투사'로 부르며 석방을 요구하고 나서면서 이 문제는 이념 문제로 비화되었다. 오 군은 불구속 상태에서 재판을 받게 되어 50일 만에 풀려나자 2015년

2월 5일 다시 '일간베스트' 웹사이트에 "출소했다. Terroirsts"라는 제목의 글을 올렸다. 수감 기간 중 받았다는 편지의 사진들을 올리며 "감사하다"고 일일이 적었고, "남은 건 배갈 한 병과 화상이 남은 손뿐"이라고 적었다. 몇 시간 못 가 삭제된 이 글에는 그사이 1,500개가 넘는 댓글이 달렸다. 전문가들과 언론은 오 군의 이런 행태를 '디지털 뮌하우젠 증후군Digital Münchausen Syndrome'이라고 불렀다.[12]

뮌하우젠 증후군은 병이 없는데도 다른 사람의 관심을 끌기 위해 아프다고 거짓말을 하거나 자해를 하는 일종의 정신질환이다. '만성적인 꾀병 부리기chronic manifestation of factitious disorder', '병적인 거짓말pathological lying' 또는 '거짓말 중독' 증세로 보면 되겠다. 어린 시절 과보호나 정신적 상처를 입은 사람에게서 발견된다.

1951년 영국의 정신과 의사 리처드 애셔Richard Asher, 1912-1969가 독일 귀족 카를 프리드리히 히에로니무스 폰 뮌하우젠Karl Friedrich Hieronymus Freiherr von Münchhausen, 1720-1797의 이야기를 각색한 독일 작가 루돌프 에리히 라스페Rudolf Erich Raspe, 1736-1794의 모험소설 『폰 뮌하우젠 남작의 놀라운 모험The Surprising Adventures of Baron Münchhausen』(1781)에서 병명을 따온 것이다. 뮌하우젠은 자신이 늪에 빠졌을 때 손으로 자기 머리카락을 스스로 잡아당겨서 빠져나왔다는 등 평소 거짓말에 광적으로 집착한 인물이었다고 한다.[13]

인터넷상에서 주목받기 위해 극단적인 일을 저지르면 그게 바로 '디지털 뮌하우젠 증후군'이다. 2000년 미국 앨라배마대학 정신과 교수 마크 펠드먼Marc Feldman이 'Münchausen by Internet'이라고 작명한 것을 좀더 부드럽게 표현한 용어로 볼 수 있겠다. 디지털 시대에 뮌

하우젠 증후군은 전성시대를 맞았는데, 특히 20~30대의 젊은 사람들에게서 많이 나타나고 있다.[14]

이나미심리분석연구소장 이나미는 "뮌하우젠 증후군은 인정을 충분히 받지 못한 때에 나타나는 자기애적 성격장애"라며 "과거에는 목표가 주위 몇 사람에 불과했는데 인터넷 때문에 효과가 증폭됐다"고 했다. 범죄과학연구소장 표창원은 "인정 욕구에 의한 범죄가 젊은 층, 특히 소년범에게 많다"며 "자신의 인생을 소중히 여겨 처벌이나 전과를 두려워해야 하는데, 그보다 당장 인터넷의 영웅 대접이 크게 다가오는 것"이라고 했다.[15]

뮌하우젠 신드롬 바이 프록시Münchausen Syndrome by Proxy, 즉 '대리 뮌하우젠 증후군'이라는 것도 있다. 1976년 존 머니John Money와 존 페이스 월워스June Faith Werlwas가 작명한 '대리 뮌하우젠 증후군'은 어린이, 중환자 등을 돌보는 부모나 간병인 등이 주변 사람들의 이목을 끌기 위해 끊임없이 자신이 돌보고 있는 어린이 등에게 상처를 입히는 정신질환이다. 자신이 돌보는 아이를 아프게 해서 병원을 찾아가고 그것을 통해 자신의 보호본능을 대리만족한다. 2000년까지 전문 학술지에 2,000건이 넘는 사례가 보고되었으며, 이 질환에 걸린 사람의 93퍼센트가 어머니이거나 여성 보호자인 것으로 나타났다.

영화 〈미저리Misery〉(1990)의 전직 간호사 애니(캐시 베이츠)는 다리를 다친 작가 폴(제임스 칸)을 돌보지만 그가 회복되자 망치로 다시 다리를 부러뜨린다. 돌보는 환자나 자녀를 아프게 해 관심을 얻으려는 '대리 뮌하우젠 증후군'이다. 비슷한 사건이 2014년 미국에서 발생했다. 싱글맘 레이시 스피어스Lacey Spears(27)는 2009년부터 병약한 아들의 간병기를 블로그에 연재해 많은 이의 관심을 받았다. 아이가 숨지자 네티즌은 위로를 보냈다. 그랬던 스피어스가 2015년 3월 2일 미국 웨체스터카운티 법원에서 '살인' 유죄 평결을 받았다. 부검 결과 스피어스가 치사량의 나트륨을 아들의 위장에 주입해온 정황이 드러났기 때문이다. 전문가들은 스피어스가 대리 뮌하우젠 증후군이라고 판단했다.[16]

다른 사람들의 관심을 받기 위한 욕망은 디지털 시대에 이르러 더욱 강해졌다. 그런 욕망이 강한 걸 가리켜 '관심병'이라고 하는데, 그 정도와 방식에 따른 용어들이 다양하게 나와 있다. '관종'은 관심병 종자, 즉 관심병에 걸린 사람을 비하하는 은어인데, 허세를 부리거나 SNS에 셀카를 과도하게 올리는 사람까지 타인의 반응을 이끌어내는 데 집착하는 모든 사례를 통칭한다.[17]

2015년 2월 26일 김 모(20) 씨는 일베 게시판에 '친구 먹었다'는 글과 함께 단원고 교복 차림으로 어묵을 들고 있는 사진을 올렸다. 김 씨는 이 사진을 찍기 위해 중고 거래 사이트에서 단원고 교복을 10만 원에 구입하기까지 했다. 그는 세월호 희생자를 모욕한 혐의로 구속되어 징역 4월을 선고받았는데, 도대체 왜 구속과 징역의 위험까지 감수해가면서 그런 일을 한 걸까? 그의 답은 이랬다. "관심을 받고 싶었다."[18]

도대체 관심이 무엇이길래? 찰스 더버Charles Derber는 『관심의 추구 The Pursuit of Attention: Power and Ego in Everyday Life』(2000)라는 책에서 대중문화와 소비자본주의가 개인 수준의 관심에 대한 과도한 욕망을 갖게 했으며, 그 결과 사람들은 오직 자기 자신에 대해서만 말하고 싶어 하기 때문에 사람들 사이의 건전한 대화가 더는 불가능해졌다고 주장한다. 그래서 요즘 시대를 가리켜 '관심 경제attention economy의 시대'라고 한다. 세인의 주목을 받는 것이 경제적 성패의 주요 변수가 된 경제를 말한다. '주목 경제'라고도 한다.[19]

자신을 팔기 위해 남들의 관심과 주목을 받아야만 살 수 있다는 점에서 우리는 '관심 경제' 시대로 진입한 것이다. 광고·홍보·PR은 전통적인 주목 산업이지만, 이젠 전 산업의 '관심 산업화'로 나아가고 있다. 사실 사이버공간은 관심과 주목 쟁취를 위한 아수라장이라고 해도 과언이 아니다. 이렇듯 '관심 경제'의 문법을 충실히 따르면서 살아가는 사람들에게 남의 관심을 받을 수 있는 조건이 너무도 열악한 사람들이 빠져드는 뮌하우젠 증후군이 의미하는 건 과연 무엇일까? 남의 관심을 받기 위해 애를 쓰더라도 정도껏 해야 한다는 걸까?

데이비드 즈와이그David Zweig의 『인비저블: 자기 홍보의 시대, 과시적 성공 문화를 거스르는 조용한 영웅들Invisibles: The Power of Anonymous Work in an Age of Relentless Self-Promotion』(2014)은 그런 '관심 경제'의 문법에 정면 도전하는 책이라서 흥미롭다. 그는 "타인의 인정을 받는다는 것에 대한 평가가 실제 가치보다 훨씬 과장되어 있다"며 이렇게 묻는다. "가슴에 손을 얹고 한 번 물어보라. 당신은 영원히 멈추지 않을 러닝머신 위에서 뛰며 남들과 경쟁할 것인가, 아니면 스스로에게 도전해 영원한 보상을 얻을 것인가."[20] 이 물음은 뮌하우젠 증후군 환자뿐만 아니라 우리 모두가 한 번쯤 깊이 생각해볼 만한 게 아닐까?

13

왜 한국 정치는 '리셋 버튼' 누르기에 중독되었는가?

리셋 증후군

1997년 5월 일본 고베시에서 발생한 초등학생 토막살인 사건은 전 세계를 놀라게 만들었다. 희생자의 신체 일부가 발견되었을 때 "자, 게임이 시작되었다. 미련한 경찰 여러분, 나를 좀 멈춰줘. 나는 살인이 즐거워 견딜 수 없어"라고 적힌 쪽지도 함께 발견되었는데, 범인은 놀랍게도 14세 중학생이었다. 그가 컴퓨터 게임광이었다는 사실이 알려지면서 '리셋 증후군Reset Syndrome'이라는 용어가 널리 퍼지게 되었다.

리셋 증후군은 컴퓨터가 느려지거나 제대로 작동하지 않을 때, 리셋 버튼만 누르면 처음부터 다시 시작할 수 있는 것처럼 현실 세계에서도 '리셋'이 가능할 것으로 착각하는 현상을 일컫는 말이다. 심리적 압박감이 가중될 경우 현실 상황을 온라인 상황으로 착각해 대형 사

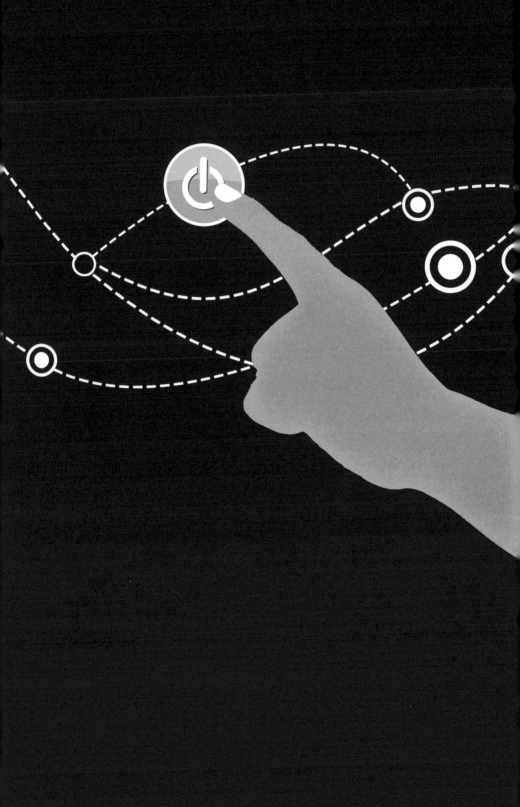

고를 일으킬 수 있다는 것이다.

　리셋 증후군은 국내에선 1990년대 말부터 경찰 백서에 등장하기 시작했고 서울지방경찰청 사이버 수사대에서는 이를 게임 중독, 주식 중독, 음란물 중독처럼 인터넷 중독의 한 유형으로 꼽았다. 인터넷을 사용하거나 사이버 게임을 하던 중 갑자기 종료해버리는 행태가 리셋 증후군의 초기 단계라고 한다. 인터넷 사이트의 서버는 많은 사람이 동시 접속할 경우 파일의 전송 속도가 느려지거나 컴퓨터에 에러가 나기도 하는데, 이럴 때 답답함과 조급증을 느껴 리셋 버튼을 누르거나 인터넷 창을 닫아버린다는 것이다.²¹

　2005년 6월 경기도 연천 전방 총기난사 사건을 저지른 김 모 일병이 컴퓨터 게임광이었다는 사실이 알려지면서 이른바 '리셋 증후군'이 화제가 되었다. 이 사건을 계기로 '디지털 세대'인 요즘 병사들의 심리 상태와 사고방식에 대한 이해와 그에 따른 체계적인 장병 관리의 필요성이 제기되기도 했다.

　게임 전문가인 중앙대학교 교수 위정현은 "디지털 세대는 온라인에서의 생활과 오프라인에서의 생활 간에 균형을 찾지 못하는 경우가 많다"고 지적하고 "온라인에서의 인간관계에 익숙하다 보니 오프라인에서의 갈등 해결 능력이 떨어질 수밖에 없다"고 말했다. 그는 "한순간에 갈등 상황을 해소할 수 있는 리셋이나 로그오프log off와 같은 온라인식 해결방법을 찾다보면, 참을성 있는 문제해결보다는 결과에 대해 생각하지 않는 즉각적 행동을 할 가능성이 커질 수밖에 없다"고 분석했다.²²

　리셋 증후군은 인간관계에서도 자주 나타난다. 사이가 틀어진 사람과의 어긋난 관계를 풀어갈 생각은 하지 않고 아예 관계를 끊어버리린 후 또 다른 관계를 찾아나서는 것이 그 좋은 예다. 친구와 싸운 자녀에게 부모가 화해를 권하는 데 "괜찮아. 절교하면 돼. 다른 친구 사귀면 되지, 뭐"라는 답이 돌아온다면 좀 황당하지 않을까?[23]

김용섭은 리셋 증후군 성향을 보이는 리셋족Reset Tribe 혹은 리셋 제너레이션Reset Generation은 부정적으로 보면 참을성이 부족한 것이고, 긍정적으로 보면 다이내믹하다면서 주로 마케팅 측면에서 긍정적이라고 평가했다.

"우리나라 국민의 휴대전화 평균 사용주기는 1년 6개월인데 리셋 세대는 이보다 훨씬 빠르다. 휴대전화뿐 아니라 디카, 노트북, PDA 등 디지털 기기 전체로 이런 현상이 확대되고 있다. 그들에게는 디지털 기기도 하나의 패션이기에 유행에 민감할 수밖에 없다. 새로운 디지털 기기가 나오면 바로 교체하고 싶어 한다. 리셋족의 이러한 즉흥적이고 빠른 유행 사이클은 마케팅 측면에서는 아주 유용한 것으로 각광받을 수 있다."[24]

그렇다. 리셋은 마케팅 측면에선 매우 긍정적이다. 그런데 마케팅 장점을 가장 많이 활용하는 곳은 바로 한국 정치판이다. 이른바 '원조元祖 콤플렉스' 때문이다. 한국 사회의 독특한 풍경이라 할 치열한 '원조' 경쟁은 비단 음식점들 사이에서만 벌어지는 건 아니다. 지도자들 사이에서도 벌어진다. 자신이 새 시대를 여는 원조로 기록되고 싶어 하는 지도자들의 야망 경쟁은 한국 정치의 익숙한 모습이다. '신新'이라는 단어가 오남용되는 것이 바로 그런 야망을 웅변해준다.

'원조 콤플렉스'가 나쁜 건 아니다. 야망이 없었다면 어찌 지도자의 자리에 오를 수 있었겠는가. 중요한 것은 야망을 옳은 방향으로 발휘하는 지혜지 야망 자체는 탓할 게 못 된다. 그런데 우리 지도자들의 '원조 콤플렉스'는 과거와 단절하고 이전 정부들의 경험에서 아무것도 배우려 하지 않으면서 모든 걸 '정치화'하려는 특성이 있다. 바로 이게 성공을 어렵게 만드는 주요 이유다.

뭐든지 새롭게 시작하겠다는 의욕은 과거를 부정하면서 기존 질서를 때려 부수는 걸로 시작한다. 주로 국민의 불만을 산 것들을 건드리기 때문에 처음엔 뜨거운 박수를 받기 마련이다. 그러나 그 박수는 오래 갈 수 없다. 실망과 저주의 부메랑으로 되돌아온다. 모든 국민을 만족시킬 수 있는 국정 의제란 거의 없기 때문이다. 어떤 의제건 어느 정도의 불만은 필연이다. 불만의 최소화만이 가능할 뿐이다. 이 일을 위해선 이전 정부의 경험에서 배우는 게 절대적으로 중요하다. 그러나 '원조 콤플렉스'는 이런 자명한 상식을 깨닫지 못하게 만든다.

서울대학교 교수 박원호는 그런 '원조 콤플렉스'를 가리켜 '리셋 노이로제'라고 부른다. 그는 "정책은 언제든지 '의도치 않은 결과'를 낳을 수 있으며, 현실의 질서로 구현되는 순간 제도적 생명력을 가지게 되어 다시는 원점으로 되돌이킬 수 없는 것이다. 사유와 아이디어가 끊임없이 파괴되고 창조되어야 할 것이라면, 정치와 행정에는 돌다리도 두드리며 걷는 지혜가 필수적일 것이다. 우리 정치는 불행하게도 이것이 뒤바뀐, 돌다리처럼 굳은 사상으로 끊임없이 과거를 파괴하고 제도를 창조하는 일을 반복하고 있다"며 다음과 같이 말한다.

"이런 리셋 노이로제에는 아마 시민들의 팍팍한 현재의 삶과 밝지 않은 미래에 대한 전망도 한몫을 하고 있을 것이다. 너무도 답답한 오늘과 내일을 완전히 바꾸는 가장 간단한 방법은 그 원인인 과거를 소거하고 모든 것을 리셋한 후 백지 상태에서 새로운 세상을 그리는 것이기 때문이다. 그러나 현실에 그런 마법의 리셋 버튼이 어디 있는가. 정치가 마케팅이라면 그런 리셋 이미지를 팔고 있을 따름이다.……우리 정치사의 비극은 그런 의미에서 과거 유산의 전면적 부정을 통해서만 미래의 전망을 그리고자 한 데 있었다. 과거 정부들에 대한 정당한 평가와 비판이 아니라 봉인과 폐족을 통해 현재가 근근이 잔존하고, 늘 새롭게 원점에서 '수레바퀴를 재발명'하는 과정을 반복해왔던 것이다. 그러나 의외로 손쉬운 해답은 역사책에 있다는 것, 지난 정부의 성과와 고민을 받아들이고 계승하는 것이 부끄러운 일이 아니라는 것을 강조하고 싶다." [25]

"인생에서 리셋 버튼은 주어지는데 언제 눌러야 할지 배워야 한다Sometimes life hands you a reset button, you just have to know when to press it"는 말이 있다. [26] '언제'와 더불어 '무엇을 위해'도 중요한 고려사항이 되어야 할 것이다. 단지 보잘것없는 자신을 돋보이게 하기 위해 누르는 리셋 버튼은 모두를 고통스럽게 만들 뿐이다. 정치인이건 그 누구건 원조 경쟁은 족발집들에게나 맡겨두고, 겸허한 자세로 선임자들의 경험을 공부해보는 게 어떨까?

리셋 증후군

왜 한국의 가족주의를
'파시즘'이라고 하는가?

빈 둥지 신드롬

"국내외 현안으로 눈코 뜰 새 없이 바쁜 버락 오바마 대통령을 힘들게 하는 스트레스는 무엇일까. 미국 대통령의 눈물도 찔끔하게 하는 요인은 다름 아닌 '빈 둥지 증후군Empty Nest Syndrome'이었다고 AFP통신은 전했다. 오바마 대통령은 7일(현지시간) 조찬기도회에 참석해 '하루 중 어느 순간 갑자기 눈물이 나기 시작하는데 이유를 알 수 없다'며 '내가 슬픈 이유는 딸들이 떠나기 때문'이라고 말했다. 만 16세인 오바마 대통령의 큰 딸 말리아는 아직 고등학교도 졸업하지 않은 상태다. 오바마 대통령은 '여기 모인 모든 이들의 기도는 나와 내 아내 미셸에게 큰 힘이 된다. 특히 우리 딸들이 자라나 대학교 탐방을 시작하는 요즘 같은 시기엔 더더욱 말이다'라며 '기도가 필요하다'고 호소했다. 목소리까지 떨며 말하는 오바마 대통령에 청중들은 크게 웃음지 었다."[27]

2015년 4월 외신을 타고 전해진 이 뉴스에 동병상련同病相憐한 이가 많았으리라. 자식을 곁에서 떠나보내는 부모로서는 결코 웃을 수 없다. 빈 둥지 증후군, 공소증후군空巢症候群이라고도 하는 빈 둥지 신드롬은 자녀들이 독립을 하는 시기에 부모가 느끼는 슬픔을 의미한다. 주 양육자의 역할을 맡는 여성에게서 주로 많이 나타나지만, 아빠라고 해서 의연할 수는 없다.[28]

그런데 '부메랑 세대boomerang generation'의 등장은 빈 둥지 신드롬의 풍경을 좀 바꾸고 있다. 부메랑 세대는 미국에서 독립을 해서 나간 자식들이 경제적 이유로 다시 부모 품으로 돌아오는 경우가 많아, 이들을 가리켜 붙인 딱지다. 어렵게 취직은 했지만 초봉에 비해 대도시의 주택 임차료와 생활비는 하늘을 찌를 듯 높기만 한데다 저축해둔 것은 없고 갚아야 할 학자금 대출과 카드빚만 잔뜩 쌓여 있는 상황에선 집으로 돌아가는 것이 유일한 선택이기 일쑤라는 것이다. 2008년 조사에 따르면, 18~34세 연령 집단 가운데 부모와 같이 사는 사람의 비율은 10년 전 8퍼센트에서 34퍼센트로 늘어난 것으로 밝혀졌다.

부모들은 황당할 따름이다. 그래서 2005년 『부메랑 국가Boomerang Nation: How to Survive Living with Your Parents...the Second Time Around』라는 책을 출간한 엘리나 퍼먼Elina Furman은 "자식에게 '방값'을 받으라"고 충고했다. 매정해 보이고 자식도 이런 부모의 태도에 당황하겠지만 상징적으로 매달 50달러라도 받음으로써 예산을 세우고 규모 있게 생활하는 법을 자연스레 배우게끔 하라는 것이다.[29]

빈 둥지 신드롬

빈 둥지 신드롬과 부메랑 세대는 흥미로운 주제이지만, 한국에선 좀 싱거운 이야기다. 문제될 게 전혀 없는, 너무도 익숙한 풍경이라는 것이다. 자식에게 목숨 거는 부모들이 너무 많기 때문이다. 정신과 의사 정성훈은 "특정한 조건의 부모가 특히 빈 둥지 증후군에 취약하여, 허전해하고, 정체성을 잃으며, 허무감에 빠집니다. 그 누구보다도 자식 양육에 자신의 모든 것을 걸었던 부모가 가장 위험하겠지요"라면서 다음과 같이 말한다.

"오죽하면 애들 키우는 것을 전쟁이라 표현하겠습니까? 이런 와중에 남편의 적극적인 도움이 없는 경우 어머니는 자의 반 타의 반으로 자신의 모든 것을 아이 양육에 바칠 수밖에 없게 됩니다. 배우자 선정에서 결혼반지 고르는 일까지, 말 그대로 하나부터 열까지 어머니는 그것이 자기 일인 양 마음을 쏟다가 막상 자식이 결혼하여 떠나가면 이제는 아무것도 할 일이 없어져버리는 것이지요. 허무감이 몰려오는 것은 당연합니다."[30]

어떻게 해야 빈 둥지 신드롬에서 벗어날 수 있을까? 이주형은 『지적인 생각법: 영리하게 세상을 살아가는 힘』(2014)에서 빈 둥지 신드롬에 빠진 엄마들에게 가장 필요한 것은 '자신을 찾는 일'이라고 말한다. "중년 이상의 여성들에게 자신을 소개하라고 하면 보통 '○○ 엄마'라고 한다. 그러나 이젠 ○○ 엄마라는 이름에서 벗어나 자신의 이름을 되찾아야 한다. 처음엔 어색해도 계속 말하다 보면 익숙해지고, 점점 당당해진다."[31]

그런 해법이 필요한 엄마들도 있겠지만, 아예 빈 둥지 자체를 허용하지 않는 엄마도 많다. 즉, 한국에선 자녀가 대학을 가는 건 물론 결혼을 한다 해도 부모에게서 독립했다고 보기 어려운 사례가 너무 많다는 것이다. 물론 여기엔 그럴 만한 충분한 이유가 있다.

2015년 2월 『중앙일보』가 게재한 '반퇴半退시대' 특집 기사들의 내용이 흥미롭다. 수명이 늘어난 반면 노후 자금이 부족해 퇴직 후에도 온퇴하지 못하는 '반퇴 시대'가 본격화하고 있으나 40·50대가 사교육비 부담에 발목이 잡혀 있으며, 매달 수입을 고려하지 않은 채 과도하게 사교육비를 지출하다간 '반퇴 푸어poor'로 전락할 수 있다는 내용이다.[32]

이 신문은 「반퇴 시대, 자식에만 올인하면 노후가 불행하다」라는 제목의 사설을 통해 "자녀가 대학에 입학했다고 끝난 게 아니다. 40·50대의 과반수는 성인 자녀에게 경제적 지원을 계속하고 있다. 취업난으로 자녀의 경제적 독립이 늦어지며 취업 준비 비용과 생활비를 대야 하기 때문이다. 자녀에게 모든 것을 쏟아부은 중년 세대의 노후는 빈곤할 수밖에 없다. 이미 주변에선 자녀 교육비와 결혼 비용을 대는 데 여유 자금을 다 쓰고 일용직에 나서는 노인 세대를 흔히 볼 수 있다. 마치 부화한 새끼들의 먹잇감으로 자기 몸까지 내어주는 어미 거미의 운명과 비슷하다"며 다음과 같이 말한다.

"빈곤한 노후를 맞지 않으려면 중년 세대는 지출, 특히 교육비를 줄여야 한다. 교육비 비중을 소득의 20% 정도로 확 낮추는 게 필요하다. 자녀 교육비를 절약해 생긴 여유 자금은 개인연금이나 자신의 교육비로 투자하는 게 좋다. 고령화로 지금 중년 세대는 교육-취업-반퇴-재교육-재취업-완퇴完退의 라이프 사이클을 밟을 것이기 때문이다. 노인이 돼서도 괜찮은 일자리를 가지려면 중년 때 인생 후반전을 위한 준비를 해야 한다는 것이다. 자녀 결혼 비용도 마찬가지다. 자식에 대한 의무감, 혹은 체면 때문에 노후를 위한 최후의 종잣돈을 날리는 어리석음을 범하지 말아야 한다."[33]

그러나 그게 어디 말처럼 쉬운 일인가. 기자가 취재 과정에서 만난 학부모 다수가 사교육 투자에 대한 고집은 못 꺾겠다고 했다. 교육비를 대느라 주부 생활 20년 만에 맞벌이에 나선 김 모(48 · 경기도 용인) 씨는 "못 먹어도 자식 교육비는 대줘야죠. 폐지라도 줍겠어요"라고 했다. 이 시리즈 기사에는 "교육비만큼은 못 줄인다"는 댓글이 줄줄 달렸다. 학부모들이 많이 모이는 인터넷 카페에선 "남들 다 하는 사교육 따라잡는 데만도 비용이 후덜덜한데 노후 대비가 웬 말이냐"는 글이 많았다.[34]

자, 사정이 이와 같은데, 빈 둥지 신드롬이 웬 말인가. "결혼 파탄내는 '시월드 · 처월드' 가문의 전쟁"이 도처에서 일어나고,[35] 시어머니의 감시 때문에 카카오스토리를 탈퇴하는 주부들이 줄을 잇고,[36] 그런 현실을 반영하겠다는 듯 각종 텔레비전 프로그램은 고부갈등을 지겨울 정도로 우려먹는 곳이 바로 한국 사회가 아니던가? 이래서 한국의 가족주의는 '파시즘'이라는 말이 나오는 게 아닐까?[37]

오히려 많은 한국인에겐 빈 둥지 신드롬이야말로 바라마지 않는 축복이라고 보아야 하지 않을까? 부모들이 자녀의 결혼은 물론 결혼 이후 자녀들의 삶에까지 사사건건 간섭하는 것도 '부화한 새끼들의 먹잇감으로 자기 몸까지 내어주는 어미 거미의 운명' 때문이라고 보아야 하는 걸까? 빈 둥지 신드롬이 사회 문제로 비화되는 그런 행복한 날은 정녕 올 것인가?

15

왜 우리는 '자신 속의 아이'에
빠져드는가?

피터팬 신드롬

미국에선 1970년대 후반부터 여권 신장과 경기 침체로 인해 상대적으로 남성들의 힘이 약해지면서 여성들에게 의존적인 모습을 보이는 남성들이 증가하기 시작했다. 이에 주목한 심리학자 댄 카일리Dan Kiley는 1983년에 출간한 『피터팬 신드롬The Peter Pan Syndrome: Men Who Have Never Grown Up』에서 신체적으로는 어른이 되었지만 그에 따른 책임과 역할을 거부하고 어린이의 심리 상태에 머무르고자 하는 심리적 퇴행 상태에 빠진 어른들의 의식과 행태를 가리켜 '피터팬 신드롬Peter Pan syndrome'이라고 했다. 그런 어른들을 영원히 늙지 않는 동화 속 주인공, 즉 스코틀랜드 작가 제임스 매슈 배리Sir James Matthew Barrie, 1860-1937가 쓴 『피터팬Peter Pan』(1904)의 주인공인 피터팬에 비유한 것

이다.[38]

피터팬은 여주인공 웬디Wendy에게 의지하려는 경향이 있고 간혹 웬디를 엄마처럼 생각하기도 한다. 매년 봄 청소 때가 되면 웬디를 데리러 오겠다는 약속을 한 피터팬이 세월이 흘러 여전히 아이의 모습을 한 채 다시 웬디의 집을 찾았을 때 웬디는 이미 한 아이가 있는 유부녀가 되어 있었다. 피터팬은 자신과의 동행을 거절한 웬디의 행동에 마음속 깊이 상처를 받는다. 이런 피터팬 유형의 남자와 관계를 맺는 여성들에게 조언을 주기 위해 카일리는 1984년 『웬디 딜레마The Wendy Dilemma』를 출간했다.[39]

피터팬 신드롬과 비슷한 뜻으로 쓰이는 키덜트kidult는 어린이kid와 성인adult의 합성어로, '어린이 같은 어른'을 뜻한다. 한국에선 2000년대 중반부터 대중문화 시장에서 급부상하기 시작한 사회적 현상이다. 신경정신과 전문의 김창기는 "키덜트 문화는 '나는 당신에게 해를 주지 않는다', '나는 착하다'는 점을 과시하면서 악수를 청하는 새로운 세대의 '마음 트기'로 보인다"며 "그것이 '좋았던 어린 시절'에 대한 향수든, 사회적 권위 앞에서 어른들이 갖게 되는 무조건적 도피 심리의 발로든, '무거운 책임감'에서 벗어나고 싶은 현대인들의 심리를 반영하고 있다"고 분석했다.[40]

사회학자 김문겸은 한국에서도 어른다움이라는 것이 사회적으로 큰 의미를 부여받지 못함에 따라 키덜트 현상이 부상하게 되었으며, 치열한 경쟁에서 오는 공포감이 어른에서 탈주하려는 욕구도 불러일으키고 있다고 분석했다. 키덜트 현상은 '피터팬 신드롬'과 같은 심리적 퇴행 현상과는 다르며, 오히려 성인들이 스트레스를 풀기 위한 하

피터팬 신드롬

나의 심리적 기제로 볼 수 있다는 것이다.[41] 어른 같은 아이를 뜻하는 '어덜키드adulkid' 현상도 나타나고 있다.[42]

피터팬 신드롬에 푹 빠진 대표적 인물은 "I am Peter Pan in my heart(내 마음속에서 나는 피터팬이다)"라고 말한 미국 가수 마이클 잭슨Michael Jackson, 1958-2009이다. 『피터팬』에선 피터팬과 아이들이 사는 곳을 never-never land라고 했는데, 유난히 아이들을 좋아했던 잭슨은 그걸 본떠 놀이공원amusement park까지 갖춘 자신의 캘리포니아 대저택의 이름을 Neverland로 명명했다.[43]

영화감독 스티븐 스필버그Steven Spielberg, 1946-도 "나는 피터팬이다"라고 선언했고, 하버드대학 교수 하워드 가드너Howard E. Gardner, 1943-는 세계적인 물리학자 알베르트 아인슈타인Albert Einstein, 1879-1955을 '영원한 아이'라고 불렀다. 미국 물리학자 이시도어 라비Isidor Isaac Rabi, 1898-1988는 "물리학자들이란 인간 피터팬이다. 그들은 결코 어른이 되지 않으며, 언제나 호기심을 갖고 있다. 세상물정에 밝아지면 호기심을 갖기에는 너무 많이, 너무 지나치게 많이 알게 된다"고 말했다.[44]

이처럼 피터팬은 좋은 의미로도 쓰이지만, 사회현상을 분석하는 데에 자주 동원되는 피터팬 신드롬은 주로 부정적인 의미다. 한국 사회 전체가 피터팬 신드롬에 빠져 있다고 해도 과언이 아닐 정도로 피터팬 신드롬은 전 분야에 걸쳐 나타나고 있다는 게 많은 전문가의 진단이다.

정치학자 안병진은 극도의 불안과 안정된 보호 기제가 약한 사회에서 무력한 개인이 선택할 수 있는 것은 '필사적이면서 거친 사익의 추구에 매진하는 것'과 '자본주의의 소비주의가 부추기는 유아적 퇴행 현상으로의 몰입'이라며, '피터팬 신드롬'을 후자의 예로 제시한다.

"1980년대 레이건의 등장과 2007년 이명박의 등장은 신자유주의적 불안이 극대화되는 시기라는 공통점을 갖고 있다. 영화 비평가 로빈 우드가 지적하듯이 미국에서 당시 스필버그 현상은 시민의 유아적 퇴행으로의 몰입 욕망을 반영한다. 오늘날 한국에서 〈무한도전〉이나 〈1박2일〉은 '자신 속의 아이'를 끄집어내어 시청자로 하여금 복잡한 현실에서 도피하여 만족감을 갖게끔 한다. 이러한 유아적 퇴행은 책임감과 공적 덕성을 가진 공화국의 시민 대신에 유아적이고 이기적이며 찰나적인 개인이 등장하는 징후일 뿐이다."[45]

2013년 통합진보당 이석기 의원의 내란음모 논란과 관련, 세상에 공개된 '이석기 녹취록' 발언들은 많은 사람을 당황시켰다. '반미 대결전을 승리로 결집시키기 위해……", "(핵으로) 미국 본토까지 타격할 수 있는……, 핵보유 강국이라는 것", 또 어떤 이는 "인터넷에 압력밥솥 폭탄 매뉴얼 있다", "나를 잡으면 한 명을 죽이려고 칼을 넣고 다닌다"고 했다. 이에 대해 『경향신문』 정치부 차장 김광호는 다음과 같이 말했다.

"피터팬 신드롬의 백과사전적 정의는 '성년이 돼도 어른 사회에 적응할 수 없는 어른아이 같은 남성들이 나타내는 심리적 증후군'이다. 그들의 특징은 '무책임', '불안', '고독', '성 역할의 갈등', '나르시시즘', '사회적 불능성'으로 규정된다. '이석기 녹취록'에서 묻어나는 '현실 격리', '고립', '불안', '선민의식'과 겹쳐지지 않는가.……이 시대 피터팬들이 내면의 좁은 세계에서만 유전할 때 그들은 사회적 의미를 얻지 못한다.……비판적 사유는 성장을 거부하는 피터팬들에겐

피터팬 신드롬

애초 존재하기 어려운 자질이다."[46]

신학자 강남순은 '비판적 사유'의 중요성을 역설하면서 '종교적 피터팬 신드롬'이라는 개념을 제시한다. 그는 "한국 기독교의 놀라운 양적 성장 이면에는 '비판적 사유'를 억누른 '단세포적 복음 이해'와 '교회 성장 지향주의'가 자리 잡고 있다. 비판적 사유란 '비판적 물음표 붙이기' 작업에서부터 출발한다"며 다음과 같이 말한다.

"그러나 한국 기독교는 신앙의 이름으로 교인들에게 '물음표'를 박탈함으로써 비판적 사유가 작동되는 것을 근원적으로 차단하고, 무조건적인 '아멘'과 '예'만을 신앙적이라고 가르쳐왔다. 결과적으로 그 가르침과 실천에서 인간의 자유와 책임의 차원을 철저히 상실함으로써 더이상 성숙하기를 거부하는 '종교적 피터팬 신드롬'에 빠지게 된 것이다."[47]

경제 분야에선 중견기업이 정부의 지원이 줄어들 것을 우려해 성장을 두려워하는 것을 피터팬 신드롬이라 부른다. 국내 중소기업은 평균 20년 가까운 기간이 지나야 중견기업으로 성장하는데, 막상 중견기업이 된 뒤에는 정부 지원은 줄고 지속적인 성장 동력 확보도 쉽지 않아 매출 증가율이 중소기업 때의 6분의 1 수준으로 급감하는 것으로 조사되었다. 그러니 어찌 성장을 꺼리지 않을 수 있겠는가.[48]

성인이나 사회가 정신적 성장을 꺼리는 것도 혹 심리적 보호막의 상실을 두려워하기 때문은 아닐까? 현실은 암울하더라도 '자신 속의 아이'에 빠져들면 마음의 평안은 얻을 수 있지 않겠느냐는 것이다. 과학자나 창작자들만 피터팬 신드롬을 껴안는 게 좋을 것 같다.

제 4 장

지능
과
고정관념

16

왜 인간의 평균 IQ는
30년 만에 20점이나 올랐는가?

플린 효과

1981년 뉴질랜드의 심리학자 제임스 플린James Flynn, 1934-은 미국의 신병 지원자들의 IQ 검사 결과를 분석해 신병들의 평균 IQ가 10년마다 3점씩 올라간다는 사실을 발견했으며, 1987년 14개국으로 대상을 확대 실시한 조사에서도 비슷한 결과를 얻었다. 벨기에·네덜란드·이스라엘에서는 한 세대, 즉 30년 만에 평균 IQ가 20점이 올랐고, 13개국 이상의 개발도상국에서도 5~25점 증가했다는 보고서가 발표되었다. 이렇듯 전 세계적으로 관찰되는 세대의 진행에 따른 IQ 증가 현상을 가리켜 '플린 효과Flynn effect'라고 한다.

'플린 효과'라는 이름은 하버드대학 심리학 교수 리처드 헌스타인Richard J. Herrnstein, 1930-1994과 미국기업연구소American Enterprise Institute

의 연구원 찰스 머리Charles Murray가 붙인 것이지만, 플린 이전에 E. A. 런퀴스트E. A. Runquist와 리처드 린Richard Lynn이 비슷한 발견을 한 바 있어 '플린-린 효과Flynn-Lynn effect'라고도 한다.

플린 효과는 인지 연구 분야를 놀라게 했다. 분명히 인류가 100년 이내에 이만큼이나 현저히 영리해질 정도로 진화한 것은 아니기 때문이다. 이런 IQ 증가 현상에 따르자면, 20세기 후반의 IQ 평균을 100으로 놓았을 때 1900년의 상대적 평균 점수는 60점이다. 이에 대해 플린은 "우리 조상의 대부분은 정신지체자"였다는 터무니없는 결론이 나오는 셈이라고 했다.

그렇다면 이걸 어떻게 설명해야 할까? 플린은 IQ 검사 점수가 전 영역에 걸쳐서 일관되게 증가한 것이 아니라 몇몇 하위 검사 점수에 집중되어 증가했다는 단서를 발견했다. 즉, 일반 지식이나 수학 면에서는 비슷한 수준이었으나 추상 논리 분야는 '당황스러울 정도로 엄청나게 향상'되었다는 것이다.

왜 그렇게 된 걸까? 복잡하지 않은 시기였던 1세기 전에는 우리가 현재 기본적 추상 개념이라 여기는 것들에 대부분의 사람들이 익숙하지 않았기 때문이다. IQ 점수가 높아지는 데 극적으로 일조한 촉매적 요소는 신비한 유전적 변이나 마법의 영양 보조제가 아니라 바로 "과학 이전의 사고방식으로부터 과학 이후의 사고방식으로의 문화적 전환"이다. 즉, 20세기 동안 과학의 기본 원리들이 서서히 대중의 의식에 스며들어서 우리가 사는 세계를 변화시켰다는 것이다.[1]

추상적 사고능력이 향상된 것은 그만큼 현대 시장이 요구하는 인지적 노력이 부쩍 커졌기 때문인데, 이런 추세는 앞으로도 계속 될 것인가? 바로 이게 뜨거운 쟁점이다. 플린 효과와 관련, 하버드대학 인지신경과학자인 조슈아 그린Joshua Greene은 "인터넷은 왜 이에 견줄 만한 영향을 주지 못했는가?"라는 질문을 던진다.

"개인적으로 그 해답은 주인과 노예의 역할이 뒤바뀌었기 때문이라고 생각한다. 우리는 인터넷에 많은 요구를 하지만 인터넷은 우리에서 어떤 새로운 요구도 하시 않는다. 이런 의미에서 인터넷은 사실 집사나 다름없다. 우리가 원하는 것을 더 빠르게, 수고를 덜 들여 얻을 수 있게 해주지만, 우리 스스로 얻지 못하는 무언가를 대신 주지는 못한다. 또 인터넷은 스스로 이해할 수 있는 명령을 내리는 것 말고는 우리에게 아무것도 바라지 않는다."²

미국 에머리대학 영문과 교수 마크 바우어라인Mark Bauerlein, 1959-은 한 걸음 더 나아가 『가장 멍청한 세대The Dumbest Generation: How the Digital Age Stupefies Young Americans and Jeopardizes Our Future』(2008)에서 오늘날 젊은 이들은 디지털 기술, 특히 그중에서도 인터넷에 몰입해서 과도한 시간을 소비하고 있기 때문에 이전의 어떤 세대에 비해서도 멍청하다고 주장한다. 넷세대는 위대한 문학작품을 읽지 않고, 지식수준이 일반적으로 낮으며, '정신적으로 민첩할지' 모르지만 '문화적으로는 무지하다'는 것이다.

"인류역사상 그 어떤 세대도 물질적인 여건과 지적인 성취 사이에 그렇게 큰 간극을 만든 적이 없다. 어떤 세대도 그토록 많은 기술적인 발전을 경험하면서도 이토록 정신적인 발전을 이루지 못한 적은 없다."

또 바우어라인은 넷세대가 '처참한 투표율'을 보이고 있으며, "정치 활동에 관심이 없다"고 개탄한다. 그는 "21세기 10대 청소년은 서로 연결되어 있고, 멀티태스킹을 하고, 자율적이면서도 동료에 대해 신경을 쓴다. 그러나 그들은 인류의 지적 능력이나 글로벌한 사고, 혹은 누리꾼으로서의 권리와 책임에 전향적인 발전을 이루지는 못한다"며 다음과 같이 말한다.

"젊은이들은 분명 1,000가지 새로운 것들을 배웠다. 그들은 업로드와 다운로드를 하고, 인터넷을 항해하고, 채팅을 하고, 블로그에 게시물을 올리고 디자인한다. 하지만 복잡한 텍스트를 분석하거나, 사실들을 머릿속에 저장하거나, 외교정책을 이해하거나, 역사로부터 교훈을 얻거나, 철자법이 틀리지 않게 쓸 수 있는 법을 배우지 못했다. 그들은 또 과거에 대해 자신들이 어떤 책임을 지고 있는지 모르고, 우리의 시민 문화 토대에 균열을 만들었으며, 이런 모습은 성인과 시민으로 나아가는 그들의 부자연스러운 행보를 통해 드러난다."

이런 주장에 대해 주로 20대 초반의 젊은이들이 격렬한 반론을 쏟아냈다. "그런 책을 쓴 사람도 황당하고, 읽는 독자들도 자기도 모르게 웃음이 날 뿐이다." "바우어라인 교수의 책은 아무 의미도 없는 헛소리와 격노로 가득 차 있다." "정말로 황당하고 바보 같은 생각이다." "바우어라인 교수는 무지하고 공포스런 의견을 냈다. 그것은 젊은이들을 겨냥한 현대의 매카시즘이나 다름없다."[3]

디지털 전도사라 할 돈 탭스콧Don Tapscott도 『디지털 네이티브: 역사상 가장 똑똑한 세대가 움직이는 새로운 세상Grown Up Digital: How the Net Generation is Changing Your World』(2008)에서 "나는 그의 주장에 수긍하지 못한다. 넷세대는 예전 세대에 비해 더 멍청하지 않다. 오히려 그

반대다"고 반박하면서, 바우어라인의 주장을 '넷세대 공포증NGenophobia'으로 일축했다.[4]

젊은이건 늙은이건 인류의 지능은 1998년을 정점으로 16년째 떨어지고 있으며(10년마다 2.7포인트 하락), 따라서 '플린 효과'도 한계에 이르렀다는 주장도 있다. 영국 과학 전문지 『뉴사이언티스트』(2014년 8월 20일)는 지능 하락의 이유로 ① 영양·교육 여건이 더는 나아질 수 없을 정도로 개선되었고, ② 고학력 여성일수록 저출산 경향을 보이고, ③ 게임기, 컴퓨터, 스마트폰 등 디지털 기기가 지능을 저하시키는 악영향을 미치고 있는 것 등을 들었다.[5]

그래서 우리 인간은 이른바 '인공지능artificial intelligence' 개발에 열을 올리는 걸까? 인공지능 개발이 붐을 이루자, 영국의 천체물리학자 스티븐 호킹Stephen W. Hawking, 1942-은 2014년 12월 2일 BBC 방송 인터뷰에서 "지금까지 개발된 초보적 인공지능 기술이 매우 유용하다는 걸 이미 입증했지만 인간에 필적하거나 능가하는 수준의 인공지능 개발에는 두려움을 느낀다"고 했다. 그는 "인공지능은 스스로를 개량하고 도약할 수 있는 반면, 인간은 생물학적 진화 속도가 늦어 인공지능과 경쟁할 수 없고 대체되고 말 것"이라며 "완전한 '인공지능'의 개발이 인류의 멸망을 불러올 수 있다"고 경고했다.[6] 이런 경고에 대한 찬반 논란과 더불어, 지능이 빈부격차를 정당화하는 능력주의meritocracy의 토대가 되고 있는 현실에 대한 논란도 점점 더 뜨거워지고 있다.

17

왜 인간을 한 가지 지능만으로
평가해서는 안 되는가?

다중 지능

미국 하버드대학 교수 하워드 가드너Howard E. Gardner, 1943-는 1983년 『정신의 구조: 다중 지능 이론Frames of Mind: The Theory of Multiple Intelligences』이라는 저서로 기존의 IQ에 반하는 새로운 접근을 시도하면서 '다중 지능 이론theory of multiple intelligences'을 역설했다. 그는 인간의 능력은 단일한 것이 아니라 적어도 7가지 지능이 파이 조각처럼 서로 작용하며 이들 능력 하나하나는 똑같이 중요하다고 주장했다.

가드너가 말한 7가지 지능은 언어verbal-linguistic, 논리·수학logical-mathematical, 공간visual-spatial, 음악musical-rhythmic, 신체bodily-kinesthetic, 자기 성찰intrapersonal, 인간 친화interpersonal 등이었다. 그는 15년 뒤에 자연 naturalistic 지능을 추가했으며, 좀더 근원적인 질문을 할 수 있는 능력,

즉 실존existential 지능의 추가 가능성도 언급했다. 왜 다중 지능 이론이 필요한가? 가드너의 답은 다음과 같다.

"교육은 개인이 중심이 되어야 한다고 생각한다. 모든 학생이 똑같이 마쳐야 할 교과과정이 있다 해도 한 사람 한 사람이 가장 잘 학습할 수 있는 방법을 찾기 위해 노력해야만 한다. 만일 신체 지능이 매우 발달한 학생이 논리 지능과 언어 지능만 중요하게 평가하는 학교에 배치된다면 그 학생의 자존감은 낮아질 것이다. 어떤 분야에서 무한한 가능성이 보이는데도 그 능력을 발전시킬 기회를 얻지 못하는 것은 잔인한 일이다. 물론 신체 지능이란 축구를 하는 것부터 외과 수술을 하는 것까지 상당히 넓은 범위를 포함한다."[7]

그러나 다중 지능 이론에 대한 오해도 적지 않다. 1990년대 호주의 한 주에서는 다중 지능 이론이 활발하게 응용되었는데, 가드너는 관련 자료를 받아보고 경악했다고 한다. "그 자료에는 다양한 민족과 인종이 나열되어 있었고 그들이 어떤 지능을 지니고 있고 어떤 지능을 지니고 있지 못한지가 터무니없게 설명되어 있었다. 나는 화가 머리끝까지 치밀었다. 그것은 나의 교육철학을 완전히 왜곡시킨 것이었다. 마침 그런 왜곡의 주범인 호주의 한 방송국이 내게 출연 요청을 했고 나는 일말의 망설임도 없이 응했다. 나는 방송에서 그 프로그램을 '사이비과학'의 전파자라고 비판했고 그런 소동으로 그 프로그램은 종영되었다."[8]

2002년 중국 베이징에서는 중국의 9개 지역과 대만을 포함한 7개국의 교육자 2,500여 명이 참가한 다중 지능 학회가 열렸다. 이 학회에선 7개의 정식 발표가 있었고 발표와 관련된 논문이 187편이나 제출되었다. 또 중국에선 다중 지능 이론과 관련된 책이 100권 이상 출판되었다. 이렇듯 다중 지능 이론이 중국에서 높은 인기를 끄는 이유에 대해 궁금해하는 가드너에게 중국의 한 언론인은 다음과 같은 설명을 해주었다고 한다.

"그건 매우 간단합니다. 다중 지능 이론에 대해 들은 후 미국인들은 자기 자녀의 특별한 재능에 대해 생각했겠지만 중국인들은 그렇지 않습니다. 우리들은 만약 8개의 분리된 지능이 있다면 자신의 자녀가 유능해져야 할 분야가 8개라고 생각합니다."[9]

한국에서 오남용도 만만치 않다. 교육시민단체인 '사교육걱정없는세상'의 조사 결과, 대표적인 교재·교구업체 8곳이 다중 지능 이론을 바탕으로 8가지 영역의 지능을 고르게 발달시켜준다며 수십만 원이 넘는 상품을 팔아왔으며, 전국 160여 개 분원을 거느린 7개 프랜차이즈에선 이런 교재와 교구를 사용한다며 월 68~127만 원씩 교습비를 받았다.

가드너는 사교육걱정없는세상과 주고받은 이메일을 통해 자신의 이론이 왜곡되고 있는 한국의 사교육 현실을 우려했다. 그는 "다중 지능 이론은 시작했을 때부터 왜곡되고 오용되어왔다. 나는 (한국의) 사교육 회사들이 다중 지능 이론에 대해 근거 없는 주장을 하고 있다는 사실을 모르고 있었지만, (워낙 그런 사례가 많아서) 그렇게 놀랍지는 않다. 나는 어떤 특정 제품을 결코 승인한 적이 없다"고 밝혔다. 그는 "한국의 부모와 교사들은 사교육업체의 다중 지능 이론 주장을 거부해야 한다"고 말했다.[10]

가드너는 한 가지 지능을 중요시해 입학 여부를 결정하는 명문 대학들의 입시 정책과 그곳에 들어가려는 열풍에 대해 비판적이다. 그는 "그렇게 시험 점수로 사람들을 1등부터 꼴찌까지 줄 세우는 것을 반대합니다. 왜냐면 똑똑하다고 칭찬할 만한 능력은 성적이 좋은 경우뿐 아니라 여러 다른 재능들에도 있기 때문입니다. 모든 사람을 하나의 시험으로 평가하는 일은 근본적으로 어느 특정한 능력에만 찬사를 보내고 미화시키는 겁니다. 그렇게 오랜 시간 수학과 언어 능력 중심으로 사람들한테 영광을 얻게 해준 거예요"라면서 다음과 같이 말한다.

"IQ(지능지수) 검사를 보다 정교하게 보완한 검사 중 하나가 미국 고등학생들이 대학 입시를 위해 치르는 SAT입니다. 한국 시험도 이와 비슷할 거 같은데요. 언어 점수와 수학 점수를 중시하는 일종의 단일 지능 위주의 테스트죠. 20세기 산업 패턴에 맞춰진 테스트입니다. 이런 시험으로는 다른 사람들을 이해하고 자기를 바로 보는 능력, 예술적인 자질, 창의력은 평가할 수 없습니다. 실제 우리 생활에서 매우 필요한 능력인데도요."

가드너는 여러 사람이 평가받는 시험은 우선 치르기 편리해야 한다는 이유 때문에 과거부터 언어·수리 능력 위주로 출제해온 거라고 주장한다. 그는 "그런 시험지에는 큰 질문들은 나오지 않습니다. '왜 우리는 죽는가', '사랑이 무엇인가', '사람들은 왜 싸우지', '한국과 일본 사이에 천 년 넘게 흐르는 긴장은 어떻게 설명해야 할까'. 이런 사유하는 질문들은 답하는 데도, 점수를 주는 데도 시간이 오래 걸리니까요"라면서 다음과 같이 말한다.

"하지만 이런 질문에 쉽게 몰두하는 능력을 갖춘 이들이 있습니

다. 실존 지능existential intelligence이라고 논문을 발표할까 생각하고 있는
데요. 이런 큰 질문들은 종교와 철학 그리고 때로는 문학으로 승화되
죠. 이런 능력은 테스트로 알 수 없죠. 수리능력, 언어능력이 독창성,
창의력, 공감력보다 더 중요하다고 평가되어서는 안 됩니다. 21세기
는 협력하는 작업이 훨씬 중요해요. 이것도 우리가 종이에다 연필로
적어서 테스트할 수 있는 능력이 아니죠."**11**

가드너는 실패를 용납해야 창조성이 생긴다며 실패를 용납하지
않는 아시아 국가들의 문화에 대해 이의를 제기한다. 그는 "경제현장
에서는 도산이 없을 수 없다. 그러나 일본에서는 단 한 번 도산에 대표
가 자살을 하는 일도 있다. 아시아에서는 실패를 엄청난 창피로 간주
하는 셈이다.……한국인과 중국인은 실제 실력만큼 창조적이지 못하
다. 어쩌면 당연하다. 유교적 사회는 정부가 정답을 정한 뒤에 그것을
효과적으로 가르치는 일을 수천 년 동안 반복했다"며 다음과 같이 말
한다.

"유교사회는 종전처럼 지식을 대량 전파하는 방법을 찾을 게 아
니라 어떻게 창조성을 높이고 전파할 것인지 고민해야 한다. 20년 전
아이를 입양해 키우려고 중국에 간 적이 있다. 그때 호텔 방문을 열려
고 우리 아이가 열쇠를 집어넣다 몇 번인가 떨어뜨렸다. 우린 그걸 보
고만 있었는데 중국인 부부가 오더니 아이 손을 잡고 강제로 열쇠를
구멍에 꽂아주었다. 그러면서 우리를 나쁜 부모라도 되는 양 노려봤
다. 그래서 나는 설명을 해줬다. 아이들이 스스로 문제를 해결하도록
가르치고 있다고. 유교사회와 서양사회 차이점은 이런 것이라고 생각
한다. 권위(교과서)를 통해 이해를 하느냐, 스스로 알아내느냐 하는 차

다중 지능

이다."[12]

　우리 현실에서 하루아침에 아이들이 스스로 문제를 해결하도록 가르치는 교육 방식을 도입하는 것은 어렵다. 교육은 단순히 기술적 방법론의 문제를 넘어서 한 사회의 가치관과 더불어 오랜 세월에 걸쳐 형성된 사회적 습속習俗의 통제를 벗어나긴 어렵기 때문이다. 그러나 아이들을 한 가지 지능만으로 평가해서는 안 되며, 각자의 개성과 비교 우위를 가진 능력을 개발하는 쪽으로 변화를 시도하는 건 큰 무리 없이 얼마든지 시도할 수 있는 일이다. 어려서부터 승자勝者와 패자敗者를 갈라 아이들의 계발되지 않은 잠재력을 훼손하는 건 개인의 비극인 동시에 사회적 비극이 될 것이기 때문이다.

18

왜 무식한 대통령이
훌륭한 지도자가 될 수 있는가?

감성 지능

미국의 대중심리학자이자 저널리스트인 대니얼 골먼Daniel J. Goleman, 1946-이 1995년에 낸 『감성 지능Emotional Intelligence』이란 책이 400만 부가 팔리고 30여 개국 언어로 번역되면서 '감성 지능' 개념이 전 세계적으로 유행하게 되었다. 실제 생활에서는 IQ가 중요하지 않으며 오히려 학업성적과는 관계 없는 EQEmotional Quotient가 더 중요하다는 게핵심 메시지다. 감성 지능은 다중 지능의 일부로 볼 수 있겠다.

이 책이 현대사회에 스며들어 있는 '감성 불감증'에 방부제 역할을 하기를 바란다고 밝힌 골먼은 감성 지능의 5가지 주요 영역으로 ① 자기 자신의 감정을 잘 이해하고 자기의 장단점을 파악하며 그래서 자기 가치를 느낄 줄 아는 '자기의식', ② 감정에 휘둘리기보다는 감정을 통제할 줄 아는 '자기 규제', ③ 목표를 달성하고자 하는 의욕과 실패 후에도 오뚝이처럼 일어서는 '동기 유발', ④ '공감', ⑤ '사회적 기량' 등을 들었다.[13]

골먼은 지도력, 자신감, 대인관계 능력, 개선 의지 등에서 뛰어난 사원은 감성 지능이 남달랐다며 "나는 이렇게 예측한다. 앞으로 모든 학교에서 전통적인 학과목 이외에 실용적인 삶의 기술도 가르칠 날이 올 것이다. 그리하여 공감empathy이 대수algebra와 똑같이 교과의 한 과목으로 편입될 것이다"고 말했다.[14]

골먼은 188개 회사에 대한 연구를 통해, 기업 세계에서 고위층으로 올라갈수록 감성 지능은 리더십의 능력을 결정짓는 중요한 요소가 된다고 결론을 내렸다. 영리하기만 한 사람들은 보통 불꽃처럼 한순간 타올랐다가 금세 꺼지고 만다는 것이다. 그는 감성 리더십이 앞으로 점점 더 중요해질 것이라고 주장했다.[15]

감성 지능이 필요한 이유는 미국 제40대 대통령 로널드 레이건 Ronald W. Reagan, 1911-2004의 전기를 쓴 루 캐넌Lou Cannon, 1933-의 말을 통해 듣는 것이 더 나을지도 모르겠다. 레이건은 대통령 재임 시 무식과 무지로 악명이 높았지만, 그것이 그의 지지율에 별 영향을 미치지 않았을 뿐만 아니라 매우 높은 인기를 누렸다. 이와 관련, 캐넌은 1991년에 출간한 로널드 레이건의 전기 『레이건 대통령President Reagan: The Role of a Lifetime』에서 "레이건의 지적 능력은 오랫동안 수수께끼로 남아 있었다"며 다음과 같이 말한다.

"그러다가 문득 하버드의 심리학자 하워드 가드너의 이론이 떠올랐다.……나는 레이건의 지능 행동에 관한 가드너의 분석을 보고, 거

대한 미스터리가 갑자기 풀렸을 때 과학자나 형사들이 느꼈음직한 기분을 느꼈다." [16]

공화당의 전략가 데이비드 거겐David Gergen은 레이건이 골먼이 말한 5가지의 특성을 모두 갖추고 있었던 반면 빌 클린턴Bill Clinton은 감정이입이나 사교성은 뛰어났지만, 골먼이 분류했던 다른 요소들은 매우 부족했다고 주장한다. [17]

감성 지능의 성공 사례로 더 적합한 인물은 레이건보다는 미국 제32대 대통령 프랭클린 루스벨트Franklin Delano Roosevelt, 1882-1945일지도 모르겠다. 미국 대법관을 지낸 올리버 웬들 홈스Oliver Wendell Holmes, 1841-1935는 루스벨트를 가리켜 "지성은 2류지만, 기질은 1류A second-class intellect, but a first-class temperament!"라고 했는데, 이 말은 바로 친근감 등과 같은 루스벨트의 감성 지능을 지적한 것이었다. [18]

그러나 모든 이가 감성 지능이나 사회 지능에 동의하는 건 아니다. 심리학자 한스 아이젱크Hans Eysenck는 "골먼의 이론은 거의 모든 종류의 행동을 '지능'으로 분류했을 때 어떤 전형적인 모순이 생기는지를 극명하게 보여준다"며 다음과 같이 말한다.

"골먼이 제시한 다섯 가지 핵심 '능력'이 감성 지능을 정의한다면, 이들 사이에 깊숙한 상관관계가 있다는 증거가 있어야 한다. 그러나 골먼은 이들 사이에 그다지 상관관계가 없을지도 모른다는 사실을 시인했다. 그렇다면 도대체 어떤 근거로 감성 지능을 측정할 수 있다는 말인가? 이것만 봐도 감성 지능 이론이라는 것 자체가 모래 위에 세워진 성 같은 것으로 과학적인 근거가 없다는 것을 알 수 있다." [19]

미국 경제학자 토드 부크홀츠Todd G. Buchholz는 "감성지수를 강조하는 쪽에서는 지능지수 혹은 SAT 점수가 높지 않더라도 훌륭한 관리자가 될 수 있다고 한다. 그러나 감성지수가 관리 역량을 보여주는 지표라는 주장을 뒷받침하는 것은 아주 일부의 데이터일 뿐이다"며 다음과 같이 말한다.

"정작 놀라운 것은 학급 반장이나 운동부 주장이 반드시 높은 감성지수를 지녀야 할 필요는 없다는 사실이다. 오히려 친구들을 괴롭히는 아이들 중에 감성지수가 높은 아이들이 있을 수 있다. 그리고 흉악범 중에도 그런 사람이 있을 수 있다. 친구를 괴롭히거나 아주 나쁜 짓을 저지르는 사람들 중에는 사람의 감정을 곧잘 읽어내 사람을 괴롭히고 마음대로 이용하는 데 탁월한 이들이 있다."[20]

영국의 임상심리학자 스티븐 브라이어스Stephen Briers는 『엉터리 심리학Psychobabble』(2012)에서 "감성 지능이 점차 인기를 더해가면서, 처음으로 이것을 제시했던 심리학자 피터 샐러비Peter Salovey와 존 메이어John Mayer의 개념은 거의 알아보기 힘든 것으로 변질되고 말았다"며 리더십과 관련된 골먼의 주장을 '궤변'으로 일축한다.

브라이어스는 "성공한 리더의 중요한 특징 중 하나는 동정심 많고 감성적인 사람이라면 망설였을 결정을 단호하게 내리고 희생을 감수하는 능력이라는 점을 무시할 수 없다. 이들은 외골수처럼 자신의 주장에 집중하고 어떤 반대도 강압적으로 제압해버리는 경우가 많다"며 다음과 같이 말한다.

"내가 보기에 정말 지능이 높은 이들은 성격이 좋아 사회에 잘 적응하기보다는 사회적 통념에 도전을 제기하고 고정관념에서 벗어나는 사고를 하는 경우가 더 많다. 위대한 사상가들 중에 괴짜가 많은 것도 이것을 증명해준다. 이와는 대조적으로, 감성 지능을 개발하면(일단 골먼의 버전으로), 당신은 상사의 눈에 모범 직원으로 비치게 될 확률이 높아진다. 여기서 나는 감성 지능 운동이 실제로는 기업에 적합한 순종적인 사람들을 양성하려는 목적에 맞춰져 있는 것이 아닌가 하는 의구심을 떨쳐버릴 수가 없다."

그리면서도 브라이어스는 "그렇다고 골먼의 이론이 틀렸다는 말은 아니다. 나는 개인적으로 그가 주장한 '윤리와 공감에 바탕을 둔 리더십'에 전적으로 동의한다"며 이렇게 말한다. "감성 지능 운동이 더 좋은 세상을 만드는 데 일조할 수 있다는 점은 믿는다. 그러나 감성 지능 지수가 성공이나 출세의 문을 여는 황금열쇠라는 통념은 믿지 않는다. 감성 지능이 높은 리더들이 없는 것은 아니지만, 그것이 성공의 전제조건이라고 주장하는 것은 어불성설이다."[21]

아닌 게 아니라 골먼이 좀 너무 나간 점은 있지만, 그렇다고 올바른 감성 지능 운동의 가능성과 잠재력을 포기할 필요는 없을 것이다. 공감共感 능력의 필요성에 공감하면서 '윤리와 공감에 바탕을 둔 리더십'을 실현하기 위해 우리 모두 애쓴다면 좀더 좋은 세상을 만드는 데 일조할 수 있지 않을까? 다만 공감은 무한히 쓸 수 있는 것이 아니라 제한적인 자원이라는 반론도 있는 만큼,[22] 공감의 증대와 확산을 실현할 수 있는 지혜를 모으는 것이 필요하다 하겠다.

감성 지능을 포함한 다중 지능 이론은 우리가 꼭 꿈을 가져야 할 이유를 시사해준다. 많은 사람이 꿈이 없거나 아예 꿈을 갖지 않으려는 건 오직 금력 아니면 권력이라는 단일 기준으로 인생의 성공을 평가하는 풍토 때문이다. 그런 풍토에선 꿈을 갖는다는 게 사치스러울

뿐만 아니라 어리석게 여겨질 수 있다. 인정認定과 성공의 다양한 기준이 공존하는 사회를 건설하는 일은 '위에서 아래로'의 방식으로 이루어질 수 없다. 우리 각자의 생각을 바꿔야 한다.

감성 지능

19

왜 고정관념에
세금을 물려야 하는가?

고정관념

어떤 범주 또는 집단에 대한 태도의 경우 인지적인 측면을 고정관념 stereotype, 감정적인 측면을 편견prejudice, 행동적인 측면을 차별행동 discrimination이라고 부른다.[23] stereotype은 "스테레오타입, 고정관념, 정형화, 상투적 수단, 판에 박힌 문구"를 뜻한다. 그리스어 stereos (firm, solid)와 typos(impression)에서 나온 합성어로 solid impression 이란 뜻이다. 여기서 impression은 '인상'이 아니라 '자국, 흔적, 인쇄'란 뜻이다. 즉, 단단한 자국을 남긴 인쇄라고 생각하면 되겠다.

prejudice(편견, 선입관)는 "before"를 뜻하는 라틴어 접두사接頭辭: prefix 'prae-'와 "judgment"를 뜻하는 judicium이 합해져서 나온 말이다. prejudge, 즉 미리 판단을 내려놓고 보겠다는 것이니, 편견이나 선입관이 되는 셈이다.[24] 사회심리학에서 prejudice 연구가 이루어진 것은 1920년대부터인데, 초기 연구 주제는 백인 우월주의 편견을 입증하기 위한 것이었다.[25]

어원이 시사하듯이 '스테레오타입'이라는 용어는 원래 인쇄에서 '연판鉛版 인쇄'를 가리키는 말로, 1798년 프랑스 인쇄업자인 페르맹 디도Firmin Didot, 1764-1836가 개발한 것이다. 연판은 활자를 짠 원판原版에 대고 지형紙型을 뜬 다음에 납, 주석, 알루미늄의 합금을 녹여 부어서 뜬 인쇄판으로, 활자가 닳는 것을 막고 인쇄 능률을 높일 수 있는 장점이 있다. 1850년경부터 이미지를 가리키는 비유적 의미로 쓰이긴 했지만, 이 단어를 널리 유행시킨 사람은 미국 칼럼니스트 월터 리프먼 Walter Lippmann, 1889-1974이다.[26]

리프먼은 사람들의 사회적 상황에 대한 지각과 정의를 표준화시키는 데 폭넓게 공유된 기대 효과를 설명하기 위해 스테레오타입이라는 개념을 원용했다. 그는 1922년에 출간한 『여론Public Opinion』에서 "For the most part we do not first see, and then define, we define first and then see(우리는 먼저 보고 나서 정의를 내리는 게 아니라 정의를 먼저 내리고 나서 본다)"라고 했다. 사람은 모든 것을 다 볼 수는 없기 때문에 자신의 경험에 적합한 현실만을 만들어내며, 그것이 바로 '우리 머릿속의 그림the pictures inside our heads'이라고 하는 스테레오타입이라는 것이다.[27]

사람들은 그렇지 않다는 증거를 보고 나서도 스테레오타입이 옳다는 믿음을 고수한다. 리프먼은 그 이유를 이렇게 설명한다. "스테레오타입은 바쁜 삶 속에서 시간을 절약해주고 우리의 사회적 지위를

고정관념

지켜줄 뿐 아니라, 세상을 분별 있게 보려는 태도로 인해 발생하는 모든 혼란으로부터 우리를 보호해준다."[28]

『고정관념을 때려 부수면 세상에 두려울 게 없다』, 『고정관념 와장창 깨기』, 『고정관념은 깨도 아프지 않다』, 『엄마가 고정관념을 깨면 아이의 창의력은 자란다』, 『고정관념을 깨는 습관의 법칙』, 『고정관념을 깨는 10가지 교훈』, 『고정관념의 벽을 넘어서』, 『고정관념 벌주기』 등등.

이런 책 제목들이 시사하듯이, 고정관념은 깨뜨리거나 바꿔야 할 것으로 규정되며, 이는 상식으로 통용되고 있다. 그러나 송상호는 「고정관념을 위한 변명: 고정관념은 문명과 일상의 창조자」라는 글에서 고정관념이 인간의 정보 처리를 용이하게 해주는 점을 지적하면서 "사람에게 고정관념이 없다면 아마도 뇌에 과부하가 걸려서 고장이 날지도 모르겠다. 아니면 유용한 정보로 분류하는 것을 아예 포기하는 사태가 일어날 수도 있다"고 주장한다.[29]

인간 부류의 범주들이 현실의 정확한 표현이라고 주장하는 학자들도 있다. 하버드대학의 언어학자이자 인지과학자인 스티븐 핑커Steven Pinker는 스테레오타입이 대체로 "진짜 인간들에 대한 믿을 만한 통계"라고 말한다. 버지니아대학의 심리학자 조너선 하이트Jonathan Haidt도 "대부분의 스테레오타입은 진실"이라고 말한다. 그러나 이들은 개연성의 문제를 지적한 것뿐이다. 어떤 특성이 어떤 인간 부류에서 상대적으로 더 많이 발견된다면, 예측이 아무리 어긋난다 해도 스테레오타입이 아예 없는 것보다는 예측에 도움이 될 수 있다는 것이다.[30]

이념적 차원에서 고정관념과 편견을 옹호하는 이들도 있다. 보수주의의 사상적 원조라 할 에드먼드 버크Edmund Burke, 1729-1797는 『프랑스혁명의 반성Reflections on the Revolution in France』(1790)에서 편견 속에 깔려 있는 지혜를 발견해야 한다고 주장했다. "편견은 그 안에 있는 이성과 더불어 그 이성을 움직이는 힘을 가지고 있으며, 이성에게 영속성을 제공하는 영향력을 가지고 있다. 편견은 긴급한 상황 속에서 지체 없이 적용될 수 있다. 편견은 우리 마음을 미리 지혜롭고 도덕적인 방향으로 설정해준다."[31]

박근은 『한국의 보수여, 일어나라!』(2002)에서 "편견은 그 용어가 주는 부정적 어감에도 불구하고 보수주의는 이를 소중히 여긴다"며 이렇게 말한다. "물론 인종차별과 같은 편견은 정당화될 수 없다. 그렇기 때문에 편견만으로 우리 행동의 기준을 삼기에는 부족한 면이 있다. 전통 속에 뿌리박은 보수주의 고유의 가치와 윤리가 중요해진다. 전통적 가치관의 영향을 통해 편견은 정당한 편견이 될 수 있고, 버크가 말한 '편견 속의 이성'을 갖추게 된다."[32]

전통적 가치관에 '인종차별'이 들어 있다면 어떻게 할 것인가? 편견을 소중히 여기는 한 특정 집단에 대한 차별이 사라질 것 같진 않다. 우리 인간은 자신의 고정관념이나 편견에 들어맞지 않는 사실이 나타나면 이른바 '예외화the exception factor'를 통해 빠져나가기 때문에 더욱 그렇다. 스테레오타이핑(전형화)을 할 때, 거기서 나나 가까운 사람을 제외함으로써 전형화 자체를 합리화하는 것이다. 그 누구건 이런 식의 대화를 한두 번쯤 해본 기억이 있을 게다. "걔 너무 예민하지 않아? 좀 지나친 것 같아." "그래, 걔 페미니스트잖아." "나도 페미니즘을 지지하지만, 나는 그런 타입은 아니야." "그럼, 너는 아니지, 나는 다른 페미니스트들을 말한 거야."[33]

영국 경제학자 존 메이너드 케인스John Maynard Keynes, 1883-1946는 "사실이 바뀌면 나는 마음을 바꾸겠다When the facts change, I change my mind"라는 격언을 남겼지만, 고정관념이 그걸 가로막는 경우가 많다. 노리나 허츠Noreena Hertz는 "전문가들은 자기가 아는 진실을 고집하는 경향이 강하며 그 진실이 유통기한을 훨씬 넘겼을 때조차 그런 경우가 많다"며 생생한 증거들을 제시한다.[34]

하버드대학 경영대학원 교수 디팩 맬호트라Deepak Malhotra와 맥스 베이저먼Max H. Bazerman은 『협상 천재Negotiation Genius』(2007)에서 "고정관념화stereotyping가 우리에게 중요한 이유는, 우리 자신의 협상 결과에도 부정적인 영향을 끼칠 수 있다는 점이다"며 이렇게 말한다. "뉴욕대학교 스턴 경영대학원의 돌리 처는 이것을 고정관념에 근거해서 타인을 판단할 때 치르게 되는 비용이라는 의미로 '고정관념세stereotype tax'라고 일컬었다. 우리의 고정관념은 타인뿐 아니라 우리 자신에게도 해를 입힐 수 있다는 의미다."[35]

고정관념은 그 어떤 불가피성과 장점에도 고정관념의 피해자에겐 인권유린일 수 있다는 점에서 결코 가볍게 볼 문제가 아니다. 고정관념은 다른 많은 사람에 의해 공유될 때에 의미를 갖는 것인바,[36] 다수의 소수에 대한 폭력의 가능성을 내재하고 있다. '고정관념세'라는 비유적 표현을 넘어 세금을 매길 수 있다면 정말 세금을 매기는 게 좋을 것 같다. 이는 피해자의 입장에 서보는 역지사지易地思之, 아니 역지감지易地感之를 할 수 있느냐의 문제일 것이다.

20

왜 지능의 유연성을 믿으면
학업성적이 올라가는가?

고정관념의 위협

미국 프로야구계에 떠도는 속설 가운데 '염소의 저주Curse of the Billy Goat'라는 게 있다. 메이저리그MLB 최고 인기 팀 중 하나인 시카고 컵스Chicago Cubs가 1908년 월드시리즈WS에서 우승한 뒤 2014년까지 106년 동안 WS 우승컵을 들지 못한 걸 가리켜 하는 말이다. 그 사연은 이렇다.

시카고 컵스와 디트로이트 타이거스Detroit Tigers의 WS 4차전이 열린 1945년 시카고의 리글리필드Wrigley Field. 염소 목줄을 파는 빌리 시아니스Billy Sianis가 염소를 데리고 야구 구경을 왔다. 컵스 담당자는 악취가 난다는 이유로 그와 염소를 4회가 끝난 뒤 쫓아냈다. 시아니스는 "앞으로 다신 이곳에서 WS가 열리지 못할 것"이라며 저주를 퍼부었다. 당시 2승 1패로 앞섰던 컵스가 3승 4패로 우승을 내주자, 시아니스의 저주가 언론을 통해 널리 알려졌고, 이는 오늘에 이르기까지 끊임없이 거론되는 속설이 되었다.[37]

미국 사회심리학자 니컬러스 에레라Nicholas Herrera는 '염소의 저주'를 '고정관념의 압박stereotype threat'으로 설명한다. '고정관념의 위협'이라고도 한다. 시카고 컵스가 WS에 진출할 수 있는 기회를 잡을 때마다 그 저주를 떠올리는 바람에 자신들의 기량을 제대로 살리지 못했으며, 결국 그 저주를 사실로 입증하고 말았다는 것이다.[38]

'고정관념의 위협'은 어렸을 때부터 흑인 차별을 온몸으로 겪으면서 가졌던 문제의식을 자신의 심리학적 연구 주제로 발전시킨 미국 스탠퍼드대학 심리학자 클로드 스틸Claude M. Steele, 1946-이 조슈아 아론슨Joshua Aronson과 함께 1995년에 제시한 개념이다.

스틸은 학생들에게 문제를 제시하면서 지능 검사를 위한 것이라고 했다. 그 결과 백인 학생이 흑인 학생보다 훨씬 나은 성적을 기록했다. 그런데 단순한 실험 자료라고 했을 때는 백인 학생과 흑인 학생의 성적이 거의 같았다. 스틸은 그 이유를 '고정관념의 위협'에서 찾았다. 사람들이 자신이 속한 집단에 대한 부정적인 고정관념을 재확인시켜줄 위험이 있다고 느낄 경우 경험하게 되는 심리 상태를 말한다. 즉, 흑인 학생들은 자신이 속한 집단에 대한 고정관념과 관련된 상황에 직면하자 압박감 때문에 제 실력을 발휘하지 못했다는 것이다.

스틸은 부정적인 고정관념을 안고 있는 모든 집단에서 같은 현상을 발견했다. 가령 여학생들에게 수학 문제를 내면서 계산 능력을 측정하기 위한 것이라고 말하자 수학 실력이 비슷한 남학생들보다 훨씬 나쁜 점수를 냈다. 그러나 계산 능력에 대한 언급 없이 단순한 실험 자료로 문제를 제시했을 때는 남학생들과 비슷한 점수를 냈다.[39]

백인들이 흑인들보다 똑똑하다는 고정관념 때문에, 백인 학생들은 퍼즐을 푸는 거라고 말해주었을 때보다 IQ 검사를 하는 거라고 말해주었을 때 좋은 점수를 받았다. 이것은 '고정관념의 상승효과 stereotype boost'라고 한다. '고정관념의 상승효과' 중에서도 다른 집단에 관한 부정적인 고정관념에 노출되었을 때 실력이 향상되는 건 'stereotype lift'라고 해서 구별하기도 한다. 미국 남캘리포니아의 아시아계 고등학생들에 관한 연구들을 통해 고정관념의 상승효과가 아시아계 학생들에게 이롭게 작용한다는 사실이 밝혀졌다.[40]

백인 학생이라도 흑인들이 대부분인 강의실에서 강의를 듣는다면 매우 불편한 긴장감을 느낄 수 있다. 이른바 '정체성 비상사태 identity contingency' 때문이다. 정체성 비상사태는 이미 주어진 사회적 정체성 때문에 어떤 상황에 처했을 때 해결해야 하는 일들을 말한다. 흑인이 대부분인 강의실에선 인종차별주의자일 가능성이 큰 백인이라는 정체성으로 인해 심리적 압박, 긴장감을 떠안아야 하는 것이다. 반면 같은 강의실에 있는 흑인 학생들이나 아시아계 학생들은 백인 학생이 안은 심리적 압박이나 긴장감을 감당하지 않아도 된다.[41]

'고정관념의 위협'은 카스트제도가 있는 인도의 실험에서도 확인되었다. 카스트를 밝히지 않았을 때, 낮은 카스트 학생들의 성과는 높은 카스트 학생들의 성과에 뒤처지지 않았고 약간이지만 오히려 좋은 편이었다. 그런데 카스트를 밝히는 조건이 주어지자, 낮은 카스트 학생들의 성과가 급감했다. 이와 관련, 조원광은 "중립적인 조건에서는 훌륭한 능력을 보이다가, 계층 정체성을 밝히는 것 하나만으로 성과가 급감해버린 이런 결과는 우리 사회와 무관할까? 슬프게도, 무관할 것이라 자신 있게 말하기 어렵다"며 다음과 같이 말한다.

"필사적인 구별짓기, 그러니까 자기보다 사정이 좋지 않은 가정과 애써 거리를 두려는 우리들의 모습을 보면 더욱 그렇다. 가능하면 내 아이가 가난한 집 대신 멀끔한 가정의 자제들과 어울렸으면 좋겠고, 그래서 어마어마한 전셋값을 감당하면서 좋은 학군으로 이사를 가고, 혹시라도 주거지가 붙어 있으면 그걸 여러 방식으로 분리해내고. 이런 일은 사실 자기를 갉아먹는다. 그럴수록 나보다 높은 계층의 가정 또한 내 가족을 대상으로 그런 구별짓기를 시도할 것이라 충분히 예상할 수 있기 때문이다. 인도 학생들의 실험에서 보듯, 그 악영향은 우리 아이들이 고스란히 떠안을 것이다. 아이들은 어른들의 구별짓기 속에 자기 계층을 반복해서 확인하고, 그 안에서 자기 인생의 한계를 가상적으로 체험할지도 모른다. 그 아이가 어떤 꿈을 꾸게 되겠는가?"[42]

고정관념의 위협 효과는 어떤 과업 수행을 통해 자신이 속한 집단에 대한 부정적인 고정관념이 재확인된다고 믿는 경우 누구에게나 일어날 수 있다. 예를 들어, 수학에서 성별 격차를 강조하면 여성들은 남성들보다 수학시험에서 낮은 점수를 받지만, 성별 격차를 대수롭지 않게 취급하면 남성들과 비슷한 점수를 받는다.[43]

엘리엇 아론슨Elliot Aronson의 실험에서 연구자들은 공간 능력에 대한 어려운 시험을 치기 전에 남, 여 수험자들에게 "너희들은 좋은 대학의 우수한 학생"이라고 상기시켜주었다. 이같이 상기시켜주는 것은 남, 여 간의 차이를 완전히 제거하는 데 충분했다. 그런데 "너희들은 같은 기숙사에 사는 학생들"이라고만 상기시켜주었을 땐 "나는 똑똑한 학생이다"라는 마음가짐을 가진 학생들보다 성적이 떨어진 것으로 나타났다.[44]

고정관념의 위협은 미세한 신호에 의해서 촉발되기도 하지만, 마찬가지로 미세한 개입에 의해서 잊어지기도 한다. 스틸은 특정 환경에서 소수자들의 수가 늘어나 그들이 불편을 느끼지 않는 지점을 가리켜 '임계 질량critical mass'이라고 했다. 예를 들어 미국 연방대법원 9명의 판사 중 샌드라 데이 오코너Sandra Day O'Connor가 유일한 여성이었을 때 오코너는 판결이든 사소한 행동이든 여성주의 성향을 찾아내려는 사람들의 시선에 시달려야 했지만, 루스 베이더 긴즈버그Ruth Bader Ginsburg가 들어오자 오코너는 비로소 그 압박감에서 해방되었다. 9명 중 2명이라는 여성의 수가 임계 질량에 해당하는 수치다. 이는 직장에서 성비 균형, 대학에서 인종을 고려한 선발 등으로 응용될 수 있다.[45]

또 하나의 효과적인 테크닉 가운데 하나는 고정관념의 압박을 받을 위험성이 있는 학생들을 "지능이란 유연해서 잘 변하는 것"이라는 메시지에 노출시키는 방법이다. 지능의 유연성이 타당한 개념인지는 관계없이 말이다. 스탠퍼드대학 심리학자 캐럴 드웩Carol Dweck은 지능이 유연하다는 것을 학생들이 믿기만 해도 학업성적이 훨씬 좋아진다는 걸 발견했다.[46]

고정관념의 위협은 과장된 개념이라는 비판도 없지 않지만, 이 개념을 입증하는 학술 논문이 300편 이상 발표되면서 꾸준한 지지를 누리고 있다.[47] 시카고 컵스 팬들은 "2015년이야말로 염소의 저주를 풀

기회"라며 기대하고 있다는데, 과연 시카고 컵스가 고정관념의 위협을 넘어설 수 있을 것인지 두고 볼 일이다.

제5장

능력
과
경쟁

21

왜 '능력주의'는
불공정하며 불가능한가?

능력주의

전 세계적으로 '능력주의meritocracy'를 둘러싼 논쟁이 뜨겁다. merito-cracy는 국내에서 "능력주의, 실력주의, 실력본위주의" 등 다양하게 번역되어 쓰이는데, 1958년 영국의 정치가이자 사회학자인 마이클 영Michael Young, 1915-2002이 『능력주의의 부상The Rise of Meritocracy』이라는 책에서 '귀족주의aristocracy'에 상응하는 말로 처음 만들어낸 말이다.[1]

과연 무엇이 '능력merit'인가? 배경background보다는 지능과 노력 intelligence and effort을 능력으로 본 마이클 영은 우경화하려는 영국 노동당 정부에 경고하기 위한 풍자로 그 책을 썼지만, 영의 뜻과는 다르게 읽혔다. 그래서 노동당을 이끌고 1997년 총선에서 크게 이겨 영국 보수당의 18년간의 집권을 끝내며 존 메이저 총리를 교체한 토니 블레어Tony Blair는 "엘리트가 영국을 지배하던 시대는 끝났다. 새로운 영국은 능력주의가 지배한다"고 선언했다. 2001년 85세를 맞은 영은 자신의 책은 경고를 위한 풍자였건만, 능력주의를 이상理想으로 삼는 이상한 일이 벌어졌다고 개탄했다.[2]

이 책은 특히 미국에서 주목을 받으면서 교육사회학에 영향을 미쳤으며, 미국인들은 '능력주의 사회'를 대학 교육은 물론 아메리칸 드림의 이론적 기반으로 간주했다. 그래서 미국에선 능력주의가 당당할 뿐만 아니라 자랑스럽게까지 여겨지는 경향마저 나타났는데, 이에 편승한 월스트리트의 금융회사 골드만삭스는 대외 홍보물에 "골드만삭스는 능력주의입니다Goldman Sachs is a meritocracy"라고 선언하기까지 했다.[3]

그러나 미국에서도 능력주의는 허구에 지나지 않는다는 반론이 제기되었다. 능력은 주로 학력과 학벌에 의해 결정되는데, 고학력과 좋은 학벌은 주로 부모의 경제력에 의해 결정된다는 것이 점차 분명해졌기 때문이다. 학력과 학벌의 세습은 능력주의 사회가 사실상 이전의 '귀족주의aristocracy'와 다를 바 없다는 것을 웅변해준다.

이런 이유로 존 롤스John Rawls, 1921~2002는 능력주의 사회를 배격한다. 능력주의 사회가 민주적일지는 몰라도 공정성fairness에 위배된다는 이유 때문이다. 다른 건 다 제쳐놓더라도 출발 지점에서부터 계급 간 격차가 존재하는 데 어떻게 공정할 수 있겠느냐는 것이다.[4]

세습의 문제가 아니더라도 능력주의 사회의 실천은 본질적으로 가능하지 않거나 매우 어렵다는 주장도 있다. 노스캐롤라이나대학 커뮤니케이션 교수 찰스 콘래드Charles Conrad의 주장을 살펴보자. 그는 기업 조직에서 능력과 실력만으로 승진할 수 있느냐는 질문을 던져놓고, 그렇게 되지 않는 이유를 몇 가지 들고 있다.

첫째, 인사권자는 인종, 성, 사회경제적 배경, 거주 지역, 교육 등을 중심으로 자신과의 동질성을 중요시하는 경향이 있다. 특히 복잡한 일에 종사하는 사람일수록 늘 혼동스럽고, 스트레스가 많고, 예측 불가능한 세계에 살고 있기 때문에 동질성은 매우 중요한 의미를 갖는다. 그들은 위기 시에 신속한 결정을 내려야 하는데, 자신의 주변이 예측 가능한(잘 아는, 그러니까 안정되게 믿을 수 있고 충실한) 사람으로 둘러 싸여 있을 때 혼동 · 불확실성 · 모호성은 감소된다. 또 효과적인 커뮤니케이션은 자신과 이질적이기보다는 동질적인 사람과의 관계에서 이루어지기가 쉽다. 예상치 못했던 복잡한 문제에 직면했을 때 그들에게 분명하고 이해할 수 있고 믿을 수 있는 정보를 제공하고 신속하고 효과적으로 행동하게끔 할 수 있기 때문이다. 막말로 이야기 해서 눈만 봐도 알 수 있는, 배짱이 맞는 사람과 같이 일을 해야 높은 생산성을 올릴 수 있다는 것이다. 능력주의가 아닌 연고 · 정실주의는 바로 그 '배짱 맞는 분위기'를 제공해주는 큰 장점을 갖고 있다.

둘째, 조직 내부의 권력관계도 무시할 수 없다. 유능한 사람을 승진시키면 그 사람이 나의 패거리에 대한 의존도가 약해지고 결국엔 나를 추월하거나 나에게 도전할 수 있다. 그러나 내 패거리에 소속된, 적당한 능력의 소유자를 승진시킬 경우엔 그런 위험에서 벗어날 수 있다. 설사 매우 탁월한 능력의 소유자일지라도 일단 패거리로 묶어 놓으면 나에 대한 도전의 정도를 관리할 수 있는 그런 장점은 있는 것이다.

셋째, 아무리 좋은 뜻을 갖고 실력과 능력을 성실하게 판별하려고 해도 상당한 책임이 뒤따르고 복잡한 업무에 관련되어 있는 직책에 승진하는 것은 인간관계에 의해 영향 받을 수밖에 없다. 매우 단순한 업무를 제외하고 능력과 실적을 객관적으로 평가한다는 건 매우 어렵다. 오히려 나른 조직 구성원과의 사이가 원만한가 하는 것이 더 중요한 의미를 가질 수 있다. 실제로 많은 미국 기업의 능력 평가 항목엔 조직 충실도, 효과적 리더십, 동료의 인정도, 상사들과의 관계 등과 같은 것들이 들어 있다. 그런 것은 인간관계와 관련되어 있는 것이지 엄격한 의미의 능력이나 실적과는 무관한 것이다. 이 경우 '무엇을 아느냐'보다는 '누구를 아느냐'가 중요한 의미를 갖는다. 이 경우 연고·정실주의는 인맥망을 구축하고 관리하는 데에 결정적인 영향을 미칠 수 있다.

콘래드는 이와 같은 3가지 이유를 제시하면서 같은 맥락에서 '하위직의 딜레마'에 대해 말한다. 하위직 사원은 자신의 일에만 집중해 일을 잘하면 다른 능력이 없고 상위직에 부적절하다는 인상을 주기 쉽거니와 또 그 일을 정말 잘해서 다른 인력으로 대체하기를 상급자가 꺼린다는 것이다. 반면 자신의 일을 성공적으로 잘하지 못하면 그런 간단한 일조차 하지 못한다는 인상을 주어 승진 가능성은 사라지니 이게 바로 딜레마가 아니겠느냐는 것이다. 콘래드는 이러한 딜레마에서 탈출하는 길은 인간관계라고 말한다. 승진 후보들 사이에서 능력의 '객관적' 차이란 사실상 거의 존재하지 않으며, 더욱 중요한 건 조직 성원들, 특히 상사들의 평가와 추천이라는 것이다.

콘래드는 '조직 합리성organizational rationality'은 일종의 신화이며, 그래서 조직커뮤니케이션이 중요하다고 말한다. 그러나 그는 조직 합리성과 이를 근거로 한 실력사회의 신화는 계속될 것이라고 말한다. 예컨대, 대학 교수들은 실력에 따라 점수를 준다고 주장을 할 것이고 기업들은 사원들에게 오직 실력만이 승진에 영향을 미친다고 공개적으로 당당하게 주장하면서 그에 대한 최소한의 보상 체계를 과시할 것이니, 이런 프로파간다가 사회 전반에서 유포되는 것을 무시할 수는 없다는 것이다.[5]

이렇듯 능력주의 사회는 실현되기도 어렵지만, 설사 실현된다 해도 문제다. 가난과 불평등의 문제를 사회적 이동성의 문제로 둔갑시켜버리는 효과를 내기 때문이다. 능력주의 사회에선 부자나 빈자 모두에게 자기정당화 효과가 나타나게 되어 있다. 부자는 자신의 능력 때문에 부자가 되었다고 할 것이고, 빈자도 자신의 능력의 한계 때문에 빈자가 되었다고 할 게 아닌가 말이다. 바꿔 말해서 능력주의 사회는 빈부격차에 가장 둔감한 사회가 될 수 있다는 것이다.

22

왜 경쟁은
우리의 종교가 되었는가?

초경쟁

"우리가 승리하는 것만으로는 충분하지 않다. 나머지 모두가 패배해야 한다It is not enough that we win--all others must lose." 칭기즈칸Genghis Khan, 1162-1227의 말인데, 오라클Oracle의 CEO 래리 엘리슨Larry Ellison, 1944-이 경쟁자를 공격하는 게 중요하다며 이 말을 인용해 다시 유명해졌다.[6]

『포천』에 소개된 코카콜라의 CEO 더글러스 이베스터Douglas Ivester, 1947-의 주장에 따르면 매니저들은 맥도날드의 설립자인 레이 크록Ray Kroc, 1902-1984의 규칙을 따르는 것이 바람직하다고 말한다. "당신의 경쟁자가 물에 빠져 허우적거릴 때 당신은 무엇을 하겠는가? 호스를 가져가 그의 입에 넣어주어라."[7]

미국에서 가장 잘나가는 기업들 중의 하나로 컴퓨터 네트워크 기술을 개발·판매하는 케이블트론Cabletron의 최고경영자 S. 로버트 러바인S. Robert Levine은 신입 판매사원을 상대로 한 연설에서 경쟁사 이름이 새겨진 비치볼에 전투용 칼을 꼽는 행동을 했다.

크게 성공을 거둔 자동차부품 매장인 펩 보이즈Pep Boys의 최고경영자 미셸 리버비츠Michell Leibovitz는 경쟁사의 로고가 새겨진 야구 모자를 태우고 묻는 과정을 비디오로 촬영해 직원들에게 보여주었다.[8] 리버비츠는 "나는 우호적인 경쟁이 존재한다고 믿지 않는다. 나는 경쟁사들을 시장에서 몰아내고 싶다"고 했다나.[9]

아메리칸항공 CEO 로버트 크랜들Robert Crandall은 "이 사업은 심하게, 격렬하게, 가차 없이, 잔인하게 경쟁적이다"고 했다.[10] 한때 독점 기업이었던 AT&T는 덴버의 한 공장에 포스터를 붙이며 노던텔레콤 Northern Telecom의 최고경영자 사진 옆에 "경영 전쟁을 선포하라. 이들은 적이다"라는 선언문을 덧붙였다.

이런 살인적인 경쟁을 말해주는 에피소드는 그 밖에도 무수히 많다. 일본 기업들도 마찬가지다. 야마하를 상대로 한 혼다의 선전포고는 "우리는 야마하를 짓밟고, 억누르고, 쳐부술 것이다!"였다.[11] 한국 기업들 간의 경쟁도 미국이나 일본 못지않다. 경쟁 제품에 대한 악성 유언비어를 날조해 퍼뜨리는 수법도 불사할 정도니 더 말해 무엇하랴.

이런 치열한 경쟁을 가리켜 '초경쟁hypercompetition'이라고 한다. 경쟁은 인류 역사 이래로 늘 있었던 것이지만, 최근 들어 경쟁의 강도가 과거에 비해 훨씬 더 강해졌다는 의미에서 나온 말이다. 미국 다트머스대학 경영대학원 교수 리처드 다베니Richard D'Aveni가 1994년에 출간한 『초경쟁: 전략적 행동의 역동성 관리Hypercompetition: Managing the

Dynamics of Strategic Maneuvering』가 400만 부 이상 팔리면서 유행하게 된 개념이다.

다베니는 오늘날엔 지속 가능한 경쟁우위란 존재하지 않고 진입 장벽은 과거보다 훨씬 쉽게 무너질 수 있다고 주장한다. 이럴 때 유효한 전략은 변화의 주도권을 잡고 남들보다 한발 앞서 치고 나감으로써 상대방이 나의 행동을 예측하지 못하게 하는 것이다. 다시 말해 공격이 최선의 방어라는 것이다. 그는 "초경쟁의 원칙은 경쟁자가 나를 파괴하기 전에 경쟁자를 파괴하는 것이다"고 단언한다.[12]

그렇다면 초경쟁은 완전경쟁perfect competition과 어떻게 다른가? 완전경쟁은 어떤 기업도 다른 경쟁사에 경쟁우위를 갖지 못하는 상태, 즉 어떤 한 공급자도 가격에 임의로 영향을 줄 수 없는 상태를 말한다. 따라서 기업들은 가격 경쟁에 내몰려 이익이 없어지는 순간까지 적극적으로 경쟁한다. 다베니는 "완전경쟁은 일부 경제학자들에겐 희망 사항이지만, 많은 기업인들에겐 두려운 상황이다"며 다음과 같이 말한다.

"완전경쟁은 현실이라기보다는 가설에 가까운데, 기업들이 초경쟁 행동을 이용하여 완전경쟁을 피하려 들 것이기 때문이다. 따라서 완전경쟁은 정상적인 평형 상태가 아니며, 독점금지법이 기업들을 강제하여 평형 상태에 이르도록 만드는 것은 이치에 맞지 않는다. 기업들은 그런 평형 상태를 받아들이거나 그 안에서 번성할 수 없다."[13]

다베니는 책을 다음과 같은 말로 끝맺는다. "세상은 계속 초경쟁 환경으로 나아가고 있다.……초경쟁 환경에서 오래도록 살아남고 성공을 거두게 만드는 방법은 오직 한 가지밖에 없다. 역동적인 세상에서는 역동적인 자만이 살아남는다."[14]

다베니의 초경쟁론에 자극을 받은 마케팅 학자 필립 코틀러Philip Kotler는『카오틱스: 격동의 시대, 일등기업을 만드는 경영·마케팅 전략Chaotics: The Business of Managing and Marketing in the Age of Turbulence』(2009)에서 "초경쟁 환경이란 새로운 기술이나 제품이 혁신을 일으켜 경쟁의 방식이나 규칙을 바꿈으로써 새로운 경쟁우위가 계속 창출되는 상태를 말한다"며 다음과 같이 주장한다.

"초경쟁 환경은 급변하는 특징을 보이는데, 시장에서 경쟁하는 기업들은 신속하게 경쟁우위를 창출하고 라이벌 기업의 우위를 잠식한다. 초경쟁 환경 아래서는 세계화, 고객의 관심을 사로잡는 대체품, 더욱 세분화된 고객 취향, 규제 완화, 새로운 비즈니스 모델 등이 파괴적 격동을 가속화한다. 또한 이 요인들은 모두 구조적 불균형, 시장 진입장벽의 무력화, 산업 리더의 쇠퇴를 초래한다."[15]

다베니는 자신의 초경쟁 이론을 미·중 관계에 적용한 책『전략적 자본주의Strategic Capitalism: The New Economic Strategy for Winning the Capitalist Cold War』(2011)에선 심지어 "중국이 미국을 파괴하기 전에 미국이 선제공격을 해야 한다"고 주장한다.

"한마디로 중국은 미국처럼 점잖게 비즈니스 게임을 하고 있지 않다는 겁니다. 중국은 그야말로 초경쟁을 펼치고 있는데, 그 목표는 경쟁자를 방해하고, 쓰러뜨리고, 결국 소멸시키는 전략입니다. 제가 기업 현장에서 외치던 초경쟁이란 개념은 국가 간의 습관이자 관행으로 굳어지고 있었던 겁니다. 중국은 미국이나 유럽처럼 협력하는 게임을 펼칠 수 있을까요? 제가 내린 결론은, 중국은 절대 그러고 싶지 않다는 겁니다. 1800년대 식민지 시대 유럽에서 상식 이하 대우를 받고 성장하게 된 중국은 전혀 다른 목표를 가지고 있다는 것입니다. 중국은 '모멸감의 시대century of humiliation'를 지나면서 지금 글로벌 리더로서 정체성을 확립해가고 있습니다." [16]

이런 기업 간, 국가 간 초경쟁은 대중의 일상적 삶에도 그대로 반영되기 마련이다. 그래서 이른바 '과잉경쟁적hyper-competitive 성격'을 가진 사람들이 늘고 있다. 영국 저널리스트 마거릿 헤퍼넌Margaret Heffernan은 『경쟁의 배신: 경쟁은 누구도 승자로 만들지 않는다A Bigger Prize: How We Can Do Better than the Competition』(2014)에서 그런 성격을 "경쟁을 붙인 후 무슨 수를 써서라도 꼭 이겨서 자부심을 유지하거나 높이려는 무차별적 욕구"로 정의하면서 다음과 같이 말한다.

"과잉경쟁적인 사람들은 부적절한 상황에서도 경쟁을 하려 든다. 이들에게는 모든 사회적 만남이 권력, 통제력, 지배권을 얻거나 잃을 기회로 여겨지기 때문이다. 어떤 연구자들은 극단적인 형태의 개인주의로 보기도 한다. 이 경우 개인의 이득과 자기애적인 사리사욕이 다른 모든 사안을 압도해버리기 때문이다. 과잉경쟁적인 사람들은 다른 누군가가 패배해야만 성취감을 느낄 수 있다." [17]

헤퍼넌은 경쟁은 효율과 창조성을 갉아먹고 성취와 혁신을 방해하며 부패와 타락을 가져온다고 주장하면서, 반세기 넘게 경쟁이란 가치만을 뒤쫓아온 지금 인류의 모습은 어떠냐고 묻는다. "우리는 부정부패, 사회적 역기능, 환경 파괴, 낭비, 스스로에 대한 환멸에서 허우적거리게 되었다. 경쟁이 심해질수록 불평등 또한 늘어났다." [18]

경쟁 비판의 선구자라 할 알피 콘Alfie Kohn의 『경쟁에 반대한다:

왜 우리는 이기기 위한 경주에 삶을 낭비하는가?No Contest: The Case Against Competition』(1986)라는 책을 비롯해 경쟁에 대한 비판은 무수히 많다. 모두가 다 '파멸적 경쟁ruinous competition'의 위험을 경고하고 있다. 경쟁을 수단이 아닌 목적으로 생각할 때에 나타날 수 있는 "너 죽고 나 죽자"는 심리는 한 집단과 국가를 넘어서 세계 평화까지 위협할 수 있다.[19]

왜 그렇게 된 걸까? 여러 이유가 있겠지만, 끊임없이 남과 비교하는 데에서 삶의 보람과 의미를 찾는 '이웃 효과neighbor effect'가 극한에 이르렀다는 점을 간과할 수 없다. 영국 철학자 버트런드 러셀Bertrand Russell, 1872-1970은 오래전 이렇게 말했다. "삶을 위한 투쟁은 사실 승리를 위한 (경쟁적인) 투쟁일 뿐이다. 사람들이 두려워하는 이유는 내일 아침거리에 대한 걱정 때문이 아니라, 자신의 이웃보다 더 잘 살지 못하는 것에 대한 불안함 때문이다."[20]

파멸적 경쟁의 위협에도 우리가 경쟁에 몰두한다는 건 경쟁이 사실상 우리 모두의 종교가 되었다는 걸 말해주는 게 아닐까? 물론 그건 강요된 사이비 종교다. 개인적인 생존과 성장을 위해 경쟁을 삶의 신앙으로 삼지 않으면 안 되게끔 되어 있다는 점에서 말이다. 초경쟁은 기존 경쟁 문화의 임계점이 임박했음을, 즉 새로운 패러다임의 삶을 모색해야 한다는 걸 알려주는 징후는 아닐까? 최근 '협력'이 인문사회과학계의 새로운 화두로 등장해 인기를 누리고 있는 것도 결코 우연이 아니다.

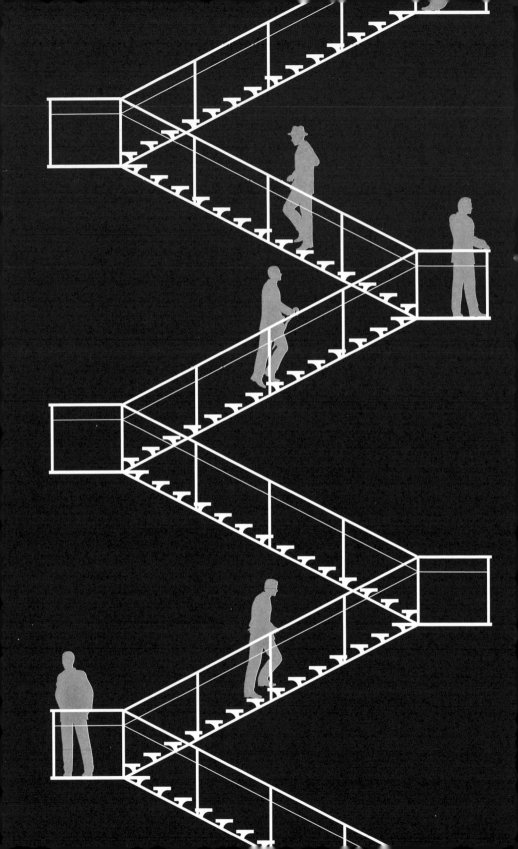

23

왜 성공한 사람들이
자살을 할까?

지위 불안

최근 10년간 고학력 전문·관리직 자살자 수는 6배, 이들이 전체 자살자에서 차지하는 비율은 5배 가까이 증가했다. 고위 공무원과 기업체 간부·임원 등 관리직은 2004년 42명이 스스로 목숨을 끊었는데 2013년에는 그 10배인 414명이 자살을 했으며, 교수·의사·회계사 등 전문직의 자살은 2004년 137명(1.2퍼센트)에서 2013년 685명(4.7퍼센트)으로 늘었다.[21]

왜 이렇듯 사회적으로 성공한 사람들이 자살을 할까? 자신의 지위가 추락할지도 모른다는 불안감, 즉 이른바 '지위 불안status anxiety' 때문이다. 오늘날 한국 사회가 특히 심하긴 하지만, 지위 불안은 1950년대의 미국에서 학계의 주목을 받았던 개념이다.

예컨대, 컬럼비아대학의 사회학자 찰스 라이트 밀스Charles Wright Mills, 1916-1962는 1951년 『화이트칼라White Collar: The American Middle Classes』, 1956년 『파워 엘리트The Power Elite』 등을 출간해 이른바 '지위 불안'을 넘어 '지위 공포status panic'에 시달리는 신흥 중산층을 풍요롭지만 목표가 없는 사람들, 장인 정신을 자랑으로 여기던 과거의 칼뱅주의자들에게서 단절된 계층으로 보았다.[22]

불안을 느끼건 공포를 느끼건 그 대상이 되는 지위는 절대적인 것이 아니라 자신의 주변 사람들과 비교하는 상대적인 것이다. 이와 관련, 영국 보건학자 마이클 마멋Michael Marmot, 1945-은 2004년에 출간한 『사회적 지위가 건강과 수명을 결정한다The Status Syndrome: How Your Social Standing Directly Affects Your Health and Life Expectancy』에서 다음과 같이 말한다.

"상대적인 지위에 대한 관심은 매우 중요하다. 그래서 우리는 다른 사람과 비교해 높은 지위를 가진 것으로 스스로를 평가해 자존심을 세우려는 심리적인 장치를 가지고 있는 것처럼 보인다.……어떻게 자신을 다른 사람과 비교하는지 스스로에게 물어보라. 지능, 애정, 창조성, 근면 등 기준을 하나 정한 뒤 자신을 다른 사람과 비교하라. 만약 평범한 미국인이라면 스스로를 평균보다 더 낫다고 평가할 것이다."[23]

그런 상대적 비교 우위가 무너지는 건 물론 기존 지위의 추락을 감지했을 때 어떤 사람들은 삶의 의욕마저 잃게 된다. 아니 정체성의 혼돈마저 겪게 된다. 영국 사회학자 돈 슬레이터Don Slater는 "우리는 친밀한 관계와 사회적 지위와 직업을 갖기 위하여 정체성을 생산해서 여러 시장에 팔아야 한다"고 주장했는데,[24] 그런 상황에선 사회적 지위는 곧 정체성의 문제와 직결되기 때문이다.

영국 법률가 아일린 캐럴Eileen Carroll은 "사람들은 자신의 위치를 찾는 데 일생의 많은 시간을 투자합니다. 우열 순위에서 자신이 어디에 서 있는지, 남들이 자기에게 주목하고 있는지, 자기가 충분히 중요한 사람인지 끝없이 확인하려 하죠"라면서 다음과 같이 말한다.

"이것은 우리가 다른 이들을 사람으로 보지 않고 있다는 말입니다! 갈등이 일어나면 우리는 자기가 누구와 상대하고 있는지 알지 못하죠. 우리는 이기는 데 너무 열중해서 그것이 무엇을 의미하는지조차 생각하지 않게 됩니다. 가족들에게서 항상 볼 수 있는 모습이죠. 모든 사람이 이기는 것만 신경을 쓰지 그 결과에 대해서는 생각하지 않아요."[25]

스위스 출신으로 영국에서 활동하는 작가 알랭 드 보통Alain de Botton, 1969-은 "지위 불안status anxiety은 매우 파멸적이라 우리 삶의 여기저기를 파괴할 수 있다"고 말한다. "사회에서 제시한 성공의 이상에 부응하지 못할 위험에 처했으며, 그 결과 존엄을 잃고 존중을 받지 못할지도 모른다는 걱정. 현재 사회의 사다리에서 너무 낮은 단을 차지하고 있거나 현재보다 낮은 단으로 떨어질 것 같다는 걱정. 이런 걱정은 매우 독성이 강해 생활의 광범위한 영역의 기능이 마비될 수 있다."[26]

이어 알랭 드 보통은 "지위에 대한 불안이 아무리 불쾌하다 해도 그 불안으로부터 완전히 자유로운 좋은 인생을 상상하기는 어렵다. 실패하여 다른 사람들에게 창피한 모습을 보일 수도 있다는 두려움은 야심을 품고, 어떤 결과들을 선호하고, 자신 외의 다른 사람들을 존중

하는 데서 나오는 자연스러운 결과일 뿐이기 때문이다. 지위에 대한 불안은 성공적인 삶과 성공적이지 못한 삶 사이의 공적인 차이를 인정할 경우 치를 수밖에 없는 대가다"며 다음과 같이 말한다.

"그러나 지위에 대한 요구는 불변이라 해도, 어디에서 그 요구를 채울지는 여전히 신택할 수 있다. 창피를 당할 걱정을 하게 되는 섯은 어떤 집단의 판단 방식을 우리가 이해하고 존중하기 때문이다. 지위에 대한 불안은 결국 우리가 따르는 가치와 관련이 되는 경우에만 문제가 된다고 말할 수 있다. 우리가 어떤 가치를 따르는 것은 두려움을 느껴 나도 모르게 복종을 하기 때문이다. 마취를 당해 그 가치가 자연스럽다고, 어쩌면 신이 주신 것인지도 모른다고 믿기 때문이다. 우리 주위의 사람들이 거기에 노예처럼 얽매여 있기 때문이다. 우리의 상상력이 너무 조심스러워 대안을 생각하지 못하기 때문이다."[27]

오늘날 사람들은 다른 대안을 생각해냈는데, 그건 바로 지위를 소비와 연결시킨 것이다. 알랭 드 보통은 "가난이 낮은 지위에 대한 전래의 물질적 형벌이라면, 무시와 외면은 속물적인 세상이 중요한 상징을 갖추지 못한 사람들에게 내리는 감정적 형벌이다"고 했는데,[28] 사람들은 실제적 지위야 어찌되었건 소비를 통해 그런 '중요한 상징'을 획득하겠다는 쪽으로 방향을 바꾼 것이다. 그런 상징성이 있는 상품들을 가리켜 '신분재status goods' 또는 '지위재positional goods'라고 한다.[29]

리처드 윌킨슨Richard G. Wilkinson과 케이트 피킷Kate Pickett은 『평등이 답이다: 왜 평등한 사회는 늘 바람직한가?The Spirit Level: Why Greater Equality Makes Societies Stronger』(2010)에서 "소비는 상당 부분 지위 경쟁 과

정에서 과열된다. 사람들 대부분은 소비를 경쟁 행위라기보다 일종의 방어 행위라고 생각한다. 소비 수준을 높이지 않으면 뒤처지거나 촌스럽거나 초라하거나 시대에 뒤떨어진 사람이 될 거라고 생각한다"며 다음과 같이 말한다.

"불평등은 지위 경쟁을 더 치열하게 만든다. 우리는 앞사람을 따라잡기 위해 분투해야 하는 것이다. 부자들은 자신들이 시세나 차, 또는 다른 사치품에 돈을 쓰는 것은 '디테일을 중시'하고 '장인 정신'의 진가를 알아보기 때문이라고 생각한다. 그러나 부자들이 구입한 것이 (그 물건을 살 수 없는 우리와는 달리) 부자임을 말해준다는 데서 진정한 차이가 생긴다."[30]

우리 사회에서 대표적인 지위재는 학위와 학벌이다. 미국 뉴멕시코대학 진화심리학자 제프리 밀러Geoffrey F. Miller는 "지위재는 흔히 고삐 풀린 지위 경쟁을 불러일으킨다"며 다음과 같이 말한다.

"아이비리그 대학들의 학위가 너무 흔해져서 차별화 배지로 유용하지 않게 되면, 경쟁자들은 눈높이를 올려 아이비리그의 경영대학원, 의학박사과정, 박사과정에 지원해야 할 것 같은 부담을 느낀다. 경영대학원 학위가 너무 흔해져서 차별화되지 않으면, 경쟁자들은 8만 7,000달러를 내고 더 힘든 '트리움 세계 경영자 MBATrium Global Executive MBA'에 지원할 것이다. 이 과정에 등록하면, 40명의 고위 경영자로 구성된 엘리트 집단이 전 세계를 돌며 여섯 개 학교에서 공부하게 된다. 학교는 런던 경영대학원, 뉴욕대학 스턴 경영대학원, 파리 HEC 경영대학원 그리고 극동지역과 개발도상국에서 세 곳이 돌아가며 선택된다."[31]

이 모든 것이 다 지위 불안에서 벗어나보려는 몸부림이지만, 그런다고 해서 그 불안이 해소되는 것은 아니다. 진정한 대안은 남의 시선에서 독립하는 것이다. 남들이 자신을 어떻게 볼까 하는 두려움에서 벗어나 자기만의 삶을 추구할 수 있는 상상력과 용기, 이게 바로 우리가 지위 불안에서 달출할 수 있는 유일한 해법이다.

24

왜 기업과 정치는
피 튀기는 싸움에만 몰두하는가?

블루오션

10년 전인 2005년 경제 분야에서 최고의 유행어는 단연 '블루오션Blue Ocean(경쟁 없는 시장 창출)'이었다. 관련 기사들도 엄청나게 많이 쏟아져나왔다. 경쟁자와 피 튀기는 싸움을 하는 걸 '레드오션Red Ocean', 그런 싸움 대신에 새로운 가치 창출로 경쟁 없는 새로운 시장을 개척하는 걸 '블루오션'이라고 부르면서 '블루오션'을 한 수 더 높게 평가하는 식이었다.

1990년대 중반 프랑스 인시아드 경영대학원 교수 김위찬과 르네 마보안Renée Mauborgne이 저술한 『블루오션 전략Blue Ocean Strategy: How to Create Uncontested Market Space and Make Competition Irrelevant』이란 책에서 처음 언급한 이 개념은 2005년 3월 국내에 번역본이 나오고 정보통신부 장

관 진대제가 대통령 노무현에게 추천했다는 사실이 알려지면서 일반에도 퍼지기 시작했다.

블루오션 전략은 기존의 경쟁이 심해 피투성이로 싸우는 '레드오션'에서 경쟁자를 이기는 데 집중하는 대신 경쟁자가 없는 새로운 시장을 창출하자는 것이다. 남들과 구별되는 전략적 창의성과 독창적 가치로 새로운 상품이나 사업 전략으로 고수익과 무한성장이 가능한 신시장을 열어야 한다는 전략이다. 예컨대, 저가 출혈 경쟁으로 중견기업들이 쓰러지고 있는 PC시장이 레드오션이라면 MP3플레이어라는 새로운 시장을 창출한 애플의 '아이팟iPod'은 블루오션 전략을 잘 활용한 사례로 볼 수 있다.[32]

김위찬과 마보안은 블루오션 전략의 초석인 '가치 혁신value innovation'은 가치와 혁신에 동등한 중요성을 둔다며 "혁신 없는 가치는 부분적 소규모의 가치 창출에 집중하는 경향이 있는데 이는 가치를 향상시키지만 시장 공간에서 독보적 존재로 서게 하는 데는 충분치 않다"고 말한다.

"가치 없는 혁신은 기술 위주이거나 시장 개척, 혹은 미래 지향적이어서 구매자들이 그 상품을 받아들이고 가격을 지불할 수 있는 수준을 넘어서는 경우가 많다. 이러한 관점에서 기술혁신이나 시장 선구자market pioneering와 확연히 구별된다.……일반적으로 기업은 많은 비용으로 보다 높은 고객 가치를 창조하거나 또는 적은 비용으로 적당한 가치를 고객에게 제공하는 것으로 믿어져왔다. 여기서 전략은 차별화와 비용 우위 가운데 하나를 선택하는 것이다. 그러나 블루오션 창출을 추구하는 기업들은 차별화와 비용 우위를 동시에 모색한다."[33]

블루오션

블루오션 전략 중의 하나는 대안 산업을 관찰하는 것이다. 대안품alternatives은 대체품substitutes보다 훨씬 광범위하기 때문이다. 형태는 달라도 동일한 기능이나 핵심적인 효용성을 제공하는 제품과 서비스는 각각 서로의 대체재가 될 수 있다는 것이다. 예컨대, 영화관과 레스토랑은 유사한 물리적 특성도 없고 기능도 다르지만, 저녁 외출을 즐기게 만들 수 있다는 점에선 같다. 이 둘은 상호 대체상품이 아니라 대안상품인 것이다.[34]

2005년 국내 경영계엔 '블루오션' 열풍이 거세게 불었다. 5월 25일 LG그룹 회장 구본무는 '블루오션' 전략에 그룹 역량을 집중해야 한다며 "피 튀기며 싸울 필요 없다. 누구도 모방할 수 없는 차별적 가치를 제공, 경쟁이 무의미한 새로운 시장을 창출하라"고 역설했다. 그는 그룹 내 최고경영자 세미나에서 "LG가 진정한 글로벌 기업으로 도약하려면 남들을 따라 할 수 있는 데서 벗어나 독창적인 가치를 제공할 수 있어야 한다"며 "전략적 창의성, 차별화된 가치, 이를 달성해낼 수 있는 실행력을 다 갖추었을 때 비로소 '1등'이 가능하다"고 말했다.[35]

금융권에도 블루오션 전략 바람이 불었다. 2005년 들어 주택대출 시장에서 제 살 깎기식 금리인하 경쟁을 벌이자 금융감독위원장 윤증현이 나서 '승자의 재앙'을 경고하며 '블루오션'의 중요성을 강조했다. 기업은행장 강권석은 『블루오션 전략』이라는 책을 600여 권 구입해 지점장급 이상 간부들이 읽도록 했다. 그는 책과 함께 보낸 서신에서 "전 은행이 우량 고객 유치를 위해 올인 하는 적자생존의 전쟁이 지속되고 있다"며 "엄청난 기회가 존재하는 블루오션을 찾아보고 틈새시장을 개척한다면 큰 결실을 볼 것"이라고 말했다. 금융감독원 부원장 전홍렬은 "국내 증권회사들이 시황만 쳐다보는 '천수답'식 경영과 베끼기식 영업으로 경쟁이 격화되면서 전형적인 레드오션 시장이 돼버렸다"고 개탄했다.[36]

　김위찬과 르네 마보안은 8월 25일 방한訪韓 간담회를 가졌다. 김위찬은 신시장 개척에 나섰다가 3년 연속 적자를 보았다는 벤처기업 대표의 질문에 "블루오션을 연구개발R&D로 착각하지 말라"고 조언했다. 그는 IBM의 회장 루 거스너가 기업을 회생시킬 때 가장 먼저 한 것이 R&D 예산의 감축이었다는 점을 상기시켰다. 그는 알을 낳은 사람과 알을 깬 사람은 다르다는 점을 강조하면서 기술 혁신과 가치 혁신은 다르다는 점을 역설했다. 기술 개발이나 기술 소유에 집착하지 말고 내가 원하는 기술을 누가 가졌는지 잘 찾아보라는 것이다.[37]

　모두가 다 '블루오션'에 열광한 건 아니었다. 블루오션 전략이 기존 경영 전략과 차별성이 별로 없는 것 아니냐는 지적도 나왔다.[38] 전산예매시스템 인터넷기업 티켓링크의 대표 우성화는 "요즘처럼 정보가 공개되고 기술 진입장벽이 낮아진 세상에서는 블루오션은 몇 년 지나지 않아 레드오션으로 변한다"며 "엄밀히 말해 블루오션이라는 '경쟁이 없는 거대시장'은 존재하지 않는다"고 주장했다.[39]

　경영학자 박찬희·한순구는 "블루오션을 찾는 노력은 '당연히' 늘 계속되어야 하지만, 세상에 남들이 못 따라오는 시장이 있다고 믿는 것은 '불로장생의 지상낙원'을 찾아 헤매는 것과 다르지 않다. '열심히 노력해서 남다른 성공의 길을 찾아라'라는 말은 누구나 알지만 이 말을 안다고 해서 절대로 성공의 확률이 높아지지는 않는다"고 말한다.[40]

유정식은 "2005년 블루오션 전략이 경영계의 화두로 등장했을 때, 레드오션인 산업으로 진출하면 백전백패하고 말 것이라면서 블루오션의 개념을 잘못 이해한 리더들을 종종 만날 수 있었다. '신성장동력 발굴'이라는 미명 아래, 그들은 참여자가 많은 시장 자체를 아예 거들떠보지 않으려 했다"며 다음과 같이 말한다.

"참여자가 적은 시장만이 블루오션이라 오해한 탓이나. 하지만 어떤가? 서브웨이는 정크푸드의 대명사인 햄버거를 웰빙 이미지를 갖춘 샌드위치로 변모시켜 미국의 패스트푸드 산업을 장악하고 있다. 사우스웨스트항공은 저렴한 요금과 즐거움이라는 차별적 서비스로 기존 항공사를 위협하고 있다. 치열한 출판 시장에서 룰루닷컴은 자비 출판이라는 새로운 사업모델로 성공하고 있다."[41]

박남일은 『어용사전: 철학적 인민 실용사전』(2014)에서 블루오션을 이렇게 꼬집는다. "지금 고요한 블루오션은 미래의 레드오션이고, 지금 핏빛의 레드오션은 예전에 고요한 블루오션이었다. 블루오션은 레드오션을 지향한다. 자본은 푸른 바다를 피바다로 만들며 이윤을 흡수한다. 그들의 은유는 시장에서 발생하는 이윤이 출혈出血의 결실이라는 사실을 감추지 않는다."[42]

'레드오션'은 '승자의 재앙'을 낳는다. 둘 다 피투성이가 되어 쓰러진 이종격투기의 상처뿐인 승자의 모습을 떠올리면 되겠다. 골병들고 나서 승자가 되면 무슨 소용이 있을까. 또 그 승리를 유지하기 위해 계속 그런 식으로 골병들어야 한다면 그게 바로 '승자의 재앙'이 아니고 무엇이겠는가. 두말할 필요 없이, 한국 정치의 최대 비극은 '승자의 재앙'이다. 사생결단식 선거로 인해 이긴 후의 상처는 말할 것도 없고 나중에 져야 할 책임이 '재앙'으로 나타난다는 것이다.

그럼에도 블루오션을 실천하는 정치 세력은 없다고 해도 과언이 아니다. 왜 그럴까? '레드오션'은 지지자를 결집시키는 데에 탁월한 효능을 발휘하기 때문이다. 어느 정치 세력이 시종일관 '블루오션' 전략만 쓴다고 가정해보자. 정파 간 차이를 최소화하면서 모든 정치적 역량을 민생에 집중시킨다고 가정해보자. 그렇게 했을 때 가장 치명적인 건 열성 지지자들조차 형성되지 않을 것이라는 점이다.

그런데 이런 책임을 정치권에만 물을 수 있을까? 우리 모두 눈을 크게 뜨고 가슴에 손을 얹고 답해보자. 한국은 '레드오션'을 요구하는 사회다. 무슨 정치적 갈등이 있을 때마다 언론이 어떻게 보도하는가 살펴보라. 마치 갈등을 키우기 위해 안달하는 식으로 보도하고 논평한다. 별 일이 아닌데도 누구에겐 '치명적인 타격'이 되고 누구에겐 '획기적인 전환점'이 된다는 식의 황당한 해설이 난무한다. 텔레비전은 긴장감을 고조시키는 배경음악까지 깔아가면서 분위기를 한껏 고조시킨다. 언론만 그러나? 아니다. 우리 모두 다 그런다. 뜨거워진 피의 온도부터 낮춰야 한다.

25

왜 한국 TV드라마는
방송 당일까지 촬영하고
방송 직전까지 편집할까?

붉은 여왕 이론

"둘은 손을 잡고 열심히 달렸다. 여왕이 너무 빨라서 앨리스는 숨이 넘어가도록 달리는 수밖에 없었다. 그런데도 여왕은 계속 '더 빨리 뛰어. 더 빨리!'라고 소리쳤다. 앨리스는 더이상 뛸 수 없었지만 너무 숨이 차서 한마디도 할 수 없었다. 그런데 이상하게도 주변에 있는 나무나 다른 사물은 같은 자리에 그대로 있었다. 죽을힘을 다해 뛰었지만 모든 것이 제자리였다.……앨리스는 여전히 조끔씩 헐떡이며 말했다. '음, 우리 세상에서는 지금처럼 오랫동안 빨리 뛰었다면 보통 어디엔가 도착하게 돼요.' 여왕은 말했다. '느릿느릿한 세상이군. 그렇지만 보다시피 이곳에서는 같은 자리에 있으려면 최선을 다해 뛰어야 해. 어딘가에 가고 싶다면 적어도 그 두 배 이상 빨리 뛰어야 한단다.'"[43]

『이상한 나라의 엘리스』로 유명한 영국 작가 루이스 캐럴Lewis Carroll, 1832-1898의 책인 『거울을 통하여Through the Looking Glass』(1871)에 나오는 말이다. 붉은 여왕Red Queen은 힘껏 달려도 늘 제자리에 머문다. 주변 경치가 함께 움직이기 때문이다.

이 이야기에 근거해, 철저한 진화론자인 미국 시카고대학의 생물학 교수 리 밴 베일런Leigh Van Valen, 1935-2010은 1973년 '붉은 여왕 가설 Red Queen Hypothesis'을 제시했다. 같은 생태계 내에 존재하는 포식자와 먹이동물은 언제나 생명을 걸고 최선을 다해 달려야만 그 상대적인 개체수가 일정하게 유지된다는 가설이다. 어떤 생물학자들은 이런 붉은 여왕 효과가 생물 종들의 진화를 유발하는 중요한 요인 가운데 하나라고 주장하기도 한다.[44]

1993년 『붉은 여왕The Red Queen: Sex and the Evolution of Human Nature』을 출간해 '붉은 여왕' 개념을 대중화시키는 데에 결정적 기여를 한 영국 과학저술가 맷 리들리Matt Ridley는 밴 베일런의 발견은 찰스 다윈이 완전히 이해하지는 못했던 진화에 대한 결정적 진실을 다시 제시하고 있다고 주장한다.

리들리는 "생존을 위한 투쟁은 결코 쉬워지지 않는다. 환경에 아무리 잘 적응한다 하더라도 종種은 방심할 수 없다. 경쟁자와 적들 역시 자신들의 서식 환경에 적응하기 때문이다. 생존은 제로섬게임이다. 한 종의 성공은 경쟁 종에게 더 좋은 목표를 제공할 뿐이다"며 다음과 같이 말한다.

"붉은 여왕 이론은 세상이 필사적인 경쟁으로 이루어져 있다고 주장한다. 세상은 정말로 계속 변화한다. 그렇지만 방금 전에는 종들이 몇 세대 동안 안정적이며 좀처럼 변화를 겪지 않는다고 하지 않았는가? 그렇다. 붉은 여왕 이론의 핵심은 그녀가 계속 달리고 있지만 항상 같은 장소에 머물러 있다는 것이다. 세상은 결국 시작한 지점으로 되돌아온다. 변화는 있지만 발전은 없다."[45]

미국 스탠퍼드대학 경영대학원 교수 윌리엄 바넷William P. Barnett, 1958-은 '붉은 여왕 이론Red Queen theory'을 경영학에 접목시켰다. 그는 1996년에 '붉은 여왕 이론'을 발표해 기업이 속한 환경도 '붉은 여왕'의 세계와 비슷하다고 주장했다. 환경은 고정되어 있는 것이 아니며 기업들은 서로 영향을 주면서 함께 움직인다는 것이다.

바넷은 "기업은 경쟁을 피할 게 아니라 오히려 성장의 동력으로 삼아야 한다"며 '동적 경쟁Dynamic Competition'을 강조한다. "한 기업이 좋은 성과를 내면 경쟁하는 기업에 더 많은 압력을 주게 된다. 경쟁관계에 있는 기업도 역시 성과를 내기 위해 노력하고 이런 과정이 반복되면서 두 기업은 선善순환하며 발전한다."

그는 '블루오션' 이론에 대해 "파란색이 얼마나 오래 가느냐 하는 게 문제다. 블루오션은 처음에는 효과적일 수 있지만 경쟁 기업이 뛰어들면 피 흘리는 경쟁을 벌이는 레드오션으로 금세 변하게 된다. 경쟁이 없는 시장을 찾으라는 것은 '연금술'처럼 말은 그럴듯해도 현실에서 실현되기 어렵다"고 주장한다.

바넷은 150개 기업의 40년간 실적을 살펴본 결과 경쟁을 견뎌낸 기업이 지리적 이점 등을 통해 경쟁을 회피한 기업보다 생존율이 높다는 결론을 이끌어냈다고 말한다. "경쟁에서 빠져나오면 단기적으로는 이익을 볼 수 있지만 장기적으로는 진화를 통한 학습효과가 없어지기 때문에 혁신이 이뤄지기 어렵다. 예컨대 국내시장에서 경쟁을 겪지 않은 기업은 글로벌 경쟁에서 심각한 타격을 받을 수 있다."[46]

경영학에서 '붉은 여왕 효과Red Queen Effect'는 일반적으로 노동 생산성은 지속적으로 증가했음에도, 자산 수익률ROA, Return on Assets은 계속 감소하기만 하고, 노동 생산성을 계속 증가시키기 위해 노력하지만 별반 효과를 보지 못하는 것을 가리키는 말로 쓰이고 있다.[47]

예컨대, 라프 코스터Raph Koster는 『라프 코스터의 재미 이론Theory of Fun for Game Design』(2004)에서 "극복해야 할 도전 과제를 끊임없이 제공해야 하는 운명을 지닌 게임 디자이너들은 아무리 달려도 제자리걸음을 할 수밖에 없는 '붉은 여왕 질주Red Queen's Race'에서 벗어나지 못하고 있다. 그 결과로 현대의 게임 제작자들은 종종 하나의 게임에 보다 다양한 도전 과제를 던져주는 접근법을 취해왔다"고 말한다.[48]

노동렬은 『방송 산업의 비극: 방송 제작산업의 작동원리와 미래 전략』(2015)에서 방송 제작시장에서 경쟁 상황이 '붉은 여왕 경쟁'으로 인한 '과잉'의 늪에 빠져 있다고 진단한다. "외주제작사는 방송사로부터 편성을 받기 위한 경쟁을 해야 하고, 편성을 받은 이후에는 동시간대 방영 드라마들과의 시청률 경쟁에서 승리해야 하고, 후속 시장에서의 부가수익 획득 경쟁에서 성공해야 한다. 방송사는 자체제작인 경우, 동시간대 방영되는 드라마들과의 시청률 경쟁에서 성공해야 하며, 외주제작인 경우에는 A 리스트 외주제작사를 선택하기 위해 경쟁해야 하고, 외주로 제작된 드라마가 시청률과 후속 시장에서 좋은 성과를 낼 수 있도록 경쟁해야 한다. 즉 방송사와 외주제작사는 편성을 확보해야 하는 경쟁 상황과 편성 이후의 방송에서 인센티브를 극

대화해야 하는 경쟁 상황과 동시에 직면하게 된다."[49]

텔레비전 드라마들 간의 '붉은 여왕 경쟁'으로 인해 나타니는 희한한 상황은 수도 없이 많지만, 한 가지만 들자면 '쪽대본' 관행을 지적할 수 있겠다. 방송을 불과 며칠 앞두고 대본이 나오거나 방송 당일 낱장짜리 쪽대본이 나와 후다닥 촬영이 이루어지는 경우가 많은 걸 가리키는 말이다. 방송 당일까지 촬영하고 방송 직전까지 편집해 넘기는 국내 드라마 제작 관행을 보면 그동안 대부분 드라마가 사고 없이 방송되는 것이 신기할 정도라고 말하는 이가 많다. 왜 그렇게 하는 걸까? 살인적인 시청률 경쟁 때문이다. 시청률에 목매는 국내 드라마 제작 풍토 때문에 제작진들은 시청자의 반응에 따라 대본을 수정하고 분위기를 바꾼다. 기획 단계에서 크게 주목받는 배역이 아니었지만 방영 회차가 늘어날수록 시청자들의 호응을 얻는 출연자의 방송 분량이 늘어나는 것이 대표적인 사례다.[50]

우리는 모두 필사적인 경쟁을 벗어날 수 없는 붉은 여왕들일까? 블루 오션은 연상만 해도 가슴이 뻥 뚫리는 듯한 상쾌감을 주지만, 그것이 은유를 넘어서 과연 현실적으로 가능하지는 각 기업이 처해 있는 환경과 사정에 따라 따져볼 일이라고 할 수 있겠다. 아니 블루오션을 발견하고 실천한다 해도 그것 역시 붉은 여왕의 경쟁 체제를 전제로 한 게 아닌가. 경쟁competition의 원래 의미는 '함께 노력하거나 추구한다'는 뜻이었다는데, 그래서 우리는 함께 목숨 거는 경쟁을 하면서 살아가는 걸까?

붉은 여왕 이론

제6장

우연
과
확률

26

왜 우연은 준비된 자에게만 미소 짓는가?

세렌디피티

세렌디피티serendipity는 "뜻밖의 발견(을 하는 능력), 의도하지 않은 발견, 운 좋게 발견한 것"을 뜻한다. 형용사형은 serendipitous며, '뜻밖에 행운의 발견을 하는 사람'은 serendipper라고 한다. 영국 작가 호러스 월폴Horace Walpole, 1717-1797이 1754년에 쓴 「The Three Princes of Serendip」이라는 우화寓話에 근거해 만든 말이다. Serendip이라는 섬 왕국의 세 왕자가 섬을 떠나 세상을 겪으면서 뜻밖의 발견을 했다는 데에 착안한 것이다. Serendip은 스리랑카Sri Lanka의 옛 이름이다.[1]

원래는 14세기 페르시아의 시인 아미르 호스로 델라비Amir Khusrow Dellavi의 민담집 『8개의 천국』에 나오는 이야기라고 하는데, 이야기 내용은 좀 황당하다. 예컨대, 어느 날 낙타를 잃어버린 한 아프리카인을 만나자 세 소년은 낙타를 보지도 않았지만 자세히 설명한다. 그 낙타는 애꾸고 이빨이 하나 빠졌고 다리를 저는데, 한쪽에는 기름, 다른 쪽에는 꿀을 싣고 있으며, 임신한 여인이 곁에 따라간다는 것이다. 낙타 주인은 이들이 낙타를 훔쳤다고 생각하고 국왕에게 고발했지만, 얼마 후 낙타를 도로 찾아 이들은 감옥에서 풀려나온다. 왕이 어떻게 보지도 않은 낙타를 정확하게 알 수 있었느냐고 물었는데, 그들의 답은 이랬다.

"길가의 왼쪽 풀만 뜯어먹었으니 낙타의 오른쪽 눈이 멀었다는 것을 알 수 있다. 뜯어먹은 풀이 일부 떨어져나온 것으로 보아 이가 빠졌다. 한쪽 발자국이 다른 쪽 발자국보다 약하니 다리를 절고 있다. 길 한쪽에는 개미들이 모여들고 다른 쪽에는 벌이 부지런히 오가니 이는 기름과 꿀을 조금씩 흘렸기 때문이다. 그 옆에 난 샌들 자국으로 보아 여자가 낙타를 몰고 가고 있다. 게다가 축축한 흔적이 있는데 냄새를 맡아보니 사내의 욕정을 불러일으키는 데다가, 땅에 손을 짚고 일어난 표시도 있으니 그 여자는 분명 임신부다."[2]

세렌디피티는 연구자들의 열띤 주목을 받고 있다. 사회학자 로버트 머튼Robert K. Merton, 1910-2003은 엘리너 바버Elinor Barber와 같이 쓴 『세렌디피티의 여행과 모험The Travels and Adventures of Serendipity』(2003)에서 세렌디피티를 과학적 방법론의 하나로 발전시켰다.[3] 역사가 돈 리트너Don Rittner는 "역사는 타이밍, 인맥, 환경, 그리고 세렌디피티가 어우러져 만들어진다History is an intricate web of timing, people, circumstances, and serendipity"고 했는데, 특히 과학 분야에선 이런 사례가 많다.

예컨대, 1901년 처음으로 노벨물리학상을 받은 독일 물리학자 빌

헬름 콘라트 뢴트겐Wilhelm Conrad Röntgen, 1845-1923이 X선을 발견한 것은 실험 도중 우연에서 비롯되었다. 오가논Organon사는 건초열hay fever성 알레르기를 위한 항히스타민제를 개발하다가 실패했지만, 실험에 참가했던 직원과 피실험자가 유례없이 즐거워하는 것을 보고 통본Tolvon이라는 항우울제를 개발하게 된다. 또 알렉산더 플레밍Alexander Fleming, 1881-1955은 1928년 페니실린 곰팡이를 발견했으나 그 효능은 10년이 지나서 옥스퍼드대학의 하워드 플로리Howard Florey, 1898-1968라는 병리학자가 우연히 알아냈으며, 애초 협심증 치료제로 개발된 비아그라Viagra도 실험 참가자들이 남은 약을 반납하지 않아 알아보니 발기부전에 효과가 있다는 사실이 밝혀졌다.[4]

　프랑스의 세균학자 루이 파스퇴르Louis Pasteur, 1822-1895는 "우연은 준비된 자에게만 미소 짓는다"고 했는데, 이를 잘 보여준 사람이 독일 화학자 케쿨레Friedrich August Kekule von Stradonitz, 1829-1896다. 그는 1868년 연구에 지친 나머지 의자에 기대어 잠깐 잠이 들었는데 꿈속에서 유기물의 사슬 구조와 벤젠의 분자 구조를 알아냈다. 이 우연은 단순한 우연이나 신의 은총이 아니라 99번의 실패를 딛고서야 한 번 찾아오는 영감에 의한 우연으로 여겨지고 있다. 호러스 월폴은 이것을 '준비된 우연의 법칙' 혹은 '세렌디피티의 법칙'이라고 불렀다.[5]

　서울대학교 물리학과 교수 김대식은 기초과학의 특성 자체가 세렌디피티에 있다며, 소수 엘리트 중심이 아닌, 폭넓은 투자의 필요성을 역설한다. "발견의 반 이상이 세렌디피티에 있기 때문입니다. 통계적으로 입증되기는 어렵지만 우연을 통해 발견한 게 80퍼센트 되고, 똑똑해서 발견한 게 20퍼센트 정도 될 겁니다. 그렇다면 당연히 우연성에 투자를 해야죠. 우연성이라는 말에 거부감이 들 수도 있겠지만, 우연성에 투자하면 부수적인 효과를 누리게 됩니다. 기초과학에 투자하는 것은 교육에 투자하는 겁니다. 기초과학에서는 놀라운 발견을 할 확률 못지않게 교육 자체가 중요하니까요."[6]

세렌디피티를 의도직으로 얻으려는 노력은 소기의 성과를 거두기 어렵다. 미국 소설가 존 바스John Barth, 1930-가 잘 지적했듯이, "경로를 미리 정해서는 세렌디프에 도달하지 못한다. 다른 곳에 도착할 거라고 굳게 믿으며 우연히 방위를 잃어버려야 한다."[7] 이와 관련, 울리히 슈나벨Ulrich Schnabel은 『휴식: 행복의 중심』(2010)에서 다음과 같이 말한다.

"세렌디피티 원리에서 가장 아름다운 것은 열린 자세로 접근할 때에만 위대한 발명을 이룩할 수 있을 뿐, 강제한다고 되는 것은 아니라는 사실이리라. 우연과 자발적으로 샘솟는 영감은 그 어떤 연구 전략이나 비즈니스 계획으로도 이끌어낼 수 없다. 이런 우연과 영감을 맛보고자 하는 사람이라면 특정한 성공을 염두에 두고 집요하게 노력할 게 아니라, 될 수 있는 한 열린 감각으로 세상을 두루 살피는 쪽을 택해야만 한다. 어떤 특별한 것을 생각하고 집착하는 한, 진정 특별한 것은 만날 수 없다."[8]

온갖 유형의 세렌디피티 가운데 가장 가슴 떨리는 건 역시 사랑의 세렌디피티일 게다. 피터 첼솜Peter Chelsom 감독의 영화 〈세렌디피티〉(2001)가 바로 그런 살 떨리는 감격을 그린 영화다. 첼솜은 그간 늘 적자만 보는 영화를 만들다가 이 영화를 통해 최초의 대박을 터뜨렸으니, 그에겐 다른 이유로 살 떨리는 영화가 아니었을까?

뉴욕의 크리스마스이브, 모두 사랑하는 사람을 위한 선물을 사느라 바쁜 블루밍데일 백화점에서 조나단(존 큐잭 분)과 사라(케이트 베킨세일 분)는 각자 자신의 애인에게 줄 선물을 고르다가 마지막 남은 장갑을 동시에 잡으면서 첫 만남을 갖게 되지만, 평소 운명적인 사랑을 원했던 사라는 다음 만남을 거절하면서 운명에 미래를 맡기자고 제안한다.[9]

　　결국 두 사람은 7년 만에 다시 만나게 되는데, 이걸 아름답다고 하긴 어려울 것 같다. 둘 다 서로의 약혼자와의 결혼을 눈앞에 두고 있는 시점에서 일련의 세렌디피티에 의해 다시 만나게 된다는 이야기인데, 파혼당할 두 남녀를 희생으로 하는 사랑 노름을 세렌디피티라고 할 수 있을지는 의문이다.

27

왜 '우연한 발견의 즐거움'이
누군가에겐 악몽이 될 수도 있나?

디지털 세렌디피티

세렌디피티serendipity는 디지털 시대를 맞아 우연한 연결의 힘을 묘사하는 단어로 각광을 받고 있다. 예컨대, 구글의 '순간 검색Instant Search'은 어떤가? 순간 검색은 구글 검색 창에 검색 단어를 입력하면 글자가 입력되는 족족 검색 결과가 화면에 뿌려지는 방식이다. 이와 관련, 조용호는 다음과 같이 말한다.

"단어를 다 입력하고 검색 버튼을 누른 후에야 결과를 볼 수 있던 사용자들에게는 새로운 서비스인 것이다. 구글은 사용자 편의성 제고 및 단어를 입력하는 과정에서 나오는 검색 결과를 통해 세렌디피티, 즉 '우연한 발견의 즐거움'을 서비스로 제공한 것이다. 물론 구글의 의도가 사용자 가치를 올리는 데만 국한되지 않으리라는 것은 충분히

짐작할 수 있다." [10]

과학저술 작가 스티븐 존슨Steven Johnson은 『탁월한 아이디어는 어디서 오는가Where Good Ideas Come From』(2010)에서 "하이퍼텍스트의 연결하는 성질 덕분에, 그리고 새로운 것을 찾으려는 블로그 세계의 탐구 열망 덕분에 놀랍고 멋진 것을 우연히 만나는 일은 도서관의 서가 사이를 걸을 때보다 컴퓨터 앞에 앉아 있을 때가 훨씬 쉽다"며 다음과 같이 말한다.

"나는 매체로서의 웹이 문화를 뜻밖의 발견과 만남으로 더 밀어주었다고 믿는다. 정보를 검색하는 것이 주류적인 행위가 되었다는 단순한 사실이 책이나 인쇄매체가 지배하던 문화와 비교할 때 뜻밖의 발견이 증가한 것을 설명해준다. 그러나 평균적인 매체 소비자들이 웹 덕분에 뜻밖의 발견을 더 많이 경험하고 있다는 전제를 받아들이든 말든, 뜻밖의 발견을 찾아내려 하는 경우 웹의 경쟁상대가 없다는 데는 의심의 여지가 없다." [11]

세렌디피티는 검색에 국한되지 않는다. 세계 최대의 전자상거래 업체 이베이eBay의 성공 이유 중 하나는 이곳에서 무엇을 발견할지, 누구를 만날지 알 수 없는 기대, 즉 세렌디피티serendipity에 기반을 둔 '쇼핑 경험의 낭만화'다. [12] 세계 최대의 온라인 스토어인 아마존Amazon.com의 창업자 제프 베저스Jeff Bezos는 재미 삼아 차고에서 중고책 몇 권을 판 경험이 자신의 세렌디피티였다고 했고, 페이스북을 만든 마크 저커버그Mark Zuckerberg도 자신의 성공을 세렌디피티로 설명했다. [13] 저커버그는 『타임』(2010년 12월 27일) 인터뷰에서 다음과 같이 말했다.

"우리는 사람들이 행하는 세렌디피티라는 개념을 갖고 있어요.

왜 '우연한 발견의 즐거움'이 누군가에겐 악몽이 될 수도 있나?

뜻밖의 행운인 거죠. 가령 레스토랑에 가서 한동안 보지 못했던 친구를 우연히 마주치는 것과 같은 거죠. 굉장한 경험이죠. 그 상황이 그렇게 마법처럼 보이는 이유는 대체로 그런 일이 자주 일어나지 않기 때문이에요. 하지만 저는 사실 그런 상황들이 실제로는 흔하다고 생각해요. 아마도 우리가 그중의 99%를 놓치고 있는 거겠죠."

저커버그와 인터뷰를 한 레브 그로스먼Lev Grossman은 이런 해설을 덧붙인다. "페이스북이 원하는 건 외롭고 비사교적인 세계를 무작위적 확률로 친근한 세계로, 뜻밖의 발견이 있는 세계로 전환하는 것이다. 당신은 사람들이 이루는 네트워크 속에서 일하며 살게 될 것이고, 결코 다시는 혼자일 필요가 없을 것이다. 인터넷, 그리고 전 세계는 하나의 가족처럼, 하나의 대학 기숙사처럼, 혹은 직장 동료들이 최고의 친구들이기도 한 하나의 사무실과 같은 느낌을 갖게 될 것이다."[14]

그러나 모든 이가 이런 디지털 세렌디피티 예찬론에 동의하는 것은 아니다. 미국 저널리즘 교수 윌리엄 매킨William McKeen은 플로리다 주에서 발행되는 『세인트 피터스버그 타임스St. Petersburg Times』 2006년 3월 26일자에 기고한 「위협받고 있는 세렌디피티의 즐거움The Engendered Joy of Serendipity」이라는 글에서 다음과 같이 주장한다.

"도서관을 생각해보라. 오늘날 사람들이 도서관에서 책을 훑어보는 일이 있는가? 이제 우리는 너무나 통제받는 사람들이 되었다. 인터넷 덕분에 원하는 것을 바로 집어낼 수 있다. 검색엔진에 핵심 단어 몇 개만 넣으면–때로는 말도 안 되는 결과가 나오긴 하지만–원하는 것을 정확히 찾아낼 수 있다. 이는 효율적이긴 해도 재미없는 일이다. 예전에 우리는 서가에서 책을 훑어보다가 흥미로운 제목이 있거나 표지에 관심이 가면 그 자리에서 펼쳐들고 읽었다. 비록 시간은 오래 걸리지만 마음을 풍요롭게 하던 시절은 이제 사라졌다.······무언가를 찾고, 찾아낸 것에 놀라는 일은 인생에서 누릴 수 있는 큰 즐거움 중 하나였다. 그러나 그런 즐거움을 주는 소프트웨어는 아직 존재하지 않는다."[15]

일본 저널리스트 모리 겐森健은 『구글·아마존화하는 사회』(2006)에서 인터넷은 스위치를 켜면 자동적으로 정보가 나오는 텔레비전과 달리, 사용자의 선택에 따라 정보가 제공되기 때문에 예기치 않은 발견이나 새로운 만남, 즉 세렌디피티의 상실을 초래한다고 주장한다. "예측된 범위의 것만 추천되고 자신의 사고조차 의도적으로 규정될 가능성이 높다. 상황을 단순히 낙관적으로만 바라볼 수 없는 이유도 여기에 있다."[16]

『뉴욕타임스』 편집자 데이먼 달린Damon Darlin도 2009년 8월 1일자에 쓴 「디지털 홍수 속에서 잃어버린 세렌디피티Serendipity, Lost in the Digital Deluge」라는 칼럼에서 "디지털 시대가 뜻밖의 발견을 근절시키고 있다"고 불평한다. 그는 트위터나 페이스북 같은 소셜네트워크서비스를 통해 매일 아침 수많은 읽을거리가 도착하지만 그런 것들은 뜻밖의 발견이 될 수 없다고 주장한다. "그런 것들은 집단적 사고다. 우리가 알아야 하는 모든 것이 걸러지고 점검받은 상태로 온다. 우리는 다른 사람들이 이미 알고 있는 것을 찾아낸다. 대개는 우리와 동일한 취향을 갖고 있기 때문에 우리가 선택한 사람들로부터 온다."[17]

미국의 온라인 정치시민단체 '무브온'의 이사장인 엘리 패리저Eli Pariser는 2011년에 출간한 『생각 조종자들The Filter Bubble』에서 "새로운 세대의 인터넷 필터가 당신이 좋아하는 것을 살펴본다. 당신이 실제로 무슨 일을 했는지, 당신과 같은 사람이 무엇을 좋아하는지 살펴보고 추론한다. 예측 엔진들은 끊임없이 당신이 누구인지, 이제 무엇을 하려고 하고 또 할 것인지에 대한 이론을 만들어내고 다듬는다. 이를 통해 우리 각각에 대한 유일한 정보의 바다를 만든다. 우리가 온라인에서 정보와 아이디어를 맞닥뜨리는 방법 자체를 근본적으로 변화시키는 이런 현상을 나는 '필터 버블filter bubble'이라고 부르고자 한다"며 다음과 같이 말한다.

"어느 순간 세상을 보는 방법이 통째로 바뀌어 다시 정해질 때 세렌디피티가 종종 작동한다.……코페르니쿠스나 아인슈타인, 파스퇴르와 같은 과학자들은 자신들이 무엇을 탐구하고 있는지 모른다. 가장 큰 진전은 종종 우리가 전혀 예상하지 못한 것에서 생긴다.……필터 버블에서 무작위적 아이디어는 적을 수밖에 없다. 개별화 필터와 같이 정량화된 시스템에서, 완전히 관련 없는 것에서 유용한 행운을 우연히 만나거나 무작위적인 자극을 받을 가능성은 거의 없다."[18]

디지털 세렌디피티의 장점을 인정한다 하더라도 그것이 늘 좋을 수만은 없다. 개인의 프라이버시 문제와 관련해선 누군가에겐 '우연한 발견의 즐거움'이 또 다른 누군가에겐 악몽이 될 수도 있기 때문이다. 이와 관련, 셰리 터클Sherry Turkle은 다음과 같이 말한다.

"사람들이 인터넷상에서 '삭제하다delete'와 '지우다'란 단어들이 은유에 지나지 않음을 이해하기 시작하는 데 한 세대가 걸렸다. 파일, 사진, 메일, 검색 내역은 그저 눈앞에서만 제거된다. 인터넷은 절대 잊지 않는다."[19]

그래서 나오게 된 개념이 바로 '디지털 불멸성digital immortality'과 이에 저항하는 '잊힐 권리right to be forgotten'다. '잊힐 권리'는 개인이 온라인 사이트에 올라 있는 자신과 관련된 각종 정보의 삭제를 요구할 수 있는 권리지만, 모두가 다 이 권리에 동의하는 건 아니어서 이를 둘러싼 논란이 뜨겁다. 앞으로도 디지털 시대의 세렌디피티를 둘러싼 논쟁과 논란은 다양한 분야에서 더욱 뜨겁게 벌어질 것이다.

왜 '우연한 발견의 즐거움'이 누군가에겐 악몽이 될 수도 있나?

JUST
DO
IT

28

왜 마이클 조던은
흑인 청소년들에게 해악을 끼쳤는가?

기저율 무시

"1990년대에 10대들은 나이키의 에어 조던 운동화나 운동복을 얻으려 총을 쏘았고 때로는 살인을 저질렀다.……나이를 불문하고 손님들은 조던의 이름, 신발에 들인 막대한 광고 테크놀로지, 나이키의 유명한 심벌과 '저스트 두 잇Just do it'이라는 모토를 둘러싼 거의 초자연적인 아우라로 인해 나이키에 기꺼이 막대한 이윤을 남겨주었다. 비판자들은 그러한 아우라가 총을 든 10대들로 하여금 나이키를 갈구하도록 만들었다고 주장했다."

미국 역사학자 월터 레이피버Walter Lafeber가 『마이클 조던, 나이키, 지구 자본주의Michael Jordan and the New Global Capitalism』(1999)라는 책에서 한 말이다. 미국 휴스턴에서 16세의 조니 베어츠는 나이키의 에어 조던 운동화를 탐내던 17세의 디메트릭 워커의 총에 맞아 죽었다. 17세 소년이 종신형을 선고받을 때, 검사는 이렇게 말했다. "운동용품에 대해 사치품의 이미지를 만들어놓고, 그것을 두고 사람들이 서로 죽이도록 만든다면 죄악이다."[20]

왜 그런 일이 벌어졌을까? 마이클 조던Michael Jordan은 흑인 청소년들에게 희망의 상징이자 역할 모델이었기 때문이다. 마이클 조던을 흠모한 수많은 흑인 청소년이 농구에 환장했다. 그 결과 나이키 매출의 3분의 1이 흑인들에게서 나왔다. 그러나 흑인 청소년이 NBA 경기에서 뛸 수 있는 확률은 13만 5,800분의 1에 지나지 않았다. 그래서 조던에게 비판이 쏟아졌다.[21]

"비판자들은 그가 젊은이들에게 다른 메시지를 주어야 한다고 주장했다. 즉 그들이 절대 그처럼 될 수는 없으므로, 그리고 나이키의 광고와는 달리 운동 기술을 흉내냄으로써는 절대 '저스트 두 잇' 할 수 없으므로, 학교에 나가야 하며 새로운 후기 산업 시대에서 살아남아야 한다는 것이었다.……그러나 이런 얘기를 강조하면 에어 조던 농구화는 덜 팔리게 될 터였다."[22]

흑인 청소년이 NBA 경기에서 뛸 수 있는 확률은 13만 5,800분의 1에 지나지 않지만, 농구에 환장한 흑인 청소년들은 자신이 마이클 조던처럼 될 수 있다는 꿈을 버리지 않는다. 이런 현상을 가리켜 '기저율 무시neglect of base rate'라고 한다. 기저율을 고려하지 않고 판단하는 데서 나오는 오류로, base rate fallacy, base rate neglect, base rate bias라고도 한다. 기저율base rate은 판단과 의사결정에 필요한 사건들의 상대적 빈도를 말한다. 사람들은 종종 가용되는 정보를 바탕으로

판단하고 기저율을 무시하기 때문에 잘못된 판단을 내리게 된다.[23]

롤프 도벨리Rolf Dobelli는 "경영학을 전공하는 학생들에게 목표로 하는 직업이 무엇이냐고 물으면 대다수가 글로벌 기업의 최고 임원이라고 대답한다. 사실 그런 장래 희망은 내가 공부하던 시절에도 많았다. 나와 나의 친구들도 비슷했다. 그러나 그 목표를 이룬 친구는 아무도 없다"며 다음과 같이 말한다.

"나는 학생들에게 기저율의 무시에 대한 이야기를 해줘야겠다는 의무감을 느꼈다. 그래서 특강을 맡았을 때 이런 말을 했다. '이 학교에서 학사 학위를 따고서 어느 대기업의 간부 자리에 오를 확률은 1퍼센트도 안 됩니다. 여러분이 얼마나 지적이고 열심히 노력하든 상관없이, 가장 개연성 있는 시나리오는 중간 관리직에 머물러 있게 되리라는 것입니다.' 학생들의 큰 야망을 꺾으려는 의도는 아니었다. 다만 일찌감치 현실을 일깨워 미래의 중간층이 겪을 상대적 박탈감과 인생의 위기를 완화시켜주고 싶었을 뿐이다."[24]

이른바 '대표성 휴리스틱representativeness heuristic'의 신뢰도를 결정하는 요인 가운데 하나가 바로 기저율이다. 대표성 휴리스틱에 빠지면 기저율을 무시하는 오류에 빠지기 쉽다. 대표성 휴리스틱은 1983년 아모스 티버스키Amos Tversky, 1937-1996와 대니얼 카너먼Daniel Kahneman, 1934- 이 소개한 것으로, 경험·상식·어림짐작으로 형성된 대표성 즉, 고정관념stereotyping에 근거해 판단하는 걸 말한다. 달리 말해, 사건의 발생 확률을 정확히 판단하는 것이 아니라, 사례가 얼마나 모집단을 대표하는지 즉, 제시된 정보가 얼마나 그럴듯한지를 바탕으로 타당성을 쉽게 평가하는 것이다.[25]

대표성 휴리스틱의 고전적 사례로 자주 거론되는 게 바로 '린다 문제Linda Problem'다. "린다는 서른한 살이고, 말투가 직설적이며, 성격이 밝다. 그녀는 철학을 전공했다. 학생 시절 차별과 사회정의에 대해 고민했고, 반핵시위에도 참여한 적이 있다." 브리티시컬럼비아대학에서 진행된 연구에서 이 설명을 읽은 142명의 대학생에게 다음 중 무엇이 더 진실에 가깝다고 생각하는지 물었다. ① 린다는 은행원이다. ② 린다는 은행원이고 여성단체에서 활동하고 있다. 놀랍게도 응답자의 85퍼센트가 첫 번째 문장보다 두 번째 문장이 진실에 가깝다고 대답했다. 이에 대해 윌리엄 파운드스톤William Poundstone은 다음과 같이 말한다.

"이것은 말도 안 되는 대답이다. 린다가 은행원인 동시에 페미니스트이기 위해서는 먼저 그녀가 은행원이어야 한다.……린다가 은행원일 가능성을 판단할 때는 우리가 린다에 대해서 가지고 있는 정보가 평소 생각하던 은행원의 이미지와 얼마나 잘 맞는지를 살펴보게 된다. 제시된 글에서 린다는 전형적인 페미니스트의 모습을 하고 있는 반면 전형적인 은행원의 모습과는 거리가 멀게 느껴진다. 린다에 대한 느낌 때문에 논리가 무시되었다. 이런 느낌이라는 것은 놀랍도록 고집스럽다."[26]

두 번째 사례를 살펴보자. 매우 지적이고 내성적이며, 사색과 독서를 즐기는 대학생이 있다. 다음 중 그의 전공은? ① 철학. ② 경제학. 확률적으로는 ②번이 정답이다. 이유는 간단하다. 경제학을 전공하는 대학생 수가 철학 전공자보다 훨씬 많기 때문이다. 그러나 실제로는 ①번을 선택하는 이가 더 많다.[27]

기저율 무시

세 번째 사례를 보자. 그는 상당히 도움이 되는 사람이지만, 약간 소심하고 내성적인 것 같다. 또 질서정연한 것을 좋아하고, 세세한 부분에 상당히 신경을 쓰는 것처럼 보인다. 그의 직업은 무엇일까? 농부, 세일즈맨, 비행기 조종사, 도서관 사서, 의사 중에서 선택하라고 했더니 대부분 사서일 것이라고 답했다. 그의 성격이 우리가 생각하는 사서의 전형적인 모습에 부합되기 때문이다. 이처럼 우리는 유사성을 근거로 판단을 내린다. A와 B가 유사하면 A가 B에 속한다고 생각한다. 그러나 더 나은 답은 세일즈맨이다. 도서관 사서보다 세일즈맨이 많기 때문이다.[28]

대표성 휴리스틱은 그 한계와 위험이 있지만 사라지기 어렵다. 우선적으로 선택에 따른 스트레스를 줄여주기 때문이다.[29] 대표성에 근거한 판단은 흔히 타당하고 유용하다는 점도 주요 이유다. 이에 대해 토머스 길로비치Thomas Gilovich는 다음과 같이 말한다.

"붙어다니는 사물과 사례, 범주들은 실제로 유사한 경우가 많기 때문이다. 많은 사서가 사서의 전형에 들어맞는다. 따지고 보면 전형이란 실제의 모습들로부터 추출된 게 아닌가. 원인은 자주 그 결과와 비슷하다. 다른 조건들이 같다고 했을 때 큰 결과는 큰 원인에서, 복잡한 결과는 복잡한 원인에서 비롯된다. 문제가 되는 것은 대표성의 '과잉 적용'이다. 다른 조건들이 항상 같을 수는 없다. 모든 사서가 전형적일 수는 없다."[30]

'기저율 무시'는 반드시 경계해야 할 함정이긴 하지만, 우리 인간의 야망은 그런 통계법칙을 자주 넘어선다. 독일 시인 요한 볼프강 괴테Johann Wolfgang von Goethe, 1749-1832가 말하지 않았던가. "사람이 자신에게 요구되는 모든 일을 이루기 위해서는 자신이 실제보다 위대하다고 믿어야만 한다"고 말이다.[31] 자신감은 양날의 칼인 셈이다.

29

왜 동전을 6번 던지면서
앞뒤가 반반씩 나오길 기대하나?

작은 수의 법칙

우리의 일상적 삶에서 '대표성 휴리스틱representativeness heuristic'은 스테레오타입에 의한 판단으로 자주 나타난다. 자신의 경험·상식·어림짐작 등에 근거해 어떤 나라 사람들 또는 어떤 지역 사람들은 어떻다는 식으로 판단하는 게 가장 좋은 예다.

이런 판단은 표본 크기의 문제다. 표본이 커질수록 확률 분포가 고르게 나타나는 것을 '큰 수의 법칙Law of Large Numbers' 또는 '대수의 법칙'이라고 하는데, 사람들은 자기 자신을 과신하는 경향이 있어 작은 표본으로도 정확한 판단을 할 수 있다고 믿는 경향이 있다. 표본 크기가 작아도 충분히 모집단의 특징을 반영할 수 있다고 기대하는 심리를 '작은 수의 법칙Law of Small Numbers' 또는 '소수의 법칙'이라고 한다.[32]

소수의 법칙은 논리학에선 '성급한 일반화의 오류fallacy of hasty generalization'라고 한다. 논쟁에서 가설을 설정하는 중간 단계를 거치지 않고 성급하게 제한된 증거를 갖고 바로 어떤 결론을 도출하는 오류를 말한다. 일반화가 단 하나의 사례에만 근거할 경우, 이를 '단일 사실의 오류fallacy of the lonely fact' 또는 '사례 입증의 오류the proof by example fallacy'라고도 한다.

성급한 일반화의 오류는 논리학적 개념이며, 이와 유사한 사회심리학적 개념은 '범주화된 지각의 오류fallacy of categorical perception'다. 우리는 '하나만 보면 열을 안다'는 말을 즐겨 하는데, 이 말처럼 위험한 말도 없다. 하나를 보아 열을 알 수 있는 경우도 있겠지만, 대부분의 경우엔 결코 그렇지 않다. 이게 바로 범주화된 지각의 오류다.[33]

'큰 수의 법칙'은 이탈리아 수학자 지롤라모 카르다노Girolamo Cardano, 1501-1576가 처음 제시했지만, 이를 수학적으로 증명한 이는 스위스의 수학자 야코프 베르누이Jacob Bernoulli, 1655-1705다. 그의 사후 출간된 『추측술Ars Conjectandi, The Art of Conjecturing』(1713)에서 증명되었기에, '베르누이의 정리Bernoulli's Theorem'라고도 한다.[34]

아모스 티버스키Amos Tversky, 1937-1996와 대니얼 카너먼Daniel Kahneman, 1934-은 1971년 『심리학 회보Psychological Bulletin』에 「작은 수 법칙에서의 믿음Belief in the Law of Small Numbers」이라는 논문을 발표했는데, 이는 확률론에서 말하는 '큰 수의 법칙'을 살짝 비틀어 지은 것이다.

이들은 사람들이 동전을 몇 차례 던지지 않은 상황에서도 앞면이 나오는 경우가 50퍼센트가 될 것이라고 믿고 싶어 한다는 사실을 발견했다. 이들은 어느 학술대회에 참석한 수리심리학자들을 상대로 조사를 했는데, 이들 전문가들조차 이와 같은 오류에 빠져 있다는 걸 확인했다. "임의추출방식에 대해 사람들이 갖게 되는 직관은 작은 수의 법칙을 충족하는 것으로 나타났다. 즉 사람들은 큰 수의 법칙이 작은 수에도 그대로 적용된다고 믿는 듯하다."[35]

매일 45명의 아이가 태어나는 큰 병원과 매일 15명의 아이가 태어나는 작은 병원이 있다고 가정해보자. 1년간 남자 아이가 태어난 비율이 60퍼센트 이상인 날이 더 많은 병원은 어느 곳일까? 대다수의 사람들은 두 병원 비슷할 거라고 했지만, 작은 병원은 표본 크기가 작기 때문에 평균에서 벗어날 가능성이 높다. 따라서 답은 작은 병원이다.[36]

사람들의 천성이 성급해서 그럴까? 동전을 겨우 6번 던지고도 앞뒤가 반반씩 나오기를 기대하는 '작은 수의 법칙의 오류'는 우리의 일상적 삶에서 자주 일어난다. 예컨대, 어떤 펀드가 3년 연속 순위표의 상위권에 있으면, 표본 크기가 3년밖에 안 되는데도 이 표본이 전체를 대표한다고 믿는 식이다.[37]

마이클 서머Michael Shermer는 『진화경제학: 진화하는 경제의 흐름을 읽는 눈The Mind of the Market: Compassionate Apes, Competitive Humans, and Other Tales from Evolutionary Economics』(2008)에서 투자자들은 매일같이 이런 종류의 실수를 저지르고 있다고 말한다.

"주가의 단기적 하락이나 상승이 대단히 의미가 있다고 생각하고 서둘러 주식을 팔거나 사들이는 것이다. 현명하고도 반통념적인 접근법은 우선 장기적인 추세선을 보는 것이다. 그럼으로써 특정한 하루의 등락이 전체적으로 상승 추세에 있는 것인지 하강 추세에 있는 것인지를 확인해야 한다. 지구의 온도처럼 주가도 매일매일 올라갔다 내려갔다를 반복한다. 따라서 소량의 데이터에 의지해서 결정을 내리는 일은 어리석은 짓이다."[38]

그럼에도 우리는 그런 '어리석은 짓'을 결코 포기하지 않는다. 왜 그럴까?

"우리의 진화 경로에서 '작은 수'는 우리의 생존에 매우 중요하게 작용했다. 우리가 '작은 수'의 친족이나 동료, 사냥감을 다루었기 때문이다. 수가 작아야만 최선의 관리가 가능했고 용이하게 다룰 수 있었다. 단순히 개연성이 있는 정도가 아닌 '사적인 의미가 부여된 이야기'를 꾸밀 수 있을 정도라야 했다."[39]

야구 경기의 TV 중계를 보다 보면 경기 후반 아나운서가 "○○○ 선수는 타율이 얼마인데 오늘 안타가 없었으므로 이제 곧 안타가 나올 때가 됐다"는 식으로 말하는 걸 자주 들을 수 있다. 물론 이는 전형적인 '작은 수의 법칙'으로 오류지만, 아나운서들이 그걸 몰라서 그렇게 말하는 건 아닐 게다. 그런 중계를 듣는 사람도 '작은 수의 법칙'에 대해 잘 안다 해도 그런 기대를 갖기 마련인데, 이게 사람 사는 이치가 아닌가 싶다.

동전 던지기를 통해 결정을 내리는 '플리피즘flipism'도 그런 관점에서 볼 수 있지 않을까? 티버스키와 카너먼은 1971년 「작은 수 법칙에서의 믿음」이라는 논문을 발표한 이후 공동작업을 많이 했는데, 이들은 누가 논문에 더 많이 기여했는지 결정하기 어려워 제1저자가 누가 될지를 동전을 던져 결정했다고 한다.[40]

이들이 그랬듯이, 우리는 일상적 삶에서도 매사를 과학적으로 분석하지는 않으며, 오히려 과학적 분석을 하는 사람을 이상하게 보는 경향이 있다. 바로 그게 우리의 사는 일반적인 모습이 아닐까? 행여 주변에서 누군가가 '작은 수의 법칙' 오류를 범하더라도 탓하기보다는 그냥 웃어주면서 맞장구쳐주는 게 좋겠다. 남에게 피해가 갈 수 있는 고약한 편견이나 차별의 경우는 물론 예외다.

왜 동전을 6번 던지면서 앞뒤가 반반씩 나오길 기대하나?

30

왜 우리는 집단의 특성으로
개인을 평가하는가?

통계적 차별

미국 경제학자 게리 베커Gary Becker, 1930-2014는 유대인으로서 차별에 일찍 눈을 떴는데, 이 경험을 경제학 연구의 주제로 삼았다. 그는 27세가 되던 1957년 『차별의 경제학The Economics of Discrimination』에서 다른 사람을 향한 증오나 반감을 '선호에 의한 차별taste for discrimination'이라는 용어로 설명했다. 이는 단지 인종이나 종교, 성별이 싫다는 이유로 상대방을 피하거나 상대방에 적대적으로 행동할 때 나타나는 차별이다.

다른 경제학자들은 『차별의 경제학』에 대해 "이것은 경제학이 아니다"라는 반응을 보였다. "우리는 이 연구가 흥미롭지 않다거나 중요하지 않다고 말하는 게 아니다. 이것은 심리학자와 사회학의 몫이다." 하지만 1960년대 인권운동이 대두되면서 상황이 바뀌기 시작해 사람들은 차별과 경제학에 관심을 보이기 시작했고, 베커의 책은 독보적인 가치를 인정받기 시작했다.

1992년 노벨상위원회는 베커에게 노벨경제학상을 수여하면서 특별히 『차별의 경제학』에 찬사를 보냈고 언론에 발표한 보도자료에서 이렇게 말했다. "게리 베커의 분석은 종종 논란의 대상이 되어 초기에는 의혹과 심지어 불신을 받았다. 하지만 베커는 이에 굴복하지 않고 연구를 더욱 발전시켜 경제학자들 사이에서 점차 자신의 개념과 방법을 인정받았다."[41]

베커의 선구적인 노력 덕분에 오늘날 차별은 경제학의 주요 주제가 되었다. 경제학자들이 중요하게 생각하는 것은 '통계적 차별statistical discrimination'이다. 통계적 차별은 단순히 편견이라고 할 수 있는 '선호에 의한 차별taste-based discrimination'과는 달리, 개개인에 대한 정보를 갖지 못했을 때 그 개인이 속한 집단의 특성을 고려해서 판단하는 행위를 가리킨다. 1972년 노벨경제학상 수상자인 케네스 애로Kenneth Arrow, 1921-와 2006년 노벨경제학상 수상자인 에드먼드 펠프스Edmund Phelps, 1933-가 1970년대 초반에 제시한 개념이다.

예컨대, 보험료 가격 결정에선 오랜 기간 통계로 축적된 어떤 집단의 행동 특성을 가격에 반영한다. 연령대별 사고율을 계산해 보험료를 연령대별로 달리 매기는 것이 대표적인 사례다. 기업의 채용에서 나타나는 고학력 우대, 명문대 우대, 군필자 우대, 장교 출신 우대 등도 바로 그런 '통계적 차별'에 따른 것이다. 고학력 우대는 중세유럽에서 졸업장을 대개 양가죽으로 만들었기 때문에 '양가죽 효과sheepskin effect'라고도 한다. 이런 우대엔 늘 정당성 논란이 따라붙지만,

기업 측에선 그만한 효용이 있다고 보기 때문에 좀처럼 포기하려 들지 않는다.[42]

이와 관련, 서강대학교 경제학과 교수 남성일은 "집단적 평가는 그 집단의 평균을 기준으로 한다. 남성이 여성보다 평균적으로 생산성이 높다고 판단하면 그 잣대로 모두를 평가하는 것이다. 그러나 지방대 출신이면서 여성이더라도 서울 소재 대학 출신 남자들의 평균보다 생산성이 높은 사람도 많을진대 집단적 기준에 따르면 열등한 사람으로 평가받게 되니 이들에겐 명백히 불합리한 차별이다"며 다음과 같이 말한다.

"그럼에도 불구하고 집단적 잣대로 개인을 평가하는 것이 없어지지 않는 까닭은 개인의 능력과 특성을 정확히 파악하는 데 오랜 시간이 걸리기 때문이다. 또 사람들 나름대로 자신이 적용하는 집단적 잣대가 경험을 통해 얻어진 것일 경우 쉽게 바꾸려 하지 않는다. 자기 경험보다 확실한 것은 없기 때문이다."[43]

미국에선 인종과 관련된 통계적 차별이 기승을 부리고 있다. 진보주의자들은 이런 차별의 부당함을 지적하지만, 우리 인간의 근원적 한계 때문인지 차별은 '상식'의 수준에서 일상적으로 이루어지고 있다. 이에 대해 이현송은 다음과 같이 말한다.

"평균적으로 흑인이 백인보다 교육을 덜 받고, 소득이 낮고, 실업자가 많고, 범죄자가 많은 객관적인 상황에서, 상대에 대한 정보가 부족할 때 흑인보다 백인을 호의적으로 평가하는 것은 지극히 합리적이다. 고용주의 입장에서 볼 때, 입사 지원자에 대해 깊이 있는 정보가 부족하므로 잘못 판단할 위험을 줄이기 위해 지원자가 속한 인구 집단의 평균적인 특징을 근거로 판단하는 것은 당연하다. 상대에 대해 개인적으로 알지 못할 경우 상대가 속한 일반적인 범주의 특성에 의지하여 판단하고 대응하는 것은 가장 효율적인 인식 방법이다."[44]

1964년에 제정된 민권법Civil Rights Act 제7조는 인력시장에서 통계적 차별 행위를 불법으로 규정했지만, 은밀하게 이루어지는 것까지 막아내기는 어렵다. 흑인들은 이런 은밀한 통계적 차별에 반발하지만, 흑인들 역시 내심 그런 차별의 포로가 된다. 흑인 민권운동가이자 정치가인 제시 잭슨Jesse Jackson은 "길을 걸어가다 발걸음 소리를 듣고 노상강도를 의심할 때가 있다. 그때 둘러보고 백인인 걸 확인하고 안도를 느끼는 나 자신을 발견할 때만큼 인생에서 고통스러운 적이 없었다"고 토로했다.[45]

통계적 차별의 가장 큰 문제는 그것이 이른바 '자기이행적 예언self-fulfilling prophesy'이 될 수 있다는 점이다.[46] 고용 문제에서 흑인의 기술 수준이 평균적으로 낮다고 생각하는 통계적 차별의 경우를 생각해 보자. 흑인은 무슨 일을 하든 기술 수준이 낮다는 평가를 받을 것이므로 높은 수준의 기술을 획득한 동기를 전혀 갖지 못한다. 따라서 통계적 차별이 타당한 것임을 입증해주는 결과를 초래할 수 있다는 것이다.[47]

영국 경제학자 팀 하포드Tim Harford는 인종 문제와 관련된 통계적 차별을 '합리적 인종차별'이라고 부르면서, 이것 역시 정당하지 않다고 비판한다. "통계적 차별을 현명하게 활용할 경우 오히려 수익이 향상될 수 있다. 통계적 차별은 단순한 편견보다 더 오래 지속될 가능성이 있기 때문에 더욱 걱정스럽다. 우리가 나서지 않으면 이런 차별은 절대 사라지지 않을 것이다."[48]

한국의 통계적 차별도 미국이나 유럽 못지않다. 어떤 점에선 그 이상이다. 남성일은 "집단화 경향이 강한 사회에서는 개인은 집단이 지향하는 표준에 맞추기를 강요당한다. 외국에서는 노동조합의 방침에 개별 조합원이 자유롭게 반대할 수 있지만 우리나라에서는 바로 왕따의 표적이 된다. 아마 이번 대통령 선거에서도 후보와 출신 지역이나 출신 학교가 같은 유권자가 다른 후보를 찍으려면 상당한 용기 혹은 위장이 필요할 것이다"며 다음과 같이 말한다.

"집단적 평가와 집단화 경향 등 집단주의적 양식은 제한된 정보와 자원 속에서 신속하게 목적을 달성하기 위해서 어느 정도 불가피하기도 하고 효율적인 측면도 있다. 지난 40년 동안 한국의 고도성장은 이 같은 집단주의에 기반한 통일성과 효율성에 힘입은 바 크다. 그러나 이제는 획일성과 강제성보다 다양성과 자발성을 바탕으로 민주주의와 시장경제가 조화를 이루면서 발전해야 하는 시대로 들어섰다. 이런 시대적 변화에 비춰볼 때 눈앞에서 펼쳐지는 선거판은 구시대적 집단주의가 여전히 판을 치고 사람들의 건전한 판단의식을 마비시키고 있어 안타깝다."[49]

"범인 10명 가운데 9명의 진짜 범인을 놓친다 하더라도 단 한 명의 억울한 사람이 없어야 한다"는 법언法諺이 있다. 그러나 통계적 차별의 원리에 따른다면, 1명의 억울한 사람이 있더라도 10명을 모두 처벌하는 게 효율적이다. 자신이 억울하게 어떤 범죄의 혐의를 받고 있는 경우를 생각해보자. 이런 경우 자신이 통계적 차별의 희생양이 될 뜻이 전혀 없으면서도 다른 일상적 삶에서는 통계적 차별의 가해

자가 된다면 그건 앞뒤도 맞지 않거니와 참으로 불공정한 일이 아니겠는가. 통계적 차별이 제공할 수 있는 효율성의 유혹을 극복해야 할 이유다.

제 7 장

공동체
와
다양성

왜 대형마트가 들어선 지역의
투표율은 하락하는가?

사회적 자본

"주부들이 반바지 입고 화장 안 하고, 애 둘 데리고 들어가서도 귀부인 대접 받을 수 있는 곳이 얼마나 있겠어요. 아이들 떠들어도 눈총 안 받죠. 하루 종일 죽치고 있어도 뭐라 그러는 이 없죠. 또 놀이방에 푸드 코트까지 있으니 어린아이 둔 주부들한테는 더이상의 사교장이 없지요. 제 생활에서 차지하는 비중이 너무나 커요."[1]

지난 2005년 어느 주부가 털어놓은 '대형마트 예찬론'이다. 이후 대형마트는 영토를 점점 더 확장해갔고, 급기야 전통시장을 벼랑 끝으로 내모는 지경에 이르렀다. 전통시장과 골목상권을 살리기 위해 대형마트를 규제하려는 시도가 전국 곳곳에서 이루어지고 있지만, 그 효과는 영 신통치 않다. 소비자들은 전통시장의 위기에 대해 안타까

위하면서도 좀처럼 발길을 전통시장이나 집 주변의 작은 가게로 돌리려고 하진 않는다. 대형마트의 장점이 워낙 많기 때문이다.

개인과 가족에게는 대형마트가 여러모로 편리하고 쾌적하겠지만, 사회적 차원에서도 과연 그럴까? 이런 의문을 품은 미국의 경제학자들이 대형마트가 있는 지역과 없는 지역의 차이에 대해 연구했다. 연구 결과는 다소 충격적이었다. 대형마트가 있는 지역의 사람들은 대형마트가 없는 지역의 사람들에 비해 지역 공동체에 대해 무관심하며, 투표율도 낮은 것으로 나타났다.[2]

왜 그런 일이 벌어진 걸까? 잠시 대형마트가 없던 시절로 되돌아가보자. 전통시장이나 골목상권에서 우리는 상인들은 물론 그곳에서 만나는 다른 고객들과도 인사를 나눈다. 전통시장과 작은 가게는 물건을 사고파는 곳일 뿐만 아니라 우리가 사는 지역의 소통 공간이기도 했다.

그러나 대형마트에선 인사를 나누는 법이 없다. 물론 대형마트 직원들은 필요 이상의 인사를 하면서 친절을 베풀지만, 그건 얼굴을 기억해서 하는 인사가 아니라 그 대상이 누구이건 기계적으로 하는 인사일 뿐이다. 대형마트에서 아는 사람을 만나 인사를 나눈다 하더라도 자신이 살고 있는 동네에 관한 한담을 나누진 않는다. 대형마트는 수많은 동네에서 온 사람들을 한곳으로 모이게 만들지만, 우리는 대형마트를 애용하면서 동네에 관한 이야기를 잃어버린 것이다.

자신이 사는 동네에 관한 이야기를 할 기회를 잃어버린 사람들이 지역 공동체에 대해 무관심해지는 건 당연한 일이다. 이는 지역 정치에 대한 무관심으로 이어지기 마련이다. 그러니 투표율도 낮아질 수밖에 없다. 정치적 관심이라고 해보아야 텔레비전 등과 같은 미디어를 통해서만 접할 수 있는 중앙 정치, 즉 대권의 향방에 관한 것뿐이다.

같은 지역에 사는 사람들끼리 상호 교류를 통해 얻게 되는 인간적 신뢰와 지역 공동체에 대한 관심은 지역의 안녕과 질서는 물론 지역 발전을 위해서도 매우 중요한 것이다. 그래서 일부 학자들은 그런 신뢰·관심·유대를 가리켜 '사회적 자본social capital'이라고 부른다. 돈이라고 하는 경제 자본 못지않게 또는 그 이상으로 중요하다는 뜻에서 붙인 이름이다.

사회적 자본은 친한 친구나 가족, 이웃, 직장 동료처럼 공동의 환경을 공유하고 인간관계가 깊은 사람들의 유대를 말하는 '결속형bonding', 거리는 있지만 공통점이 많은 사람 사이의 유대를 의미하는 '교량형bridging', 전혀 비슷하지 않은 상황이나 커뮤니티에 속한 사람들의 유대를 말하는 '연결형linking' 등 세 가지로 나눌 수 있다.[3]

사회적 자본은 개인 차원에선 인맥人脈 등을 가리키는 개념으로도 쓰이는데, 이 때문에 사회적 자본이라는 표현 자체를 싫어하는 사람들도 있다. 사회적 관계가 은행에 있는 돈처럼 계산될 수 있다는 생각이 영 마땅치 않다는 것이다.[4] 개인 관계에서야 그렇게 볼 수 있겠지만, 국가나 사회 전체 차원에선 공동체에 관한 논의를 위해 불가피한 용어라고 이해하는 게 좋을 것 같다.

미국 하버드대학 정치학자 로버트 퍼트넘Robert D. Putnam, 1941-은 1995년 「홀로 볼링하기: 쇠퇴하는 미국의 사회적 자본」이라는 글을 발표해 큰 사회적 주목을 받았다. 그 덕분에 퍼트넘은 빌 클린턴Bill Clinton 대통령과 만나고 대중적인 잡지인 『피플People』에까지 소개되기도 했다. 그는 사회적 자본이 심각한 수준으로 감소하고 있는 것에 대한 우려를 표명했는데, 그걸 상징적으로 잘 보여주는 것이 혼자 볼링을 하는 사람들이라는 점에서 그런 제목을 붙인 것이다. 이웃과 어울리지 않은 채 외롭게 혼자 볼링을 한다는 이미지는 미국인들의 심금을 울렸고 급기야는 클린턴 대통령의 1995년 연두 교서의 내용에까지 영향을 미쳤다.[5]

물론 사회적 자본을 감소시키는 것은 대형마트뿐만이 아니다. 부정부패와 경제적 불평등도 중요한 이유다. 부정부패가 기승을 부리고 빈부격차가 심한 사회에선 '만인에 대한 만인의 투쟁'만 격화될 뿐 사람들 간의 신뢰가 쌓이기 어려운 법이다.

실제로 학자들의 연구에 따르면, 신뢰 수준과 경제적 불평등 사이엔 강력한 연관관계가 있는 것으로 밝혀졌다. 미국에선 상대적으로 평등한 주에 사는 사람들이 더욱 신뢰했으며, 소득격차가 큰 곳일수록 사람들은 "기회만 있다면 나를 이용할 것이다"라고 믿고 있는 것으로 나타났다. 가장 평등한 주들에선 10~15퍼센트의 인구만이 타인을 믿을 수 없다고 답한 반면, 불평등한 주들에서 그 비율은 35~40퍼센트까지 증가했다.[6] 한국보건사회연구원이 2014년 11월에 공개한 「복지국가, 사회신뢰의 관계 분석과 시사점」 보고서에 따르면, 한국에서도 계층별 소득격차가 크다고 생각하는 사람일수록 사회에 대한 신뢰수준이 낮은 것으로 나타났다.[7]

사회적 자본 위기론에 반론을 펴는 이들도 있다. 인터넷과 SNS 등 디지털 기술에 대해 낙관적인 일부 학자들은 퍼트넘과 같은 학자들이 사회적 자본을 얼굴을 마주 대하는 인간관계 중심으로만 생각한다고 비판한다. 인터넷과 SNS 등의 접촉과 교류를 통해서도 얼마든지 사회적 자본을 형성할 수 있다는 것이다.[8]

물론 그런 점이 없지 않겠지만, 동시에 인터넷과 SNS에 난무하는 증오의 독설과 욕설이 사회적 자본을 오히려 더 망치고 있는 현실도 지적하는 것이 공정하지 않을까. 특히 한국처럼 악플(부정적 댓글)이 선플(긍정적 댓글)의 4배 수준에 이르는 나라에선 더욱 그렇다(한 조사에 따르면, 한국은 악플 대 선플이 4대 1인 반면, 일본은 정반대로 1대 4, 네덜란드는 1대 9에 달했다).[9]

한국의 사회적 자본은 밑바닥을 드러내고 있는 실정이다. 세월호 참사를 겪은 경기도 안산 단원고 학생들이 가장 어려워하고 있는 것도 세상에 대한 신뢰를 잃은 것이라고 하는데,[10] 사실 '불신 대한민국'은 이미 오래전부터 나타난 현상이다.

2007년 10월 서울대학교 사회발전연구소가 『동아일보』와 함께 실시한 '한국 사회기관 및 단체에 대한 신뢰도' 조사 결과에 따르면, 정당 2.9퍼센트, 국회 3.2퍼센트, 행정부 8.0퍼센트, 사법부 10.1퍼센트인 것으로 나타났다. 언론과 시민단체, 종교단체의 신뢰도도 각각 13.3퍼센트, 21.6퍼센트, 15.5퍼센트에 불과했다.[11]

2010년 미국의 에드 디너Ed Diener 연구팀이 130개 국가들을 대상으로 한 조사에 따르면, "위기 시에 믿고 의지할 수 있는 사람이 단 한 명도 없다"고 응답한 사람의 비율이 미국과 유럽 국가들에선 3~4퍼센트에 불과한 반면 한국에선 약 20퍼센트로 나타났다.[12] 2014년 1월 통계청이 내놓은 '한국의 사회동향 2013'에 따르면, "당신은 일반적으로 사람들을 신뢰할 수 있다고 생각하느냐"는 질문에 22퍼센트만

대체로 또는 항상 신뢰한다고 답한 것으로 나타났다.[13]

겨우 한 자릿수 신뢰도를 갖고 있는 권력기관, 10퍼센트대의 신뢰도를 갖고 있는 언론과 종교, 20퍼센트대의 상호 신뢰도를 갖고 있는 국민, 이게 바로 대한민국의 민낯인지도 모른다. 대한민국이 어쩌다 이 지경까지 이른 걸까? 모든 걸 다 제쳐놓고 신뢰를 만들고 구축하는 것을 가장 시급하고 중요한 일로 여겨야 하는 게 아닐까? 사회적 자본을 형성하기 위해 애쓰는 '사회적 자본가social capitalists'의 출현과 활약이 요구되는 세상이 되었다.

32

왜 동성애자가 많은 지역에서
첨단산업이 꽃을 피우는가?

게이 지수

"LG가 삼성을 이기려면 게이를 고용하라." 인터넷에서 흥미롭게 읽은 글의 제목이다. 무슨 근거로 그런 주장을 한 걸까? 이 글을 쓴 조해리는 다음과 같이 말한다.

　"통상적으로 동성애자는 소수자 차별의 가장 극단에 있다고 표현되곤 합니다. 여타 소수자와의 사회 형성을 두려워하지 않는 사람조차 동성애자와의 관계 맺음은 기피하고 꺼려할 수 있다는 것이지요. 이 말은 동성애자를 수용할 수 있는 사회는 다른 소수자들도 받아들일 수 있는 최고 수준의 열린사회라는 뜻입니다. 강압적 교육 여건이 창의적 인재를 길러낼 수 없는 것처럼, 폐쇄적이고 일방향적인 환경은 첨단 기술을 주도할 IT인재를 길러내기엔 역부족입니다. 다시 말해 게이를 받아들일 만한 개방적이고 자유로운 환경이 성립이 됐을 때 뛰어난 인재가 모여 최고의 기량을 발휘해 산업을 발전시킬 수 있다는 것이죠."[14]

옳은 말씀이다. 조해리도 알고서 한 말이겠지만, 물론 "LG가 삼성을 이기려면 게이를 고용하라"는 말은 성립될 수 없다. 중요한 건 게이가 아니라 게이를 포용할 수 있을 정도의 개방적이고 자유로운 환경이나 풍토이며, 게이는 특정 지역의 개방성과 다양성에 대한 지표일 뿐이기 때문이다.[15]

창의성이나 창조성은 개방성과 다양성을 전제로 하고, 개방성과 다양성은 고도의 개인주의를 전제로 한다. 창의성이나 창조성의 본질은 개성인바, 개인주의를 허용하지 않으면서 관습적인 통념, 구태의연한 사고의 틀, 무의식적으로 반복해온 생활방식 등을 중요하게 여기는 집단주의 분위기에선 나오기 어려운 것이기 때문이다. 창의성이나 창조성을 다룬 책들이 한결같이 개인주의의 중요성을 강조하는 것도 바로 그런 이유 때문일 것이다.[16]

개방성과 다양성을 잴 수 있는 지표를 이른바 '게이 지수gay index'라는 이름으로 학문적 주제로 삼은 이가 있다. 미국 경제학자 리처드 플로리다Richard Florida다. 게이 지수는 게이들의 밀집 정도를 근거로 지역의 순위를 매긴 것을 말한다. 2002년에 출간한 『창조적 계급의 부상The Rise of the Creative Class And How It's Transforming Work, Leisure and Everyday Life』이라는 책에서 게이 지수를 처음 소개한 플로리다는 게이 지수가 한 지역의 하이테크 산업 밀집도를 나타내는 아주 강력한 예측 자료이며, 다양성을 재는 훌륭한 척도라고 주장했다.

게이 지수

달리 말해, 게이들 사이에서 인기 있는 지역들이 하이테크 산업이 들어선 장소라는 것이다. 실제로 게이가 가장 많이 사는 8개 도시를 순서대로 보자면 샌프란시스코, 워싱턴DC, 오스틴, 애틀랜타, 샌디에이고, 시애틀, 로스앤젤레스, 보스턴인데, 이들은 모두 첨단 산업의 중심지였다. 1990년 상위 10대 게이 지수 지역 중 6개 지역과 2000년 상위 10대 게이 지수 지역 중 5개 지역이 전국적인 상위 10대 하이데크 지역에 속했다.[17] 왜 그럴까? 그 이유에 대해 플로리다는 다음과 같이 말한다.

"한 집단으로서 게이들은 특히 심한 차별을 받아왔다. 사회의 주류에 통합되려는 게이들의 시도는 상당한 반발을 일으켰다. 어느 정도 동성애는 우리 사회에서 다양성의 마지막 전선을 나타낸다. 따라서 게이 공동체를 기꺼이 받아들이는 지역은 모든 종류의 사람들을 환영한다.……이러한 이유 때문에 게이 공동체에 대한 개방은 창조성을 자극하고 하이테크 성장을 생성하는 데 매우 중요한 인간 자본의 낮은 진입 장벽을 나타내는 훌륭한 지표이다."[18]

플로리다는 2005년에 출간한 『도시와 창조계급Cities and the Creative Class』에서 특정 지역 내 예술가, 작가, 연주자, 음악가의 밀도와 위치를 나타내는 '보헤미안 지수bohemian index'도 개발했다. 상위 10대 보헤미안 지수 지역 중 5곳과 상위 20대 보헤미안 지수 지역 중 12곳이 전국의 상위 20대 하이테크 지역에 포함되며, 상위 20대 보헤미안 지수 지역 중 11곳이 상위 20대 혁신 지역에 속한다는 것이다.[19] 그는 다음과 같이 주장한다.

"관용과 다양성은 확실히 하이테크 산업의 집중과 성장에 중요한 요소이다. 창조적 인재들은 두터운 노동시장이 형성되어 있고, 개방적이며 포용적이고 그들이 원하는 삶의 질을 제공하는 장소로 가려 한다. 또한 좀더 다양하고 문화적으로 풍부한 지역에 더욱 매력을 느낀다. 사람들을 유인하는 장소는 기업들을 유인하고, 새로운 혁신을 창조하는데, 이것이 경제성장의 선순환을 이끌어낸다. 우리의 연구결과는 게이가 많고 보헤미안이 많은 것이 하이테크 산업 발달의 직접적인 원인이라고 말하는 것은 아니다. 다만, 하이테크 산업에 종사하는 사람들은 사고의 다양성과 개방성을 갖춘 지역에 이끌린다는 것이 우리의 이론이다."[20]

물론 반론도 있다. 예컨대, 하버드대학 경제학자 에드워드 글레이저Edward Glaeser는 게이 지수보다는 교육 수준을 나타내는 지수가 하이테크 산업의 발전과 훨씬 더 밀접한 관련이 있다고 반박했으며, 또 다른 비평가들은 플로리다의 주장은 '경제학이라기보다는 정치학'이라고 비판했다.[21] 동성애에 대해 비판적인 사람들은 플로리다가 동성애를 부추긴다고 비난했다. 이와 관련, 플로리다는 2008년에 출간한 『후즈유어시티: 세계의 경제 엘리트들은 어디서 사는가Who's Your City?: How the Creative Economy Is Making Where to Live the Most Important Decision of Your Life』에서 게이 지수를 둘러싼 그간의 논란에 대해 다음과 같이 말한다.

"나의 책에 대한 가장 노골적인 비판 가운데 하나는 나의 시각이 '진정한 가족들'에 반하여 '여피족, 궤변론자들, 유행을 좇는 사람들, 그리고 게이들'을 위한다는 것이다. 또 어떤 이는 유대-기독교 문명의 쇠퇴를 돕고 있다고 말한다. 나는 '진짜' 가족들과 다른, 그리 진짜스럽지 않은 가족들을 구별하려는 생각은 추호도 없다. 나는 모든 가족 구성원이 매우 친밀한 관계를 유지하는 대가족 출신이다. 우리 집은 정기적으로 만나는 형제자매들, 아주머니 아저씨들, 그리고 그 자녀들로 늘 붐빈다. 우리 가족에 대해 생각하기 시작하면서, 나는 오늘날 사회에서 가족을 이루는 것이 얼마나 어려운 일인가를 인식하게 되었다."[22]

게이와 동성애에만 주목하면 '게이 지수'의 진정한 의미, 즉 다양성의 중요성을 놓치게 된다. 하이테크 산업에 종사하는 사람들이 사고의 다양성과 개방성을 갖춘 지역에 이끌리는 것은 다양성이 낳을 수 있는 혁신 효과와 무관치 않다. 왜 그런 효과가 나타날 수 있는 걸까? 이 의문에 대해선 「왜 독일은 '2014 브라질 월드컵'에서 우승할 수 있었는가?: 필수적 다양성의 법칙」이라는 글에서 살펴보기로 하자.

왜 동성애자가 많은 지역에서 첨단산업이 꽃을 피우는가?

33

왜 독일은 '2014 브라질 월드컵'에서 우승할 수 있었는가?

필수적 다양성의 법칙

'2014 브라질 월드컵'을 제패한 독일의 축구 감독 요아힘 뢰브Joachim Löw, 1960-는 "10년 노력의 결과"라고 말했다. 무슨 뜻일까? 독일 축구를 세계 최강의 '스마트 전차'로 거듭나게 한 비결은 피부색과 출신을 따지지 않고 선수를 기용하는 개방성과 그에 따른 다양성에 있었다는 뜻이다. 그래서 "열린 민족주의가 독일의 월드컵 우승을 이끌었다"는 말이 나왔다. 독일 언론이 "축구 대표팀은 독일 사회통합의 가장 위대한 동력의 하나"라고 뻐긴 것도 무리는 아니다.

독일 국가대표 축구팀에선 2명의 이민자 후손, 2명의 혼혈인, 2명의 '귀국자'가 함께 뛰었다. 부모가 터키 출신인 메주트 외칠과 옛 유고슬라비아 마케도니아의 알바니아계 출신인 슈코드란 무스타피는 이민자의 후손이다. 제롬 보아텡과 사미 케디라는 아버지가 각각 가나와 튀니지 출신이지만 이머니가 독일인이나. 루카스 포돌스키는 폴란드인 부모 밑에서 폴란드에서 태어났으나 조부모가 과거 독일 국적이어서 2세 때 부모와 함께 합법적으로 서독으로 이주했다. 미로슬라프 클로제는 독일계 폴란드인이었지만 8세 때 부모를 따라 서독으로 옮겼다. 바로 이들이 우승의 주역이 되었다.[23]

다양성의 힘을 말해주는 역사적 사례는 무수히 많다. 심지어 제2차 세계대전을 중단시킨 건 다양성의 힘 덕분이라는 말까지 나오는데, 이는 영국이 독일의 암호를 해독할 수 있었던 이유를 두고 하는 말이다. 당시 독일의 암호를 해독하려는 시도를 하다가 번번이 실패했던 영국 정보부는 궁여지책으로 배경과 직업, 출신이 서로 다른 암호 해독자들로 팀을 꾸렸는데, 이것이 뜻밖에도 성공의 열쇠였다.[24]

도대체 다양성이 뭐길래 그런 놀라운 힘을 발휘할 수 있는 걸까? 이는 다양한 관점에서 설명할 수 있지만, 가장 중요한 건 다양성이 새로운 배움의 기회를 제공할 수 있다는 점이다. 이와 관련, 미국 저널리스트 제임스 서로위키James Surowiecki는 『대중의 지혜The Wisdom of Crowds』(2004)라는 책에서 다음과 같이 말한다.

"너무 유사한 집단은 새로운 정보를 논의하지 않기 때문에 새로운 것을 배우기 어렵다. 동질적인 집단은 구성원들이 잘하는 일에는 뛰어나지만, 대안을 탐색하는 능력은 점차 떨어지게 된다. 그런 그룹은 구성원들이 갖고 있는 것을 활용하는 데 너무 시간을 많이 쓰는 반면 다른 것을 탐색하는 데는 충분히 시간을 쏟지 않는다. 비록 경험이 부족하고 덜 유능한 사람이라 하더라도 새 구성원을 조직에 포함시키면 조직이 더 현명해질 수 있다."[25]

다양성이 새로운 배움의 기회를 제공할 수 있다는 점은 진화적으로도 입증된 사실이다. 미국의 사회생물학자 레베카 코스타Rebecca Costa는 진화적 관점에서 다양성은 유전적 '보험증서' 같은 기능을 한다고 말한다. "즉, 종의 완전한 절멸을 막는 역할을 하는 것이다. 이것이 바로 두 종류 이상의 물고기, 새, 개미가 존재하는 이유다. 그들은 환경에 대응하여 저마다 다른 전략을 개발함으로써, 변화가 일어났을 때 적응하는 데 필요한 특징들을 갖출 수 있었다."[26]

기업 경영에서도 다양성은 매우 중요하다. 『경영의 미래The Future of Management』(2008)의 저자인 게리 해멀Gary Hamel은 "다양성은 더이상 유행어로만 남아서는 안 된다. 기업은 특이한 것, 독특한 것, 불가사의한 괴짜, 다채로운 것, 이상야릇한 것을 적극적으로 추구해야 한다"고 주장한다.[27]

실제로 연구개발에서 다른 분야의 외부 전문가가 다른 각도에서 접근한 덕분에 해결한 사례가 많다. 최근 연구에 따르면 창조적인 문제 해결이 중요한 회사에서는 연령 다양성이 10퍼센트 증가하면 연간 생산성이 3.5퍼센트까지 증가하는 것으로 나타났다. 연령이 다양해지면 행동 방식과 관점이 다양해지기 때문이다. 미시간대학 정치학자이자 경제학자인 스콧 페이지Scott E. Page는 차이점이 주는 혜택을 수용하지 않는 관점에 대해 이렇게 말했다. "같은 시간에 도착한 사람들은 같은 방식으로 생각한다."[28]

어찌 연령 다양성뿐이겠는가. 인종 다양성, 성별 다양성, 지역 다양성, 출신 학교의 다양성, 성적 취향의 다양성 등 모든 종류의 다양성은 창의적 혁신에 크게 기여할 수 있다. 스콧 페이지는 2007년에 출간한 『차이The Difference: How the Power of Diversity Creates Better Groups, Firms, Schools, and Societies』에서 "다양성이 능력을 이긴다diversity trumps ability"며 다음과 같이 말한다.

"죄고의 문제 해결자들에게는 비슷한 성향이 있다. 따라서 그들이 집단으로 모여 있을 때나 문제 해결 능력에서는 거의 차이가 나지 않는다. 하지만 무작위로 모아놓았을 때 문제 해결자 집단은 다양한 성향을 띠게 된다. 이런 다양성은 그들을 집단적으로 더 뛰어나게 만들어준다."[29]

특히 기업이 성공하기 위해선 기업을 둘러싼 환경의 복잡다단성이 내부 조직을 구성하는 데 반영되어야 하는데, 이를 가리켜 '필수적 다양성의 법칙Law of Requisite Variety'이라고 한다. 이에 대해 요나스 리더스트럴러Jonas Ridderstrale와 첼 노드스트롬Kjell A. Nordstrom은 『펑키 비즈니스Funky Business: Talent Makes Capital Dance』(1999)에서 다음과 같이 말한다.

"이 법칙은 그러니까 납품업체가 다른 나라의 회사라면 회사를 구성할 때 그 점이 반영되어야 한다는 것을 뜻한다. 만일 우리 고객의 다수가 이민자라면 이것 역시 반영되어야 한다. 만일 우리가 아주 늙거나 젊은 사람들을 상대하고 있다면 이것도 반영되어야 한다. 만일 우리가 여성과 거래하는 경우가 점점 더 늘어난다면 이것도 반영되어야 한다. 그러나 우리 대부분은 전체 인구의 5퍼센트에 불과한 중년의 백인을 위한, 그리고 그들에 의해 만들어진 회사에서 일하고 있다. 톰 피터스는 미국에서 자동차를 구매하는 데 여성의 결정이 65퍼센트를 차지한다고 지적했다. 그렇다면 왜 자동차 판매인들 중 여성의 비율은 7퍼센트에 불과한 걸까?"[30]

이미 1980년대 말 피터 드러커Peter Drucker, 1909-2005는 "하버드 비즈니스 스쿨 졸업생들은 지독한 실패작들이다. 미국은 세계에서 가장 다양성이 강한 나라인데도 하버드 비즈니스 스쿨은 엘리트주의적이고 동질적인 미국을 대변하고 있기 때문이다"고 했다. 각기 다르면서도 최상의 조화를 이루는 심포니 오케스트라가 가장 이상적인 조직 모델인 데 반해, 하버드 비즈니스 스쿨은 학생들의 출신 배경에서부터 스쿨의 의식·행태에 이르기까지 너무 획일적이라는 것이다.[31] 2009년 3월 블룸버그통신은 아이비리그 MBA 출신들의 터무니없는 자신감이 최악의 금융위기를 키웠다고 지적했다.[32]

필수적 다양성의 법칙은 초국적 기업들에 의해 충실히 실천되고 있다. 예컨대, 한국에 진출한 외국 기업은 한국인을 상대로 장사를 하므로 한국인 직원을 많이 고용해야 한다는 건 이미 상식으로 통용되고 있다. 물론 모든 기업이 이 법칙을 지키고 있는 건 아니며, 이 법칙을 지킨다고 해서 꼭 성공하는 것도 아니다. 부작용도 있을 수 있다. 다양성을 확보하기 위한 인위적인 조치가 위험을 초래할 수도 있고,[33] 다양성의 성공 사례를 과대평가하는 오류도 가능하다.[34]

그렇지만 마찬가지로 지나칠 정도로 '필수적 다양성의 법칙'을 외면할 경우, 그로 인한 부메랑의 타격을 받을 수 있으며, 이는 수많은 기업 실패 사례를 통해 충분히 입증되고 있다. "직장에서나 가정에서나 온라인에서나 당신 자신만을 보여주는 거울로 둘러싸인 공간에서 하루빨리 벗어나야 한다"는 노리나 허츠Noreena Hertz의 주장에 공감해보는 게 좋지 않을까?[35]

34

왜 친구가 해준 소개팅은
번번이 실패할까?

약한 연결의 힘

1962년 미국 프린스턴대학. 역사학과 신입생 마크 그래노베터Mark Granovetter, 1943-는 교양 화학 강의를 듣다가 '약한' 산소가 엄청난 양의 물 분자를 결합시키고, 그 결합은 '강한' 공유 결합이라는 사실에 매료되었다. 1965년 역사학 학사학위를 받고 나서 하버드 대학원으로 진학하면서 사회학으로 전공을 바꾼 그는 박사과정 중인 1969년 「약한 연결의 힘The Strength of Weak Ties」이란 논문을 썼지만 학술잡지에 실리지 못해 낙심한 가운데 1970년 사회학 박사학위를 받았다(국내에서 'ties'는 '연결', '인연', '연계', '유대', '결속', '연대', '관계' 등 다양하게 번역되고 있으며, 'weak'는 '약한'과 더불어 '느슨한'으로 번역하기도 한다).

교양 화학 강의가 자극을 준 「약한 연결의 힘」이란 논문은 4년 후인 1973년에서야 『미국 사회학 저널American Journal of Sociology』에 게재되었다. 처음에 퇴짜를 맞았던 것과는 달리, 이 논문은 나오자마자 학계의 뜨거운 주목을 받았다. "강한 연결이 아닌 약한 연결을 통해서 정보가 확산될 때 많은 사람들을 거치면서 더욱 광범위한 사회 영역으로 뻗어나갈 수 있다"는 주장은 그간 전해 내려온 사회학적 전제를 뒤집었기 때문이다.[36]

그래노베터의 정의에 따르면, '느슨한 관계(약한 연결)'란 어쩌다 연락이 닿는 관계로 정서적 친밀감이 없고 과거에 서로에게 도움을 베푼 일도 없는 관계를 의미한다. 이와 관련, 매슈 프레이저Matthew Fraser와 수미트라 두타Soumitra Dutta는 "그래노베터가 밝혀낸 놀라운 진실은 바로 이것, 즉 우리가 생각보다 훨씬 자주 '느슨한 관계'에 의존한다는 것이다. 이것을 '타인의 친절' 이론이라고 하자. 이런 예기치 않은 의존이 잘 드러나는 사례는 바로 구직활동이다"며 다음과 같이 말한다.

"자문해보라. 새로운 직장을 구할 때 누구에게 도움을 청하는가? 가족? 친한 친구들? 대개의 경우 그들은 별 도움이 되지 못할 것이다. 운 좋게도 족벌주의나 연고주의의 덕을 보지 않는다면 말이다. 현명한 구직자라면 대부분 '네트워크'에 도움을 청한다. 실제로 구직활동을 하고 있거나 이직하려는 이들은 자신의 '네트워크를 재활성화'한다고 말한다. 즉 그들이 구직시장에 나와 있음을 모두에게 알리는 것이다. 이는 '느슨한 관계' 네트워크가 보통은 유휴 상태라는 의미이다."[37]

그래노베터는 매사추세츠주의 뉴턴에 사는 한 그룹의 남자들이 자신들의 직장을 어떻게 찾았는지에 대한 연구를 통해 '약한 연결의 힘'이라는 개념을 제시했다. 그래노베터는 이 연구를 확장시켜 1974년에 출간한 『일자리 구하기Getting a Job: A Study of Contacts and Careers』에서도 대다수의 사람이 친한 친구가 아닌 '느슨한 관계'로 맺어진 아는 사람을 통해 취업한다는 경험적 증거를 제시했다. 그간 노동시장 연구는 경제학을 중심으로 편재되어 있었는데, 이 책은 사회구조적인 측면에서 노동시장을 해부했기 때문에 신경제 사회학의 고전으로 여겨지고 있다.[38]

그래노베터는 구직이나 새로운 정보 혹은 새로운 아이디어를 얻는 데 돈독한 관계를 맺은 사람들보다 '약한 인연'을 지닌 사람들이 중요하다는 사실을 설득력 있게 보여주었다. 무엇보다도, 친한 친구와 지인들은 행동반경이 비슷한 반면, 약한 인연을 가진 사람들은 다른 행동반경에서 생활하기 때문이다.[39]

취업과 관련, '약한 연결의 힘'이 한국에서도 발휘될 수 있을까? 그래노베터의 『일자리 구하기』를 국내에 번역·소개한 성균관대학교 사회학과 교수 유홍준의 검증에 따르면, 한국 사회에선 구직 과정에서 '강한 연계의 힘'이 작용했다. 일자리 정보가 중요한 만큼, 이런 정보가 소통될 때 한국에서는 학연, 지연, 혈연 등의 연줄이 강한 집단 내부에서 주고받았다는 의미다. 그는 "또한, 한국의 채용 구조가 1차 노동시장의 좋은 일자리들은 소위 '대졸자 공채'를 통해 공식적 방법을 통해 주로 이루어진 점도 반영된 것"이라며 "아직도 많은 부분에서 '강한 연계의 힘'은 유효할 것"이라고 설명했다.

그러나 변화의 조짐은 있다. 유홍준은 "우리나라도 '평생직장'의 시대는 사라지고 있고, 직업 경력 기간에 여러 번에 걸쳐 이직이 발생하는데, 상시적인 경력직의 채용에서는 인적 접촉을 통한 정보가 활용될 소지가 있다"면서 "SNS 확산에 따른 새로운 연결망이 중장기적으로는 구직에도 영향을 미칠 가능성이 있다"고 전망했다.[40]

그래노베터는 "하위계층일수록 강한 연결의 빈도는 더 잦다"고 했는데, 이는 가난할수록, 불안감이 높을수록 사람들은 가족이나 이웃, 또는 자신이 속한 조직과의 강한 연결에 더 집착한다는 뜻이다. 그는 강한 연결에 대한 의존은 일종의 덫이라고 말한다. 그는 또 다른 연구에서 강한 연결을 통해 일자리를 잡은 사람들은 약한 연결을 통해 잡은 사람들에 비해 실직 기간이 훨씬 더 길다는 사실을 보여주었다. "강한 연결을 기반으로 한 사회적 에너지의 강력한 집중화 현상은 가난한 공동체를 연결 상태가 대단히 열악하고 캡슐화된 단위로 나누어버린다. 이는 가난이 끝까지 사라지지 않을 또 다른 이유이다."[41]

이와 관련, 리처드 코치Richard Koch와 그레그 록우드Greg Lockwood는 『낯선 사람 효과: 지금 당신에게 필요한 사람들은 누구인가? Superconnect: Harnessing the Power of Networks and the Strength of Weak Links』(2010)에서 "가난이라는 문제를 근본적으로 해결하기 위해서는 자본, 외부 기업들로 이루어진 약한 연결들을 공동체 속으로 풍부하게 주입함으로써 가난한 사람들이 기존의 공동체를 벗어나 더 넓은 네트워크로 뻗어나갈 기반을 마련해주어야 한다"고 말한다.[42]

코치와 록우드는 '강한 연결과 약한 연결 사이의 균형'을 강조한다. "이를 위해서는 적절한 순간에 적절한 연결을 활용해야 한다. 약한 연결은 기회를 발견하는 데 도움이 되고, 강한 연결은 기회를 현실화하는 데 도움이 된다.……약한 연결의 중요성은 21세기에 들어서면서 더욱 높아졌다. 우리 주변에는 수많은 허브와 강한 연결이 있지만 규모 면에서는 약한 연결이 월등히 크고, 그 영향력도 지속적으로 강화되고 있다."[43]

헤이즐 로즈 마커스Hazel Rose Markus와 앨래나 코너Alana Conner는 『우리는 왜 충돌하는가Clash!: How to Thrive in a Multicultural World』(2013)에서 느슨하게 연결된 미국 서부 지역이 영화, 반도체, 소프트웨어, 인터넷 등 지난 세기 최고의 혁신 산업들을 탄생시킨 핵심적인 장소였다는 점에 주목한다. 실제로 동부의 보스턴 기업들은 지위와 경험을 중요하게 여기는 반면, 서부의 샌프란시스코 기업들은 평등과 창조성을 강조하는 것으로 밝혀졌다. 또 보스턴 지역 벤처 캐피털 기업들은 팀과 조직 등 여러 다양한 형태의 집단을 언급하는 반면, 샌프란시스코 기업들은 개인에 더 집중하는 모습을 보였다.[44]

'약한 연결의 힘'의 원리를 '애인 구하기'에 응용해보는 건 어떨까? 심이준이 쓴 「친구에게 소개 받은 남자가 뻔한 이유: 왜 내 소개팅은 번번이 실패일까?」라는 글이 그런 응용을 잘 보여주고 있어 흥미롭다. 그래노베터의 이론에 따르면, 친한 친구처럼 강하게 연결된 관계는 자신과 알고 지내는 사람이 비슷하고 같은 정보를 공유하고 있기 때문에 지인처럼 약한 관계로 연결된 사람을 통해서 만나는 것보다 다양하고 새로운 이를 소개 받을 확률이 적다는 것이다.

"오랫동안 알고 지낸 친구의 지인이라면 나도 아는 사람일 확률이 높다. 당신이 알고 있는 대부분의 친구는 같은 동네, 같은 학교일 것이다. 그렇다면 그들이 봐왔던 남정네들도 레이디들도 비슷비슷,

거기서 거기일 수밖에 없다. 이처럼 친한 친구는 나의 시·공간적 배경을 모두 공유하기 때문에 네트워크 또한 한정되어 있다. 때문에 적당히 소개해줄 만한 사람이 없는 것이 냉정한 현실이다. 소개해준다고 해도 대부분 함께 공유하는 인맥이기 때문에 새로운 매력을 줄 만한 사람이 등장할 확률은 그리 높지 않다. 친한 친구에게 소개팅을 받는 것보다 지인에게 받는 것이 좋다는 것, 이것이 소개팅의 아이러니다."[45]

그렇다. 이성을 소개 받을 땐 너무 친한 사람에게 의존하지 않는 게 좋다. 개인 차원에서 넓고 약한 관계를 맺느냐 좁고 깊은 관계를 맺느냐 하는 건 삶의 철학과 더불어 어떤 직종에 종사하느냐에 따라 그 이해득실이 달라질 수 있는 문제이겠지만, '약한 연결의 힘'이 분야와 상황에 따라 '강한 연결의 힘'보다 강한 효과를 낼 수 있다는 건 부인하기 어려울 것이다. '약한 연결의 힘'은 '세렌디피티serendipity(뜻밖의 발견)'의 가능성을 높여준다는 이유만으로도 그 가치가 충분하다고 말할 수 있지 않을까?

35

왜 '최고 이의 제기자'가
필요한가?

악마의 변호인

요즘 우리 주변에서 많이 들을 수 있는 '악마의 변호인Devil's Advocate' 이란 무엇인가? 16세기의 유럽으로 거슬러 올라갈 필요가 있다. 로마 교황청은 성인을 승인하는 시성식諡聖式: canonization에 앞서 찬반 토론을 벌이도록 했는데, 찬성하는 쪽은 God's Advocate(라틴어로는 advocatus dei), 반대하는 쪽은 Devil's Advocate(advocatus diaboli) 라 했다.

'악마의 변호인'은 교황청에 의해 임명된 역할이기에 자신의 진심과는 무관하게 반대 의견을 제출해야만 했는데, 그 임무의 성격상 '신앙의 촉진자promoter of the faith, 라틴어로는 promoter fidei'로 불리기도 했다. 1587년 교황 식스투스 5세Sixtus V, 1520-1590가 시작한 제도로 1983년 교황 요한 바오로 2세John Paul II, 1920-2005에 의해 공식 폐지될 때까지 약 400년간 사용되었다.[46]

영국 철학자 존 스튜어트 밀John Stuart Mill, 1806-1873은 1859년에 출간한 『자유론On Liberty』에서 그 취지에 대해 "인간으로서 최고의 경지에 이른 성인이라 하더라도, 악마가 그에게 할 수 있는 온갖 험담이 혹시 일말의 진실을 담고 있는 것은 아닌지 따져보기 전에는 그런 영광된 칭송을 받을 수 없다는 것이다"고 말했다.[47] 이런 관행에서 비롯된 영어 숙어 play the devil's advocate는 "일부러 반대 입장을 취하다"는 뜻이다.

일부 기업들은 '악마의 변호인' 제도를 주요 의사결정 과정에 도입한다. 경영학자 피터 드러커Peter F. Drucker, 1909-2005는 반대 의견의 필요성에 대해 이렇게 말한다. "경영자는 칭찬을 받으면 좋은 결정을 내리지 못한다. 오히려 상반된 의견을 듣고 토론을 나누고 여러 대안을 모두 고려해야 제대로 결정을 내릴 수 있다. 의사결정의 첫 번째 규칙은 반대 의견이 없으면 결정을 내려서는 안 된다는 것이다."[48]

드러커의 이런 원칙을 지키지 않아 망한 회사가 많은데, 그 대표적 사례로는 지금은 파산해 사라진 미국 은행 리먼브라더스Lehman Brothers를 들 수 있다. 이 은행에서는 반대 의견을 입 밖으로 냈다간 경력 단절을 면치 못한다는 분위기가 있었다고 한다. 이와 관련, 영국 경제학자 노리나 허츠Noreena Hertz는 다음과 같이 말한다.

"CEO에게 보고를 올리는 임원들은 보통 자신이 염려하는 부분이나 의견 차이를 보이는 부분은 줄이는 경우가 많으며 이런 경향은 직급이 낮을수록 더 뚜렷하게 나타난다. 또한 이의를 제기하는 행위는 협동심이 부족하다는 증거로 여겨지고 나쁜 소식을 전하는 사람은 천덕꾸러기로 취급받는 경우가 흔하다. 너무나 많은 직원들이 상사가 들어야 한다고 생각하는 의견이 아니라 상사가 '듣고 싶어 하는 의견'을 옹호한다."[49]

허츠는 그런 문제를 극복하기 위해 그 어떤 불이익도 당하지 않으면서 상관에게 이의를 제기할 수 있는 '최고 이의 제기자Challenger in Chief'와 같은 역할의 제도화가 필요하다고 역설한다. 그는 "헤지펀드는 투자하기로 결정한 산업 및 회사에 대한 애널리스트의 평가에 따라 성패가 갈린다"며 다음과 같이 말한다.

"유럽의 한 주요 헤지펀드를 담당하는 책임자는 자신의 가장 중요한 업무가 '최고 이의 제기자Challenger in Chief'라고 했다. 직원들에게 초기 평가를 뒷받침하는 증거나 듣고 싶은 내용만이 아니라 그 평가를 부정하거나 반박하는 데이터도 적극적으로 찾아보라고 트집을 잡는다는 것이다. 그는 직원들에게 자신이 틀릴 수 있다는 사실을 염두에 두고 이것이 의사결정에 어떤 영향을 미칠 수 있는지 검토해보도록 요구하는 게 자신의 일이라고 생각한다."[50]

'악마의 변호인' 제도는 '확증 편향confirmation bias'이나 '집단사고groupthink'를 막기 위한 방안으로 자주 거론되지만, 그로 인한 문제점이 없는 건 아니다. 사회심리학자 찰란 니미스Charlan Nemeth는 악마의 변호인이 존재함으로써 오히려 건전하고 의미 있는 토론이 어려워질 가능성이 있다고 말한다.[51] 예컨대, 디자인 회사인 IDEO의 혁신전문가 톰 켈리Tom Kelley는 "매일 수천 가지의 위대한 생각과 아이디어, 계획이 꽃도 피우기 전에 '악마의 변호인' 손에 뜯겨나간다"고 주장한다.[52]

또 악마의 변호인은 일부러 '반대를 위한 반대'를 하기 때문에 다른 사람들의 존중을 받지 못할 뿐만 아니라 반감을 사 다른 참가자들의 '집단사고'를 더 강화시킬 위험이 있으며, 악마의 대변인이라는 존재로 인해 여러 의견을 다 들어보고 결정했다는 안도감과 믿음을 집단에게 심어주는 역효과를 초래할 수 있다는 반론도 있다.[53] 비판적인 의견을 군이 내놓지 않으려는 다른 구성원들에게 "악마의 변호인이 이번 계약을 철저히 검토할 텐데 내가 신경 쓸 필요가 뭐 있어"라는 식으로 변명거리를 제공할 수 있다는 것이다.[54]

교황 요한 바오로 2세가 '악마의 변호인' 제도를 폐지한 것도 그런 이유 때문이었는지는 모르겠지만, 폐지 이후 어떤 변화가 생겼을까? 폐지 이후 성인의 반열에 오른 사람은 500명인데, 매년 성인이 되는 사람들의 비율은 20세기 초와 비교하면 20배 정도 높아졌다고 한다.[55] 즉, '악마의 변호인' 제도가 사라지면서 성인이 양산된 것이다.

어떤 게 더 좋은 건지는 교황청이 판단할 일이지만, '악마의 변호인' 제도가 좋은 의미에서건 나쁜 의미에서건 오류의 가능성에 대한 제어 효과를 갖고 있다는 것은 분명하다. 어느 조직에서건 '악마의 변호인' 제도 못지않게 더 중요한 것은 조직 성원의 다양성이다. 다양성이 부족하고 동질적인 조직일수록 집단사고의 함정에 빠지기 쉽기 때문이다.

악마의 변호인

제8장

소수
와
다수

왜 세상은 자꾸
'20대 80의 사회'로 가는가?

파레토의 법칙

'부르주아적 카를 마르크스'라고 불린 이탈리아의 경제학자 빌프레도 파레토Vilfredo Pareto, 1848-1923는 『공산당 선언Communist Manifesto』(1848)의 첫 줄을 의식적으로 모방해 역사는 엘리트들 간에 벌어진 투쟁의 역사라고 했다. "역사는 특권계층의 무덤"이라는 것이다.[1]

왜 그런 생각을 갖게 되었을까? 원예 전문가이기도 했던 파레토는 80퍼센트의 완두콩은 20퍼센트의 콩깍지에서 생산된다는 것을 발견했는데, 인간 세계도 비슷하다는 걸 알아냈다. 예컨대, 이탈리아 땅의 80퍼센트는 인구의 20퍼센트가 소유하고 있었다. 이를 가리켜 '파레토의 법칙' 또는 '80대 20의 법칙'이라고 한다.

찰스 다윈Charles Darwin, 1809-1882은 이미 파레토 이전에 『종의 기원

On the Origin of Species』(1859)에서 이 법칙을 나름 이용해, 지구상 동식물의 20퍼센트의 변화는 80퍼센트라는 자연의 더 큰 진화적 변화의 원인이 된다고 했다.[2] 우연인지 필연인지는 알 수 없지만, 공기 중의 질소와 산소의 비율은 78:22며, 지구상의 바다와 육지의 비율, 육지 중에서 산과 평지의 비율도 대략 이와 흡사하다.[3]

인간 세계에서 나타나는 파레토의 법칙은 경제학적으로 '수확체증의 법칙Law of Increasing Returns'으로 설명할 수 있다. 돈이 있는 사람은 돈이 있다는 이유만으로 더 많은 돈을 벌고, 이런 일이 되풀이되면 결국 상위 20퍼센트의 부자가 전체 소득의 80퍼센트를 소유하게 되는 것이다. 1992년 유엔 통계에 따르면, 세계 인구의 20퍼센트가 전체 부의 82.7퍼센트를 점하고 있는 것으로 나타났다.[4]

어떤 상황에서든지 대개 '작업'의 80퍼센트는 참여자 20퍼센트에 의해 수행된다. 사회적 전염에서는 이러한 불균형이 더욱 극단적으로 나타나기 때문에, 극소수의 사람들이 대부분의 일을 저지르거나 저지를 수 있다. 앨버트 L. 바라바시Albert-László Barabási는 네트워크 연구에서 이 20퍼센트를 '파워 허브'라고 했다.[5] 인터넷에선 파레토의 법칙이 극단을 향해 치닫는 방식으로 나타나는 경향이 있다. 이에 대해선 나중에 「왜 1퍼센트의 사람들이 전체 조직을 뒤흔들 수 있는가?: 1퍼센트 법칙」에서 살펴보기로 하자.

미국에서 파레토의 법칙을 기업에 적용한 최초의 인물은 루마니아 출신 엔지니어이자 컨설턴트인 조지프 주란Joseph M. Juran, 1904-2008이다. 1941년 우연히 파레토의 법칙을 알게 된 그는 파레토의 법칙을 품질관리와 관련해 '꼭 있어야 할 소수와 있으나마나 한 다수의 법칙

rule of the vital few and the trivial many'으로 변형시켰다. 그는 나중에 80퍼센트를 완전히 무시해선 안 된다는 생각으로 '꼭 있어야 할 소수와 유용한 다수의 법칙rule of the vital few and the useful many'으로 바꾸었다.[6]

주란의 뒤를 이어 영국 경영컨설턴트 리처드 코치Richard Koch, 1950-는 『80/20 법칙The 80/20 Principle: The Secret to Achieving More with Less』(1997)에서 "80%는 낭비다! 20%로 승부하라!"며 파레토의 법칙을 경영 선반에 걸쳐 활용할 것을 권한다. 그는 이 법칙의 3가지 교훈을 제시한다. 첫째, 성공한 기업들은 최소의 노력으로 최대의 수익을 낼 수 있는 시장에서 활동한다. 둘째, 현재 가장 큰 이익을 올리는 시장과 고객 측에만 집중하면 재무성과를 획기적으로 향상시킬 수 있다. 셋째, 내부의 산출과 성과의 불균형을 해소함으로써 흑자를 증가시킬 수 있다.[7]

미국 기업들은 이 철학을 적극적으로 받아들여서 GE는 상위 20퍼센트의 근로자들을 선발해 보상을 하는 반면, 하위 10퍼센트는 해고하는 이른바 '20-70-10 법칙'을 실시하고 있다. 20년간(1981~2001) GE의 CEO를 지낸 잭 웰치Jack Welch, 1935-는 자신의 자서전 『위대한 승리Winning』(2005)에서 '20-70-10'으로 대변되는 '인력 차별화 법칙'을 적극 옹호한다.

"차별화는 내가 개발한 것이 아니다. 그것은 어린 시절 운동장에서 배운 것이다. 야구팀을 만들면 항상 가장 훌륭한 선수가 먼저 뽑혔고 중간 정도 하는 친구들은 보통 2루수나 외야의 우익수 같은 쉬운 포지션을 배정받았다. 그리고 가장 못하는 아이들은 출전하지 못하고 벤치에 앉아 지켜봐야만 했다."[8]

그러나 모든 이가 다 이 철학을 따르는 건 아니다. 하워드 가드너

Howard Gardner는 그 이유를 "어떤 과제가 주어지면 우리는 최선을 다해야 하며, 그 과제의 여러 부분에 비슷한 노력을 기울여야 한다"는 이른바 '50/50 법칙'이라고 하는 우리의 오랜 습관에서 찾는다.

"모든 사람과 사물을 공정하고 평등하게 대해야 하며, 다른 사람들(특히 우리 부모님들이!) 또한 그렇게 해주기를 기대한다. 개인이나 고객, 직원, 그리고 프로젝트의 각 부분에 이르기까지 공평한 시간을 배분해야 한다고 생각한다.……80/20의 법칙에 대해 이야기하거나 권유하기는 어려운 일이 아니지만, 사람의 마음을 바꿔 그 원칙을 실제로 삶에 적용하도록 하기는 훨씬 어렵다."[9]

개인은 그럴지 몰라도 기업들은 이미 충분할 정도로 80/20 법칙을 실천하고 있다. 그래서 80/20 법칙의 활용은 승자 독식을 불러와 빈부격차를 심화시킨다는 비판의 목소리가 높다. 한스 피터 마르틴Hans-Peter Martin과 하랄트 슈만Harald Schumann은 『세계화의 덫』(1996)에서 세계화가 '20대 80의 사회'를 불러온다고 주장한다. 이는 노동 가능한 인구 중에서 20퍼센트만 있어도 세계경제를 유지하는 데 별 문제가 없다는 걸 의미한다. 달리 말하자면, 세계화의 과정은 중산층을 해체시키면서 20퍼센트의 집중된 힘과 나머지 80퍼센트의 구도로 변하게 만든다는 것이다.[10]

이에 대해 코치는 "그들의 분석은 많은 부분에서 옳고 또한 교훈적이다. 그러나 어느 정도는 80/20 법칙을 이해했으나, 피상적으로 이해하는 데에 그치고 말았다"고 주장한다. "80/20 법칙은 선악을 떠나 불균형의 원리가 작용하고 강력한 결과를 가져오므로 중시해야 한다는 것을 말하고 있다. 80/20 법칙이 지닌 가치와 힘, 지난 50년간의 실질적인 활용의 결과는 놀라운 것이었다. 일단 우리가 이 놀라운 결과를 인정한다면 이 법칙을 통해서 현재의 상태를 크게 향상시킬 수 있다."[11]

톰 버틀러 보던Tom Butler-Bowdon은 『내 인생의 탐나는 자기계발 50 50 Self-help Classic』(2003)에서 코치의 『80/20 법칙』에 대해 "정신없는 생쥐의 경주에서 벗어나 자신만의 잠재력에 초점을 맞춰 살아가는 법을 분명히 보여주는 책"이라며 긍정 평가한다.[12]

그러나 코치가 교육이야말로 80/20 법칙을 적용해야 할 필요성이 가장 큰 분야이며, 가장 성공적인 20퍼센트의 교육방법론에 초점을 맞춰야 한다고 주장하는 것에 대해선 고개가 갸우뚱거려진다. 80/20 법칙을 교육에 활용하지 않는 것은 '인류에 대한 범죄이고 아이들의 발전을 가로막는 것'이라는 주장에 이르러선 더욱 그렇다.

"엘리트는 명예를 중시하고 사회에 봉사하며 자신의 타고난 재능을 모두에게 나눠주는 사람"이라는 그의 전제에 문제가 있다.[13] 엘리트가 그런 사람이라면 코치의 주장엔 수긍할 수 있겠지만, 그렇지 않거나 그럴 가능성이 낮다면 교육 분야에 80/20 법칙을 적용하는 것은 너무 불공평한 일이 아닐까? 하지만 사실은 한국 교육도 바로 이 법칙을 받아들여 '선택과 집중'이라는 이름으로 실시하고 있으며, 우리는 이에 말없이 수긍하고 적응하는 게 현실임을 어찌 부인할 수 있으랴.

80/20 법칙을 교육에 적용한다면 하버드대학 긍정심리학 교수 탈 벤-샤하르Tal Ben-Shahar처럼 개인 수준에만 머무르는 게 좋을 것 같다. 그는 대학생 시절 첫 2년 동안 모든 과제와 시험에 똑같은 시간을 투자하는 완벽주의의 문제를 절감한 뒤, 과제를 대충 훑어본 다음 '시

간 비용 대비 효과가 가장 크다'고 판단되는 20퍼센트를 집중적으로 공부해 큰 도움을 얻었다고 밝히고 있다. 그렇게 해서 번 시간을 스포츠, 대중연설, 교우활동 등에 투자해 행복해졌을 뿐만 아니라 인생 전체로 보더라도 성공적인 시기를 보낼 수 있었다는 것이다.[14]

그간 수많은 분야의 수많은 사람이 이 법칙을 원용해 사신의 논지를 전개해왔다. 예컨대, 캐서린 크래머Kathryn D. Cramer는 『보는 방식을 바꿔라Change the Way You See Everything』(2006)에서 우리는 세상을 살아가면서 골치 아픈 문제에 80퍼센트, 자신에게 주어진 기회와 가능성에 20퍼센트의 관심을 쏟는 경향이 있는데, 이를 거꾸로 뒤집어야 한다고 주장한다.[15] 위르겐 볼프Jurgen Wolff는 『버리고 시작하라Focus: The Power of Targeted Thinking』(2008)에서 우리가 기울인 노력의 20퍼센트가 우리의 전체 수입이나 가치의 80퍼센트를 창출하므로, 가장 가치 있는 20퍼센트에 집중하라는 '시간 관리의 파레토 법칙'을 역설한다.[16]

또 건국대학교 의대 정신과 교수 하지현은 『소통의 기술』(2007)에서 원활한 소통을 위해 2대 8의 파레토 법칙을 적용할 것을 주문했다. 대화 시간이 10분이라면 내가 2분 말하고 상대방의 말을 8분 듣는 '경청'의 자세를 가지라는 것이다.[17] 이게 가장 가슴에 와 닿지만, 2대 8은 기대하기 어려운 꿈인 것 같고, 5대 5만 되어도 세상은 한결 나아지지 않을까?

37

왜 1,000개의 단어만 알아도
75퍼센트의 일상대화를
이해할 수 있나?

지프의 법칙

한국어건 영어건 1,000개의 단어만 알아도 75퍼센트의 일상대화를 이해할 수 있다. 언어 전문가들이 한결같이 하는 이야기다. 왜 그럴까? 1940년대에 미국 하버드대학의 언어학자 조지 지프George K. Zipf, 1902-1950는 『성경』과 소설 『백경Moby-Dick; or, The Whale』(1851)에 나온 단어들을 모두 세어 그 빈도를 조사해 순위가 내려갈수록 사용 빈도가 기하급수적으로 떨어진다는 사실을 발견했다. 가장 많이 사용된 단어인 'the'가 모두 1,000번 등장했다면, 두 번째로 많이 사용된 'of'는 'the'가 나온 빈도의 2분의 1인 약 500번, 세 번째로 많이 나온 단어인 'and'는 'the'가 나온 빈도의 3분의 1, 네 번째로 많이 나온 'to'는 'the'가 나온 빈도의 4분의 1만큼 등장한다는 것이다.[18]

지프는 1949년에 출간한 『인간행동과 최소노력의 원리Human Behavior and the Principle of Least Efforts』(1949)에서 "어떤 단어를 사용하는 빈도가 높아질수록, 그 단어를 다시 사용하기 위해 그것을 찾는 데 힘이 덜 들고, 따라서 언어 사용자가 자기 사전에서 단어를 고르는 것은 이선에 사용한 빈도에 의손한다. 영어 6만 단어 중에서 실제 문장에는 수백 단어만 나타나고 대화에서는 이보다 훨씬 적은 단어가 나타나는 이유가 이것이다"며 다음과 같이 말한다.

"마찬가지로 특정 도시에 인구가 밀집되면 될수록 더 많은 사람들이 이 도시를 목적지로 선택하게 된다. 큰 것은 더 커지고 작은 것은 계속 작은 상태로 남거나 더 작아지는 것이다. 선호적 연결의 주요한 사례로는 영어가 급속히 세계어로 사용되는 현상을 들 수 있다. 즉 영어가 세계어로 통용되는 것은 영어 자체의 속성이 그래서가 아니라 사람들이 대화를 나누기 위해 될 수 있는 한 한 가지 언어만 사용하려 하기 때문이다. 따라서 어떤 언어든 유리한 지위에 올라서면 더욱 많은 사람들이 이 언어 사용자로 몰리게 된다. 마치 전염병이 퍼지듯 이 언어의 사용자가 늘어나며, 다른 언어는 급속히 사용자를 잃는다."[19]

이걸 가리켜 '지프의 법칙Zipf's Law'이라고 한다. 책에서 가장 많이 쓰이는 단어의 순위rank와 빈도frequency의 곱은 일정한 값을 갖는다는 것이다. 원래 프랑스 저널리스트인 장바티스트 이스토프Jean-Baptiste Estoup, 1868-1950가 1916년에 발견한 것이지만, 지프의 방대한 작업 덕분에 '지프의 법칙'으로 불리게 된 것이다.[20]

인간의 행동이 최소 노력으로 최대 효과를 얻으려는 특징이 있기 때문에, 언어 역시 그런 식으로 발전해왔으며, 바로 이게 1,000개의 단어만 알아도 75퍼센트의 일상대화를 이해할 수 있는 이유가 된다는 이야기다. 한국어 역시 마찬가지라는 걸 지난 2000년 고려대학교 국문과 교수 김흥규 교수와 언어과학과 강범호 교수 연구팀이 밝혀낸 바 있다.[21]

지프의 법칙은 사실상 파레토의 법칙을 재발견해 심화시킨 것이다. 즉, 자원의 20~30퍼센트에 해당하는 양이 그 자원의 결과로 나타나는 활동의 70~80퍼센트를 이루어낸다는 것이다. "지프는 이러한 불균형의 패턴이 일관되게 나타난다는 점을 증명하기 위해 인구통계, 문헌, 언어학, 산업 활동 등을 활용했다. 예를 들어, 필라델피아 내에 있는 20블록 크기의 한 지역을 설정해 그 안에 살고 있는 사람들의 결혼증명서 중 1931년 발급된 결혼증명서를 조사한 결과, 20블록의 30%에 해당하는 거리 안에 살고 있는 사람들끼리 결혼한 경우가 전체의 70%에 이른다는 사실을 알아냈다."[22]

지프의 집요한 작업은 컴퓨터가 없던 시절에 이루어진 것이었다. 얼마나 힘들었겠는가! 그래서였는지 인지심리학의 창시자 가운데 한 사람인 조지 밀러George A. Miller는 지프에 대해 '꽃잎을 세기 위해 장미를 분해하는' 유형의 사람이라고 했다. 이에 대해 에레즈 에이든Erez Aiden과 장바티스트 미셸Jean-Baptiste Michel은 『빅데이터 인문학Uncharted: Big Data as a Lens on Human Culture』(2013)에서 다음과 같이 말한다.

"언뜻 들으면 그다지 치켜세우는 말로 들리지 않는다. 지프가 세는 일에 너무 집착하는 바람에 꽃의 아름다움을 인식할 줄 몰랐다는 말인가?……지프의 진가를 제대로 알아보지 못하던 우리는 머지않아 달라졌다. 결국 지프는 한 줌의 꽃들을 분석하여 숨이 막힐 정도로 놀라운 과학적 지평을 연 것이다. 이제 구글 덕분에 도서관들이 차례차례 디지털화되고 있다. 우리는 지프가 했던 것을 하고 싶었다. 그러니 우리가 원한 것은 모든 꽃이었다."[23]

지프 이후 과학자들은 물리, 생물 시스템 등 다른 여러 분야에서 비슷한 법칙을 찾아냈는데, 이를 파워 법칙power Law 또는 멱법칙冪法則이라고 한다. 여기서 power는 '힘'이 아니라 '거듭제곱'이란 뜻이다. 예컨대, "2의 3제곱은 8"은 영어로 "Two (raised) to the third power is eight"이라고 한다. 파워 법칙은 반복해서 자주 일어나는 작은 사건과, 빈도수는 적지만 그 규모가 매우 큰 사건으로 특징지어지는 두 변수 사이의 수학적 관계를 나타낸다. 좀더 정확히 말하자면, 어떤 양quantity이 다른 양에 비례하고 고정된 지수exponent나 거듭제곱power까지 올라갈 때 이것을 파워 법칙이라고 한다. 파레토의 법칙은 경제학의 파워 법칙인 셈이다.[24]

지프의 법칙은 도시의 인구 규모에까지 적용되었는데, 이를 가리켜 '순위 규모 법칙Rank-Size Rule'이라고도 한다. 한 나라의 모든 도시의 분포가 단순한 '파워 법칙'을 따른다는 것이다. 즉, 두 번째로 큰 도시는 가장 큰 도시의 약 절반 규모고, 세 번째로 큰 도시는 약 3분의 1 규모고, 네 번째로 큰 도시는 약 4분의 1 규모라는 이야기다.[25]

2006년 기준으로 미국 도시들을 보자. 뉴욕시의 인구는 814만 명이었는데, 2위인 로스앤젤레스의 인구(384만 명)는 뉴욕시 인구의 47퍼센트, 3위인 시카고의 인구(284만 명)는 뉴욕시 인구의 34퍼센트, 4위인 휴스턴의 인구(202만 명)는 뉴욕시 인구의 24퍼센트, 5위인 필라델피아의 인구(146만 명)는 뉴욕시 인구의 18퍼센트였다. 6~9위인 피닉스, 샌안토니오, 샌디에이고, 댈러스의 인구는 각 130만 명 정도로 비슷했지만, 10위 도시로 내려가서는 그 패턴이 다시 선명하게 드러났다. 10위인 산호세의 인구(91만 명)는 뉴욕시 인구의 11퍼센트에 해당했다.[26]

지프의 법칙은 들어맞지 않는 경우도 많아 '법칙'으로 부르기엔 좀 부족하다는 의견이 많지만, 경세학자 폴 크루그먼Paul Krugman의 생각은 다르다. 그는 미국 130개 도시를 조사한 후 이런 결론을 내린다. "조금 더 순위를 낮추어 가면, 정말 놀라울 정도로 이 법칙이 잘 들어맞는다는 사실을 발견하게 될 것이다.……경제학에서는 이만큼 정확한 규칙성을 찾아보기 어렵다. 그래서 이런 사실을 내가 발견했다는 것 자체가 놀랍기만 하다."[27]

세스 고딘Seth Godin은 『아이디어 바이러스Unleashing the Ideavirus』(2000)에서 지프의 법칙을 승자 독식주의와 연결시킨다. 개탄이라기보다는 기업가들에게 그런 이치를 이용하라는 것이다. "모든 분야에서 1위가 된다는 것은 3위나 10위가 되는 것보다 더 큰 행운이다. 특히 그 노력에 대한 보상은 네트워크로 연결된 세계에서는 전혀 공평하지가 않다.……여러분은 아이디어 바이러스를 통해서 여러분의 아이디어나 사업, 또는 제품에서도 이와 같은 상황을 재연할 수 있다."[28]

1,000개의 단어만 알아도 75퍼센트의 일상대화를 이해할 수 있다는 건 외국어를 배울 때 축복일지 몰라도 그 이면에 숨은 승자 독식주의가 우리가 사는 세상에서 일어나는 건 결코 반갑지 않은 일이다. 그럼에도 그걸 극복하거나 피해가는 게 쉽지 않은 일이라는 게 이미 충분히 입증되고 있으니 그저 착잡할 따름이다.

왜 1,000개의 단어만 알아도 75퍼센트의 일상대화를 이해할 수 있나?

38

왜 어떤 기업들은 소비자를
일부러 쫓아내려고 애쓰는가?

디마케팅

파레토의 법칙은 전 분야에 걸쳐 작동한다. 기업 이윤의 80퍼센트는 종업원 중 20퍼센트에서 나오며(즉 20퍼센트의 근로자가 80퍼센트의 일을 하며), 고객서비스 문제의 80퍼센트는 고객들 중 20퍼센트에서 나오고, 의사결정의 80퍼센트는 회의시간 중 20퍼센트에서 나온다. 또 대부분의 사회에서 범죄자의 20퍼센트가 범죄의 80퍼센트를 저지르고, 운전자의 20퍼센트가 사고의 80퍼센트를 일으키고, 20퍼센트의 환자가 의료재정의 80퍼센트를 사용하고, 맥주를 마시는 사람의 20퍼센트가 전체 맥주 소비량의 80퍼센트를 마시고, 하루 종일 걸려오는 전화 중 80퍼센트는 친한 20퍼센트의 것이다.

업종에 따라 차이는 있지만, 20퍼센트의 고객이 80퍼센트의 수익을 올려주므로, 기업으로서는 20퍼센트의 고객에만 치중하고 싶어 한다. 이를 실행에 옮기는 걸 가리켜 디마케팅demarketing=decrease+marketing이라고 한다. '줄이다'라는 뜻의 decrease에서 'de'를 따와 마케팅과 합해서 만든 말인데, 기업이 수익에 도움이 안 되는 소비자를 의도적으로 밀어내는 마케팅 방식을 말한다.

디마케팅은 미국의 마케팅 학자 필립 코틀러Philip Kotler와 시드니 레비Sidney J. Levy가 『하버드 비즈니스 리뷰Harvard Business Review』 1971년 11~12월호에 발표한 「디마케팅, 그래 바로 디마케팅이야Demarketing, Yes, Demarketing」에서 수요가 너무 많을 땐 특정 수요를 줄여야 한다는 의미로 처음 제시한 개념이다. 즉, '돈 안 되는' 고객을 의도적으로 줄여 관리·판촉비용 부담을 덜고 특정 고객들의 충성도(기업 수익에 대한 기여도)를 강화시키는 '선택과 집중' 판매방식을 써야 한다는 이야기다.

한국의 백화점에서는 상위 20퍼센트의 고객이 백화점 전체 매출에 기여하는 정도가 70~80퍼센트 수준에 달하기 때문에 백화점들은 그런 우수 고객에게 각종 우대 조치를 취하는 등의 방법으로 그들을 집중 관리함으로써 전체 판촉비용을 크게 줄이고 수익 확대를 기하는 방식으로 쓰이고 있다. 우수 고객은 주차장을 따로 제공 받고, 전용 휴게실에서 차를 마시며 쉴 수도 있고, 추가 할인도 받을 수 있다.

은행도 상위 30퍼센트의 고객이 은행 이익의 100~150퍼센트까지 기여하는 반면(상위 10퍼센트가 은행 이익의 90퍼센트 기여), 나머지 70퍼센트는 아무런 이익을 가져다주지 않거나 관리 비용 때문에 적자가 나게 만든다는 이유로 디마케팅에 심혈을 기울이고 있다. 은행들은 번호표 없이 긴 줄을 서게 만든다든가, 동전 교환 기피, 공과금 수납 거부, 객장의 소파 없애기 등의 수법까지 동원하고 있다. 소액 예금자들에 대한 차별이 어쩌나 심한지 금융연구원 한상일 박사는 2003년 "이대로 둘 경우 서민들은 앞으로 은행에서 계좌를 만들지 못하는 상황이 올 수도 있다"며 "금융기관의 공공성을 보완하는 대책이 마련돼야 한다"고 말했다.[29]

그러나 그간 아무런 변화도 없었으며, 은행의 디마케팅 전략은 더욱 심화되어왔다. 『파이낸셜뉴스』(2014년 8월 4일)는 「"돈 안 되는 고객은 오지 마세요" 은행권의 속 보이는 디마케팅」이라는 기사에서 "박근혜 대통령까지 나서 은행 보신주의를 질타했지만 일선 영업 창구에서는 보신주의 행태가 여전히 계속되고 있다. 특히 노약자나 장애인, 영세상인 등 금융소외계층에게 은행들의 문턱은 여전히 높아 불편이 지속되고 있다"며 다음과 같이 말했다.

"일부 은행의 경우 돈이 안 된다는 이유로 ATM을 철수시키고, 그 공간에 부유층을 위한 프라이빗뱅킹PB 창구를 개설, 은행의 공공성을 등한시한다는 비판이 제기되고 있다.……실제 전통시장이 들어서 있는 서울 영등포, 남대문, 신림 지역에서는 시장 상인들에 대한 지폐 교환을 거부하는 사례가 빈번하다. 대부분 창구 이윤이 남지 않는다는 이유에서다."[30]

그렇다고 해서 소비자들이 무조건 옳거나 정당한 것만은 아니다. 자신의 실속만 차리는 소비자를 일컫는 이른바 '체리 피커cherry picker' 때문이다. 접시에 담긴 신포도와 체리 가운데 달콤한 체리만 쏙쏙 집어먹거나pick 체리가 올려져 있는 케이크 위에서 비싼 체리만 골라먹는 사람을 빗댄 마케팅 용어다. 본래는 크레디트카드 회사의 특별한 서비스 혜택만 누리고 카드는 사용하지 않는 고객을 가리켰는데, 이 젠 기업의 상품·서비스 구매 실적은 낮으면서 기업이 제공하는 각종 부가 혜택·서비스를 최대한 활용하는 소비자를 뜻한다. 이들은 기업 의 서비스나 유통 체계의 약점을 이용해, 잠시 동안 사용하기 위해 상 품이나 서비스를 주문했다가 반품하는 등 해당 회사에 적지 않은 피 해를 일으키기도 한다.[31]

2013년 6월 현대카드는 혜택을 받는 문턱까지만 카드를 사용하 는 '체리 피커' 고객을 과감히 버리고, 실적이 우수한 고객군에 마케 팅을 집중하겠다는 전략을 발표해 화제가 되었다.[32] 특히 월 50만 원 이상을 사용하는 고객에게만 포인트 적립 등의 혜택을 제공하는 디마 케팅 전략은 1년 후 성공을 거둔 것으로 평가되었다. 월 50만 원 이상 을 사용해야 혜택을 받을 수 있기 때문에 1인당 월 평균 이용금액은 기존 60만 원에서 86만 원으로 급증했고, 출시 1년여 만에 200만 장 발급을 돌파했기 때문이다.[33]

디마케팅은 소비자보호나 환경보호 등 기업의 사회적 책임을 강 조함으로써 기업 이미지를 긍정적으로 바꾸는 효과를 기대하거나, 해 당제품이 시장에서 독과점이라는 비난을 받을 위험이 있을 때에도 사 용한다. 담배, 의약품 등의 포장이나 광고에 적정량 이상을 사용하면 건강을 해칠 수 있다는 경고 문구를 삽입하거나 세제 생산업체가 소 비자에게 세제를 적게 쓸 것을 부탁함으로써 환경보전을 자발적으로 수행하고 있다는 이미지를 소비자에게 심어주려는 것 등이 있다.[34]

프랑스 맥도날드가 "어린이들은 1주일에 한 번만 맥도날드에 오세요"라고 광고한 것, 코카콜라가 모든 제품 포장에 칼로리와 영양정보를 표시하고, 12세 미만 아동 모델은 광고에 출연시키지 않고, 텔레비전 등의 아동용 프로그램에도 제품 광고를 전면 중단키로 한 것 등이 대표적 사례로 꼽힌다. 이와 관련, 세계경영연구원IGM 교수 이우창은 "그런데 기업들 간의 경쟁이 심화되면서 고객에 대한 '진정성'이 차별화 포인트로 부각됨에 따라 최근 들어서는 이를 활용하는 방법으로 '디마케팅'을 펼치는 기업이 늘고 있다"며 다음과 같이 말한다.

"하지만 디마케팅이 효과를 보기 위해서는 전제 조건이 필요하다. 말뿐만이 아니라 진심으로 고객을 배려하는 마음이 있어야 한다는 것이다. 고객들은 입에 발린 빈말과 마음이 담겨 있는 진심을 구별하지 못할 정도로 어리석지 않기 때문이다."[35]

사실 이 후자의 용법은 원래의 디마케팅과는 정반대라고 볼 수 있다. 진정한 디마케팅은 이윤에 도움이 되지 않는 소비자들을 정말 쫓아내려고 애쓰는 것이기 때문이다. 이런 디마케팅의 대상이 되는 소비자들은 상호 연대해야만 자신들의 권리를 누릴 수 있는데, 그게 쉽지 않다는 게 문제다.

39

왜 1퍼센트의 사람들이
전체 조직을 뒤흔들 수 있는가?

1퍼센트 법칙

미국 경제학자 폴 크루그먼Paul Krugman은 2006년 대통령 경제보고서를 인용해 대학 졸업자의 실질임금 감소를 지적하면서 '80대 20의 법칙'을 학력에 따른 임금 격차에 그대로 적용하는 것은 잘못이라고 말했다. "지금 벌어지는 현상은 광범위한 지식 노동자층의 부상이 아니라 (20퍼센트보다 훨씬 적은) 소수 특권층의 부상이다. 소득과 부가 소수 특권층의 손에 점점 더 집중되고 있다." [36]

프랑스 경제학자로 1993~1995년에 미국 MIT 교수를 지낸 토마 피케티thomas Piketty, 1971-는 '상위 1퍼센트' 개념을 제시했다. "상위 1퍼센트 미국인이 전체 소득의 20퍼센트를 가져간다"는 것이다. 이런 상위 1퍼센트로 대변되는 소수 특권층으로의 경제력 집중은 날이 갈수록 심해졌고, 그 결과 2011년 9월 17일부터 '아큐파이 월스트리트 Occupy Wall Street' 운동이 일어났다.

부패하고 탐욕스러운 금융 산업과 치솟는 실업률에 대한 시민의 불만이 폭발해 99퍼센트가 1퍼센트의 상류층 거리를 점령한다는 의미의 시위가 대대적으로 전개된 것이다. 이 시위는 캐나다의 행동주의 그룹인 애드버스터스Adbusters에 의해 시작되어 '99퍼센드 대 1퍼센트' 또는 "We are the 99%"라는 단순명료한 슬로건을 전 세계에 퍼뜨리는 데 성공함으로써 두 달이 지나지 않아 전 세계 82개 국가의 95개 도시에서 동시다발적으로 진행되었다.[37]

온라인 세계의 오프라인화라고나 할까? 원래 '1퍼센트 법칙One Percent Rule'은 2006년 마케팅 전문가인 벤 매코널Ben McConnell과 재키 휴바Jackie Huba가 「1퍼센트 법칙: 시민참여의 양상The 1% Rule: Charting Citizen Participation」이라는 논문에서 제기한 것으로, 웹사이트의 콘텐츠 창출자는 전체 이용자의 1퍼센트라는 법칙이다. 이들은 2007년에 출간한 『시티즌 마케터Citizen Marketer』에서 이 개념을 더욱 발전시켰다. 새로운 콘텐츠 창출자는 1퍼센트, 댓글 등을 달아 코멘트를 하는 이용자는 9퍼센트, 단순 이용자는 90퍼센트라는 이유로 '90-9-1 법칙'이라고도 한다. 또 인터넷 접속의 99퍼센트는 1퍼센트도 안 되는 사이트에서 이루어지며, 책 판매의 99퍼센트는 1퍼센트도 안 되는 저자의 저서에서 나온다.[38]

미국의 멀티미디어 저널리스트 앤절라 오코너Angela O' Connor는 '90-9-1 법칙'에 대해 이렇게 말한다. "누구든 커뮤니티 사이트를 담당하고 성장시켜야 하는 책임자 자리에 있는 사람이라면 들어와서

글을 읽기만 하는 사람들을 글을 남기는 사람으로, 글을 남기는 사람들을 적극적인 참여자로 바꿔야 한다고 믿습니다. 사람들의 진지하고 적극적인 참여야말로 이 원리를 바꿀 수 있는 열쇠입니다."[39]

한국에서는 2014년 1~3월 기준 네이버에서 댓글을 작성하는 회원은 하루 평균 약 11만 5,000명이다. 네이버 전체 회원이 3,800만 명이라는 점을 감안하면 산술적으로 0.3퍼센트에 해당하는 회원만이 댓글을 다는 것이다.[40]

2005년 한국의 여당인 열린우리당이 심각한 내분 사태를 겪고 있을 때, "여당 여론을 주도하는 당원들은 전체의 1%도 안 된다. 침묵하는 다수의 목소리는 묻혀 있다"는 주장이 제기되었다. 당시 열린우리당에선 당원 게시판에 시도 때도 없이 글을 올리는 열성 당원을 '당게파' 혹은 '당게 낭인浪人'이라고 불렀는데, 당 관계자는 "140여 명에 불과한 당게파가 사실상 당 분위기를 주도한다"고 했다. 한 중진 의원은 "여당 의원 146명이 네티즌 당원 140여 명을 당하지 못하고 끌려가는 꼴"이라고 했다.[41]

좌우를 막론하고 정치에서 소통을 어렵게 만드는 건 늘 순수주의자들purists이다.[42] 이들은 가능성을 추구하는 정치를 이상을 추구하는 종교처럼 대하기 때문에 타협을 거부하는 강경파로 활약하기 마련이다.[43] 어느 집단에서건 이런 강경파는 소수임에도 지배력을 행사한다. 강경파와 강경파 지지자들의 강점은 뜨거운 정열이기 때문이다. 일반 유권자들에게는 선거일에 투표만 하는 것도 정치 참여지만, 그건 가장 낮은 단계의 참여다. 생업을 잠시 중단해가면서까지 자신이 지지하는 정치인이나 정치 세력에 자금을 지원하고, 모든 정치 관련 집회나 시위에 열심히 뛰어드는지를 생각해보자. 이런 높은 단계의 참여를 하는 이들은 '일당백'이다. 한 사람이 겨우 투표나 하는 유권자 100명 아니 그 이상의 몫을 해낸다는 것이다. 따라서 머릿수로 따질 일이 아니다. 정당, 지지자 모임 등 어느 조직에서건 강경파가 머릿수 이상의 영향력을 행사할 수 있는 결정적 이유다.

정치인의 선발 과정에서 이런 '초기 효과'는 매우 중요한 의미를 갖는다. 열성적인 지지자를 많이 거느린 후보들만이 경쟁의 무대에 오를 수 있다는 걸 의미하기 때문이다. 선거가 진행되면서 초기의 열성적 지지자들은 소수가 되지만, 그들이 초기에 구축한 '파워 베이스'는 이후에도 지속적인 영향력을 갖기 마련이다. 그런 베이스에서 거절당하면 아예 출사표를 던질 기회조차 갖지 못하기 때문에 정치인들은 '당파성 전사'로 나서야 한다는 걸 온몸으로 느끼고 있는 셈이다.[44] 그래서 미국에선 예비선거 시스템이 정치적 양극화를 악화시킨다는 우려가 제기되고 있다.[45]

미국에서 강경보수파 유권자단체인 '티파티Tea Party'가 큰 힘을 발휘하는 이유도 바로 그런 메커니즘에 있다. 공화당 의원들은 티파티에 찍힐까봐 벌벌 떤다고 해도 과언이 아닐 정도로 티파티의 눈치를 본다. 2013년 10월 공화당 의원들로 하여금 건강보험개혁법(오바마케어) 폐지를 요구하면서 연방정부 셧다운shutdown(부분 업무정지) 사태를 초래한 주범도 바로 티파티였다.

셧다운 사태 당시 민심을 크게 잃은 공화당 일각에선 "티파티에게 더이상 휘둘려선 안 된다"는 불만이 들끓었지만, 그 누구도 공개적으로 나서진 못했다. 그래서 미국 언론은 "누가 공화당을 대표하고 있는가?'라는 의문을 제기했다. 워터게이트 사건을 파헤친 노장 언론인인 칼 번스타인Carl Bernstein, 1944-은 CNN 등과 인터뷰에서 "현재 공화당은 조 매카시 이후 가장 위험해 보인다"고 지적했다.[46]

정치인의 선발 이후에도 정치 담론의 주요 의제와 내용이 강경파들에 의해 초기에 결정되면 정치는 선악善惡 이분법의 도덕으로 변질된다. 또 이들은 기존 모든 제도에 대한 강한 불신을 드러내면서 대중과의 직접적인 관계를 강조하는 가운데 정치를 비난하면서도 정치를 하는 모순 해소를 위해 '위기'를 과장하면서 정치담론을 도덕담론으로 전환시킨다.[47]

이는 '참여'를 둘러싼 오랜 논쟁의 한 단면이라 할 수 있다. 유권자의 광범위하고 적극적인 참여는 모두가 다 인정하는 민주주의의 이상이지만, 전반적으로 정치 혐오가 팽배한 사회에서 '정치화된' 소수 젊은 층이 '초기 효과'를 발휘할 때에 나타나는 문제를 어떻게 볼 것인가 하는 게 쟁점이다. 즉, 이른바 '참여 격차participation gap'의 문제가 한국에선 매우 심각하게 나타나고 있는데, 이를 모른 척하면서 참여의 중요성과 미덕만 강조하는 일반론은 위선이거나 기만일 수 있다. 참여 격차의 문제를 외면하는 참여 예찬론자들은 서구에서도 강력 제기되고 있는 '참여 격차 심화'에 대한 다음과 같은 우려에 주목하는 게 좋을 것 같다. "이 불평등은 반드시 극복되어야 한다. 참여 격차를 오랜 시간 방치한다면 그로 인한 비용은 우리가 감당하기 힘든 수준까지 올라갈 것이다."[48]

이런 참여의 불균형은 매우 심각한 문제다. 가장 중요한 소득에서 나타나는 파레토의 법칙을 시정하거나 보완하기 위해서라도 정치의 힘이 필요한데, 정치마저 참여에서 극단적인 불균형을 보임으로써 정치적 양극화로 흐르면 희망이 없기 때문이다. 갈등을 빚는 양측 모두 정열적인 강경파들이 득세해 증오의 대결을 벌이는 판에서 그 어떤 해법이 모색될 수 있겠는가 말이다.

40

왜 꼬리가 머리 못지않게
중요해졌을까?

롱테일 법칙

미국의 디지털 주크박스업체 이캐스트e-Cast는 자사가 보유한 1만 종의 앨범 중 분기당 한 곡이라도 팔린 앨범이 98퍼센트에 달한다는 걸 알 아냈다. 2004년 1월 이 사실을 전해들은 크리스 앤더슨Chris Anderson, 1961-은 이전에 무시되었던 비주류 상품들이 기대 이상의 효과를 창출 해내고 있으리라는 사실을 직관적으로 간파했다. 그는 2004년 10월 『와이어드』에 기고한 글에서 처음으로 '롱테일long tail' 개념을 제시했 는데, 이는 다품종 소량 생산된 비주류 상품이 대중적인 주류 상품을 밀어내고 시장점유율을 높여가는 현상을 말한다.[49]

높이 10미터 이상에 가로로 1킬로미터 이상 가는 롱테일(긴 꼬리) 을 가진 공룡을 고객으로 간주해보자. 그동안 기업들은 '공룡의 머리

fat head'에서 수익을 내 롱테일의 손실을 보전하는 사업 모델을 써왔다. 그런데 이캐스트 외에도 2004년 가을 미국의 인터넷서점 아마존이 이런 구조를 근본적으로 변화시킴으로써 꼬리가 더 중요한 '롱테일 법칙'을 실현했다는 주장이 나왔다. 그게 어떻게 가능했을까?

서점을 포함한 유통업체의 가장 큰 고민은 늘 상품의 진열과 공간이다. 진열할 수 있는 품목엔 한계가 있다. 잘 나가는 걸 고객의 눈에 잘 띄는 곳에 진열한다. 나머지는 구석 아니면 창고에 두어야 한다. 좋은 곳에 진열만 되면 잘 나갈 수 있는 상품도 초기의 선택에서 배제되면 영영 고객을 만날 길이 없다. 그래서 자사 제품을 좋은 자리에 진열하고자 하는 영업 사원들은 유통업체를 상대로 사투를 벌여야 한다. 이 과정에서 비리가 자주 발생한다. 이게 바로 오프라인 매장의 전형적인 모습이었다.

그런데 온라인에선 그럴 필요가 없어졌다. 물론 온라인에서도 좋은 자리는 있기 마련이지만, 오프라인에서처럼 생사生死를 결정지을 정도로 절대적인 건 아니다. 책은 도서목록에 올리는 데에 추가 비용이 들지 않는다. 거의 제로에 가깝다. 아마존이 다루는 230만 종이 넘는 서적엔 차별이 없다. 검색 기능에 의해 공급자의 '진열'이 아니라 수요자의 '필요'가 지배하는 공정 경쟁이 가능해진다. 머리와 꼬리의 차이는 순식간에 사라진다.

'롱테일 법칙'은 다수의 소액구매자의 매출이 상위 20퍼센트의 매출을 능가할 수도 있다는 것을 의미하기 때문에 '역파레토의 법칙'이라고도 한다(파레토의 법칙은 상위 20퍼센트가 매출액의 80퍼센트를 점한다는 법칙이다). 이런 롱테일 법칙의 실현을 기술적으로 가능케 하는

구조와 서비스를 개발하자는 게 바로 '웹 2.0'의 정신이다.[50]

정치인이 온라인을 통해 소액다수 기부를 받는 것도 롱테일 전략이다. 2004년 대선에서 인터넷 선거운동으로 초반 돌풍을 일으켰던 전 버몬트 주지사 하워드 딘Howard Dean의 선거참모였던 조 트리피Joe Trippi는 "만약 631명의 부자들이 조지 부시를 선출하기 위해 1억 달러 이상을 모을 수 있다면, 2백만 명의 미국인들이 각자 백 달러 이하씩만 모으면 그를 패배시킬 수 있다"고 주장했다.[51]

애덤 페넨버그Adam L. Penenberg는 버락 오바마Barack Obama가 2008년 대선에서 승리를 거둘 수 있었던 이유 중의 하나는 바로 그런 롱테일 전략이었다고 주장한다. "만약 오바마가 선거를 바로 몇 주 앞두고 1억 달러의 모금 요청을 했다면 이는 성사되지 못했을 것이다. 대신 그는 사람들에게 단돈 몇 달러라도 좋으니 할 수 있는 만큼 기부해달라고 부탁했고, 그다음에 그들에게 반복해서 후원 요청을 했다. 즉, 티끌 모아 태산이 된 것이다."[52] 같은 맥락에서 아리아나 허핑턴Arianna Huffington은 "인터넷이 없었다면 버락 오바마는 대통령이 아니라 민주당 대선 후보도 되지 못했을 것"이라고 주장한다.[53]

롱테일 전략은 온라인에서만 사용할 수 있는 건 아니다. 오프라인 점포나 일반 영업 활동에서도 업무를 자동화함으로써 롱테일 효과를 볼 수 있는데, 그 대표적 사례가 무선통신을 이용해 칩이 파악하는 정보를 통신하는 기술을 이용하는 RFID 마케팅Radio Frequency Identification Marketing(무선 주파수 인식 마케팅)이다. 쇼핑 카트에 'RFID 전자태그'를 부착해 고객이 어떻게 돌아다니고 어디에 얼마나 머물렀는지 손금 보듯 알아내 상품 진열과 재고관리 등에 활용함으로써 롱테일 효과를

기대할 수 있다.[54]

　롱테일 법칙에 대한 반론도 있다. 펜실베이니아대학 경영대학원 교수 카틱 호사나가Kartik Hosanagar는 2007년 아마존 등 온라인 소매업체들이, 특히 '추천' 시스템을 통해 실제로 미디어 시장의 블록버스터 논리를 강화하는 경향이 있다고 지적했다. 무엇보다도 판매량과 소비자 평가에 기초해 제품을 추천하는 시스템은 "인기 상품과 비인기 상품에 대한 부익부 빈익빈 현상"을 유발한다는 것이다.[55]

　일부 IT 기업에선 롱테일 현상이 나타나기도 하지만, 전반적으로 '머리'와 '꼬리' 사이의 소득격차가 날로 벌어지고 있는 이른바 '슈퍼스타 경제학economics of superstars'이 대세가 되고 있다.[56] 이와 관련, 하버드대학 경영대학원 교수 애니타 엘버스Anita Elberse는 2008년 『하버드 비즈니스 리뷰』에 실린 「롱테일에 투자해야 하는가?Should we invest in longtail?」라는 글에서 롱테일 법칙에 직격탄을 날렸다. 엘버스는 『조선일보』(2013년 7월 13일) 인터뷰에서 다음과 같이 말했다.

　"엔터테인먼트 업계의 롱테일은 꼬리가 길지만 납작해요. 수익이 안 나는 거죠. 2006년 미국 3,200만 개 음원 재생 횟수 가운데 상위 10% 음원이 전체 재생 횟수의 78%를 차지했습니다. DVD 렌털 시장에서도 상위 10% DVD가 전체 대여된 DVD의 48%를 차지했습니다. 애플의 음원 390만 개 가운데 음원 하나가 전체 판매량의 24%를 차지했고, 나머지 360만 개는 각각 100개도 못 팔았고요. 롱테일 시장은 없어요. 승자의 시장만 존재할 뿐이죠. 앤더슨은 인터넷이 확산하면서 소비자들이 히트 상품에서 멀어지고 틈새 상품을 찾는다고 주장하죠. 하지만 유튜브를 보세요. 싸이의 〈강남스타일〉은 17억 뷰를 기록

하고 '젠틀맨'은 4억 뷰를 넘었죠. 또 제로(0) 뷰를 기록한 수천 개가 넘는 비디오는 어떻게 설명해야 하나요?"

엘버스는 "롱테일이란 없다는 건가요?"라는 반문엔 이렇게 답한다. "아뇨, 롱테일은 존재합니다. (그는 종이에 롱테일 그래프를 그리기 시작했다) 문제는 꼬리가 길어질수록 납작해진다는 겁니다. 기본적으로 롱테일 논의에 잘못된 게 있어요. 사람들이 틈새시장 상품을 사용하면 그것만 사용한다는 생각이죠. 그런데 10번 중 9번을 흑백영화만 골라보는 마니아들도 〈캐리비안의 해적〉 같은 대중 영화를 대단히 좋아해요. 꼬리도 좋아하지만, 머리도 좋아한다는 겁니다. 물론 진짜 대중적인 콘텐츠를 싫어하는 마니아도 있지만, 소수에 불과해요."[57]

롱테일 효과가 다소 과장되었다는 선에서 엘버스의 반론을 받아들이면 무난할 것 같다. 앤더슨 역시 "사람들은 롱테일 이론에 대해 블록버스터의 종말이나, 독과점의 종말이라는 식으로 이해하기도 합니다. 당연히 어떤 산업이나 블록버스터는 계속 유효하지요. 중요한 것은 그들이 더이상 시장을 독점할 수 없다는 겁니다"라고 말하고 있으니 말이다.[58] 롱테일 효과는 가능성인데, 그 가능성을 실현시켜 큰 성공을 거둔 사례를 일반화하긴 어려울 것이다. 하지만 가능성이라도 존재한다는 것은 사람들을 열광시킬 수 있다. 우리 인간은 꿈을 먹고 사는 동물이기 때문이다.

공포 · 분노 · 충동

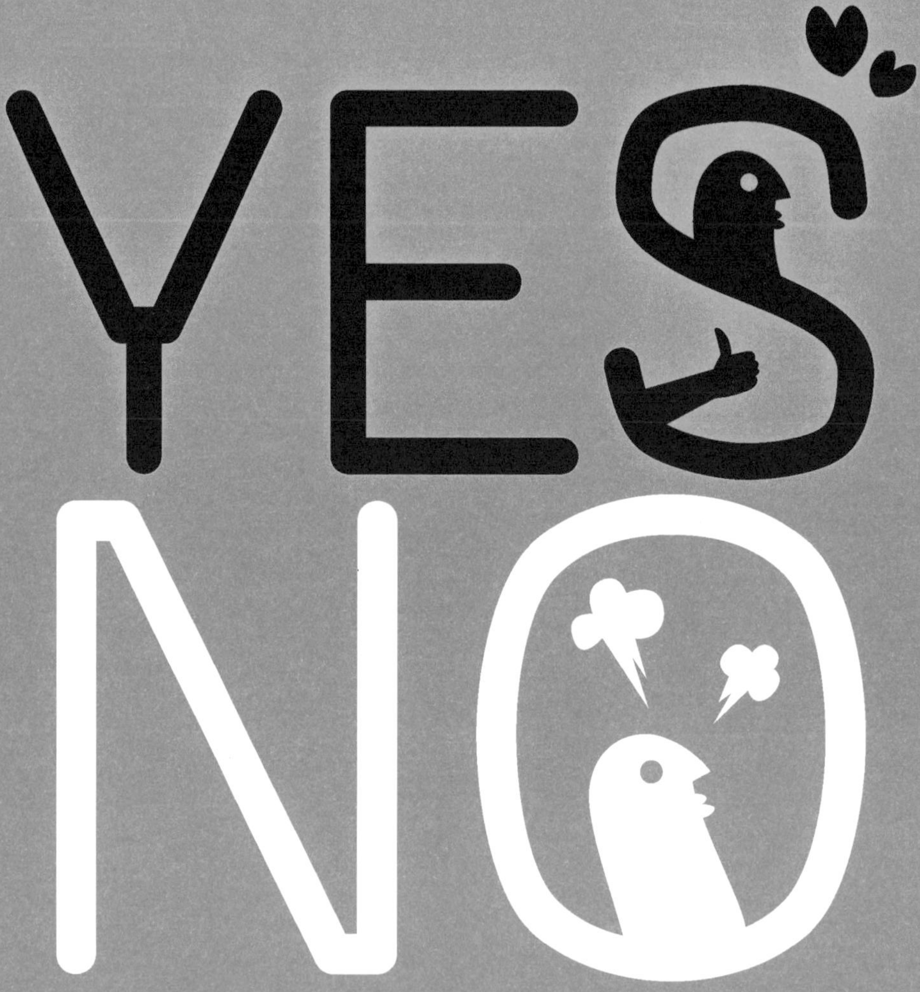
YES
NO

41

왜 결정을 내리는 걸
두려워하는가?

▼
▲
결정공포증

"To be or not to be: that is the question(살 것이냐 죽을 것이냐 그것
이 문제로다)." 윌리엄 셰익스피어William Shakespeare, 1564-1616의 『햄릿
Hamlet』에 나오는 말이다. 결정 또는 결단이 얼마나 어려운지를 말해
주는 명문이다. "결정, 결심, 결의하다"는 뜻을 가진 영어 단어 decide
는 "to cut away"라는 뜻의 라틴어 decidere에서 나온 말이다. 결정
이나 결심이란 택하지 않을 것들을 잘라내는 일이라는 뜻이 되겠다.[1]
그 잘라내는 일이 결코 쉽지 않다. 그래서 '결정 피로감decision fatigue'이
란 말이 나온 게 아니겠는가.

이스라엘의 판사들을 대상으로 한 연구에서는 그들이 판결을 내
리는 데 결정적이었던 것은 죄수들의 종교나 출신, 범죄의 중대성이

아니라 판사들이 갖고 있던 '의사결정의 피로감'인 것으로 밝혀졌다. 처음엔, 즉 피로감이 없을 땐 죄수의 조기 석방 청원을 받아들인다든가 하는 용기 있는 판결을 내릴 확률이 높지만, 시간이 흐르면서 지치게 되면 판사들은 현상 유지를 하는 쪽으로 결정을 내리더라는 것이다.[2]

물론 보통 사람들도 일상적 삶에서 비슷한 상황에 처할 수 있다. 롤프 도벨리Rolf Dobelli는 『스마트한 선택들』(2012)에서 "의사결정의 피로감은 위험하다. 꼼꼼하게 세부 사항을 고려해서 결정을 내리는 과정을 포기하게 만들기 때문이다. 그래서 화려한 광고를 보고 순간적으로 충동구매를 하게 되거나 아예 결정을 미루게 된다"며 다음과 같이 말한다.

"그렇다면 의지력을 다시 찾기 위해서는 어떻게 해야 할까? 사람의 의지력은 마치 배터리처럼 작용한다. 즉 얼마의 시간이 지나면 의지력이 고갈되어 텅 비게 되므로 긴장을 풀고 휴식을 취하고, 뭔가를 먹으면서 다시 충전해야 한다. 만약 당신이 너무 지쳐 있고 혈당이 부족하면 의지력은 무너지고 말 것이다."[3]

자신의 결정이 중요한 의미를 갖는다고 생각하면 '결정 피로감'을 넘어서 '결정공포증decidophobia'까지 갖게 될 수도 있다. decidophobia는 decision(결정)과 phobia(공포증)의 합성어로 의사결정을 할 때 공포감과 두려움을 갖는 것을 말한다. 미국 프린스턴대학 철학교수 월터 카우프만Walter Kaufmann이 1973년에 처음 만든 말이다.[4]

미국 펜실베이니아대학 경영학자 마이클 유심Michael Useem은 『고 포인트: 선택과 결정의 힘The Go Point: When It's Time to Decide—Knowing What to Do and When to Do It』(2006)에서 "중대한 결정, 특히나 다른 사람들에게 영향을 미치는 결정을 내리기 꺼려하는 사람들이 너무 많아서 임상심리학자들은 그러한 현상에 이름을 붙이기까지 했다. 더 정확히 말하면, 연관된 두 증상에 각각 두 가지 이름을 붙였다"며 다음과 같이 말한다.

"하나는 결정공포증decidophobia, 다른 하나는 결정공포증의 동생으로, 책임을 지는 것에 대한 비정상적이고 지속적인 공포를 뜻하는 책임공포증hypengyophobia이다. 그 무엇이든 결정을 척척 내리는 몇몇 사람을 제외하고 대부분의 사람들은 인생의 어느 시점에서 반드시 이두 가지 증상을 경험한다. 며칠, 심하면 몇 달 동안 속을 태우며 고민하다가 마침내 유난히 까다로운 결정을 내려야 할 그 순간에 심장이 발끝으로 쿵 떨어지는 기분을 모두 한 번씩은 느꼈으리라."[5]

결정공포증은 개인의 문제이기도 하지만, 사회적 변화에 따라 확산될 수 있는 사회적 문제이기도 하다. 미국 미래학자 앨빈 토플러Alvin Toffler, 1928-는 1970년에 출간한 『미래의 충격Future Shock』에서 테크놀로지 등의 발전으로 인한 급격한 변화에 따른 개인의 부적응 현상을 '미래의 충격'으로 보았다. 이 책에서 '변화의 방향'보다는 '변화의 속도'를 강조한 토플러는 미래의 딜레마가 '선택의 과잉overchoice'이라고 했는데, 이는 오늘날 현실이 되었다. 선택의 과잉은 결정공포증을 확산시킨다.[6]

오스트리아 저널리스트 올리버 예게스Oliver Jeges, 1982-는 『결정장애 세대: 기회의 홍수 속에서 길을 잃은 사람들』(2014)에서 자신을 포함한 20~30대의 젊은이들을 '결정장애 세대Generation Maybe'라고 칭한 뒤, 이 세대의 행태를 비판하고 탄식한다. 그는 "우리는 방향을 잃었다. 결정을 내리고 싶지도 않고 어떻게 내려야 하는지도 모른다. 우리는 병적으로 모든 결정을 미룬다"며 다음과 같이 말한다.

"심리학에서는 이런 태도를 '지연 행동procrastination'이라 부른다. 우리 세대 때문에 새로 등장한 개념이다. 우리 세대 이전에는 이런 개념이 존재하지도 않았다. 하지만 우리도 할 말이 있다. 우리 앞에는 이제까지 그 어떤 시대보다 더 많은 옵션들이 놓여 있고, 우리는 사상 최대의 과잉 기회와 씨름하고 있다. 지금 우리의 모습은 독일 통일 직후 동독에서 서독으로 건너와 난생처음 소시지 진열대, 과일 진열대와 마주한 이주민 같은 꼴이다. 수많은 상품들 중 뭘 사야 좋을지 몰라서 고민하고 있는 그런 이주민 말이다."[7]

결정공포증은 지연 행동과 더불어 동조conformity를 낳는다. 동조conformity란 어떤 특정인이나 집단에서 실제적이거나 가상적 압력을 받아서 자기 자신의 행동이나 의견을 바꾸는 것을 말한다. 자신의 결정이나 판단을 내리는 걸 두려워하는 사람으로선 오히려 그게 편한 선택인 셈이다.[8]

세상사 모든 일이 다 그렇기는 하지만, 전체 집단에 큰 영향을 미치는 정치는 '결정의 예술'이라고 해도 과언이 아니다. 토플러는 『정치는 어떻게 이동하는가Creating a New Civilization: The Politics of the Third Wave』(1994)에서 '의사결정의 부하decision load'는 민주주의를 이해하는 데 핵심이 되는 개념이라고 말한다.

"모든 사회는 정상적으로 작동하기 위해 질적·양적으로 일정 수준 이상의 정치적 의사결정을 필요로 하며, 각각의 사회는 해당 사회만의 독특한 의사결정 구조를 가지고 있다. 그런데 어떤 사회가 필요로 하는 의사결정이 더 많고, 더 다양하고, 더 빈번하고, 더 복잡할수록, 해당 사회의 정치적 '의사결정의 부하'는 더 커진다. 그리고 의사결정의 부하가 분배되는 방식은 한 사회의 민주주의 수준에 영향을 미치게 된다."[9]

문제는 결정의 집중, 즉 특징인에게만 몰리는 결정의 과부하다. "오늘날 정치 시스템의 상층부에서는 의사결정의 과부하가 발생하고 있는데, 이로 인한 문제를 해결하기 위해서는 의사결정의 부하를 분산할 필요가 있다. 문제의 본질에 따라 의사결정이 이루어지는 장소를 다양하게 가져가고 의사결정의 권한을 더 많은 사람들에게 나눠주는 것이다."[10]

이 원리에 따르자면, 결정공포증에 걸린 사람에게 가장 필요한 건 결정을 나누진 못하더라도 같이 의논할 수 있는 사람을 곁에 두는 게 가장 좋은 해법일지도 모르겠다. 결정 내리기를 병적으로 좋아하는 성향, 즉 '결정애호증decidophillia'을 타고나는 사람은 매우 드물지만 후천적으로 결정 능력을 습득할 수도 있다고 하니,[11] 작은 결정부터 내려보는 훈련을 해보는 것도 좋겠다.

42

왜 '마녀사냥'이
일어나는가?

도덕적 공황

유럽에서 마녀사냥witch-hunt은 15세기 초엽에서 18세기 말엽까지 약 400여 년 동안 지속되었는데, 마녀사냥이 절정에 이르렀던 시기는 1585~1635년 사이의 약 50년 동안이었다. 마녀사냥으로 처형된 희생자의 수에 대해선 최소 50만 명에서 최대 900만 명으로 역사가들마다 견해가 다양하다.

마녀사냥의 총지휘자는 바티칸 교황이었다. 가톨릭은 개신교도도 이단이나 마녀로 몰아 처형했는데, 흥미롭고도 놀라운 건 개신교 역시 내부의 이단에 대해 가톨릭 못지않은 마녀사냥을 자행했다는 점이다. 그것도 종교개혁이 대대적으로 이루어진 지역에서 더 잔인한 마녀사냥이 저질러졌다. 종교개혁이 진행되지 않았거나 약했던 국가들에서는 마녀사냥이 상대적으로 약했거나 거의 일어나지 않았다.

영국의 청교도 혁명기에 맹활약을 한 마녀 사냥꾼의 주요 마녀 감별법은 용의자를 물에 던지는 것이었다. 마녀 용의자의 팔다리를 묶고 담요에 말아 연못이나 강에 던져 가라앉으면 가족에게 무죄라고 위로하면 그만이었고 물에 뜨면 마녀라는 증거이므로 화형에 처했다.[12]

그렇게 집단적으로 미쳐 돌아가는 상황에서 이단을 고발하는 첩자들이 없을 리 없었다. 유럽 전역은 단독으로 활동하는 사악한 첩자들로 들끓었으며, 이들은 교회를 비난했다거나 어떤 교의에 의문을 표했다는 사람들을 고발하는 일로 먹고살았다. 헨드릭 빌럼 판론 Hendrik Willem van Loon, 1882-1944은 "주변에 이단이 없으면 만들어내는 것이 앞잡이 공작원의 일이었다"며 다음과 같이 말한다.

"아무리 죄 없는 사람이라도 고문이 죄를 자백하게 만들 터이므로, 그들은 조금도 걱정할 필요 없이 끝없이 그 일을 계속할 수 있었다. 영적인 결함이 의심되는 사람을 익명으로 고발할 수 있는 제도로 말미암아 많은 나라에 그야말로 공포 시대가 열렸다. 드디어는 가장 가깝고 친한 친구조차 믿지 못하게 되었다. 한 집안 사람들마저 서로를 경계하지 않을 수 없었다."[13]

오늘날 학자들은 그런 어이없는 폭력과 인권유린이 광범위하게 오랫동안 저질러질 수 있었던 이유 중의 하나로 당시 사람들이 빠져 있던 '도덕적 공황moral panic'을 지적한다. 오늘날에도 '마녀사냥'은 비유적으로 많이 쓰이는데, 그런 용법 역시 '도덕적 공황'을 기반으로 한 여론몰이와 그에 따른 폭력과 인권유린을 지적하기 위한 것이다.

『옥스퍼드 영어소사전』은 panic을 "갑작스럽고 엄청난 놀람 또는 공포의 느낌으로, 보통 사람들이 육체에 영향을 미치고, 안전을 확보하고자 하는 지나치거나 무분별한 노력을 이끈다"고 정의한다.[14] 도덕적 공황은 특정 집단이나 행동 유형이 사회적 및 도덕적 불안의 징후로 여겨질 때 나타나는 사회의 과잉반응을 가리키는 말로, 1830년부터 쓰이기 시작한 말이다.

도덕적 공황은 기술 격변이 일어날 때 사회 전체가 두려움에 휩싸이면서 나타나기도 한다. 전기가 처음 나왔을 때, 전깃불이 여성들과 아이들이 집에 있다는 사실을 범법자들에게 알려줄 것이라는 우려가 있었으며, 백열전구가 사회적 대혼란을 몰고 올 것이라는 주장도 있었다. 철로가 놓이기 시작할 무렵, 기차가 시속 80킬로미터로 속도를 높이면 여성의 자궁이 몸에서 이탈해버릴 수 있다고 믿는 사람들도 있었다.[15]

오늘날 사회학자들은 '사회 통제 메커니즘'으로서 도덕적 공황과 미디어가 그런 메커니즘의 중심에 놓여 있다는 점에 주목한다. 앤서니 기든스Anthony Giddens와 필립 서턴Philip W. Sutton은 "도덕적 공황은 전형적 패턴을 따른다"며 다음과 같이 말한다.

"이는 무언가 또는 어떤 집단이 공통의 도덕적 가치에 대한 위협으로 여겨지면서부터 시작된다. 이러한 위협은 매스미디어를 통해 과장되고 단순화되어, 대중으로 하여금 그러한 이슈에 대해 예민하게 반응하고 우려하도록 만든다. 결국 이는 '모종의 조치'에 대한 요구로 이어지고, 정부 당국이 이를 행동에 옮기도록 하는(통상적으로 새로운 입법을 통해) 압력 또한 증대한다. 경우에 따라서는 공황 상태가 미디어의 관심 주기가 끝날 때까지 지속되기도 한다."[16]

이런 관점에서 이루어진 최초 연구는 영국에서 사회학자 스탠리 코언Stanley Cohen, 1942-2013이 1972년에 출간한 『악마와 도덕적 공황Folk Devils and Moral Panic』이다. 미디어가 하위문화 집단들이 벌인 '작은' 사건들을 보도하면서 공포감을 조성해 그들에게 일탈의 낙인을 찍는 과정을 분석한 작품이다. 1978년 스튜어트 홀Stuart Hall과 그의 동료들은 『위기 관리하기Policing the Crisis: Mugging, the State and Law and Order』를 통해 지배 권력이 범죄를 사회적 통제를 위한 도구로 이용하고, 그 와중에서 미디어의 증폭 과정을 거치면서 생성된 도덕적 공황이 이데올로기 기능을 수행하는 것을 분석했다.[17]

도덕적 공황은 사회 특정 집단을 희생양 삼아 발생하는 경우가 많은데, 그 대상은 매우 다양하다. 예컨대, 텍사스A&M대학 심리학과 교수 크리스토퍼 퍼거슨Christopher J. Ferguson은 게임과 폭력 사건을 연관 짓는 움직임을 도덕적 공황으로 설명한다. 그는 "총기 난사 사건 후 게임에 대한 부정적 여론이 확산되며 이를 바탕으로 게임과 폭력성을 연결 짓는 이후 연구가 늘어나고 이러한 연구가 부정적 여론을 더욱 확대하며 정책에도 영향을 미치는 과정은 도덕적 공황의 예"라고 주장했다.[18]

한국에선 2011년 12월 이후 중·고생들의 연이은 자살과 함께 학교폭력이 언론에서 집중 조명을 받았는데, 그 과정에서 각종 학생 폭력 조직의 현황과 활동부터 학교폭력이 조직폭력배와 연결되어 있다는 등 놀라운 사실들이 보도되었다. 교육 전문가들은 다양한 해결책을 쏟아냈고, 정부도 이에 호응해 2012년 2월 초 '학교폭력 근절 종합대책'을 내놓는 등 강력한 대응 의지를 표명했다.

이런 일련의 움직임과 관련, 숙명여자대학교 미디어학부 교수 심재웅은 "학교폭력을 다루는 언론보도에서 '도덕적 공황moral panic'으로 흐르는 경향"이 나타났다고 지적했다. 그는 "언론보도에 나타난 도덕적 공황은 전형적인 특성을 보인다. 먼저 언론은 선정적이며 자극적인 방식으로 이슈를 부각하며, 문제의 심각성을 알린다. 정부 관료나 오피니언 리더들은 정보원으로 등장해 보도된 내용이 사실임을 강조한다. 보도를 접한 기성세대들은 상황이 매우 심각하며, 이를 위해 특단의 조치가 필요하다는 공감대를 형성한다"며 다음과 같이 말했다.

"지금까지 언론보도는 학교폭력을 우리 사회에서 가장 반사회적인 행위 중 하나로 규정했다. 폭력을 저지르는 청소년은 사회적 격리와 처벌의 대상임을 분명히 했다. 문제는 언론을 통한 도덕적 공황이 학교폭력을 극적으로 묘사함으로써 오히려 합리적 판단이나 해결책을 모색하기 어렵게 만든다는 것이다. 아이러니가 아닐 수 없다. 최근 청소년폭력예방재단의 조사에 따르면, 학교폭력에 대한 언론의 무수한 보도와 폭력을 막겠다며 내놓은 정부의 대책에도 불구하고 학교폭력은 오히려 증가하고 있다. 학교폭력에 대한 언론의 진단과 정부의 정책이 실질적인 효과가 없다는 뜻이다. 학교폭력 이슈에 대한 언론의 침착한 접근을 주문하고 싶다."[19]

일부 서양 학자들은 도덕적 공황이 더는 단발적 현상이 아니라 근대사회 일상생활의 만성적 특성이 되었다고 주장하지만,[20] 한국에선 도덕적 공황이 오래전부터 만성적 현상이었다. 한국 특유의 '미디어 1극 구조' 때문이다. 도시국가를 제외하고, 이 지구상에 한국처럼 미디어가 한 거대 도시에 집중되어 있는 나라는 찾아보기 어렵다. 다양성은 실종된 가운데 모든 미디어가 특정 이슈에 경쟁적으로 '올인'하는 경향이 일상화되어 있다. 그 어떤 주제건 사람들을 놀라게 만들 만한 이슈라면 도덕적 공황을 만들어내고야 만다.

한 도시에 집중적으로 몰려 있는 미디어는 어떤 이슈가 떠오르면 살인적인 경쟁을 벌이면서 무작정 쓰고 보자는 식으로 최소한의 사실관계조차 확인하지 않은 채 선정적으로 치닫는 경우가 많다. 그래서 '하이에나 저널리즘'이란 말까지 나왔다.[21] 하지만 그걸 언론 윤리의 문제만으론 보기 어렵다. '미디어 1극 구조'라는 환경과 조건이 훨씬 더 큰 이유다. 그 구조를 그대로 두는 한 자주 발생하는 도덕적 공황은 우리의 숙명이다.

LIKE

43

왜 폭력의 공포에 떠는 사람들은
정치적으로 보수화되는가?

배양효과 이론

미디어와 폭력의 관계는 미디어가 생겨난 이래로 끊임없는 논란의 대상이었다. 그간 심리학자를 포함한 많은 사회과학자가 이 주제를 끈질기게 물고 늘어졌지만, 아직 시원한 답은 나오지 않고 있다. 1970년대 미국 사회에선 '텔레비전에서 묘사되는 폭력'(이하 'TV폭력')이 심각한 사회적 문제로 대두됨에 따라 커뮤니케이션 학자인 조지 거브너George Gerbner, 1919-2005의 '배양효과 이론cultivation effect theory'에 대한 관심이 크게 높아졌고, 이 이론을 둘러싼 논란은 지금까지 계속되고 있다.

배양효과 이론은 일부 국내 관련 서적에선 '계발효과 이론'으로 소개되고 있다. 그러나 이 이론에서 텔레비전이 cultivation을 하는 것을 긍정적인 것으로 보기는 어려우므로 '계발'이라는 단어보다는

'배양'이라는 단어가 cultivation에 대한 더욱 정확한 번역이 아닌가 싶다.

배양효과 이론은 한마디로 이야기해서 텔레비전 속의 상징적 세계가 시청자들의 실제 세계에 대한 생각을 배양한다는 것이다. 거브너에 따르면, 문화배양은 기본적으로 시청자들이 미디어에 의해 수동적으로 조종되는 것이 아니라, 미디어와 계속적으로 상호 작용을 하는 것으로 상정한다. 그럼에도 시청자와 미디어는 닮아가는 점이 있으며, 그 과정에서 개인의 지각된 현실은 점차 텔레비전 세계에 근접해간다는 것이 배양효과 이론의 핵심이다.[22]

거브너의 배양효과 이론은 텔레비전에 묘사된 폭력에 관한 연구에 집중되어 있다. 물론 미국의 텔레비전엔 폭력이 철철 흘러넘친다. 거브너의 연구에 따르면, 미국 텔레비전 드라마 10편 중 8편이 폭력 장면을 담고 있으며, 이들 드라마의 주인공 10명 중 5명이 폭력을 행사하고, 6명은 폭력을 당하는 장면이 방영되었는데, 전체 폭력 희생자는 주당 400건에 이르렀다.[23]

폭력은 텔레비전 드라마의 갈등과 그에 따른 흥미성을 제공하는 데 가장 싸고 쉬운 방법이지만, 시청자들이 그 폭력을 많이 시청하다 보면 폭력에 대한 공포감을 갖게 된다는 것이 거브너의 주장이다.

거브너는 시청자를 '중시청자heavy users'와 '경시청자light users'로 구분해 이 두 종류의 시청자들이 세상을 보는 눈에 큰 차이가 있다는 것을 지적한다. 거브너의 연구는 경시청의 상한선을 매일 2시간으로 규정했으며, 중시청자는 4시간 이상을 시청하는 사람들로 보았다. 중시청자가 경시청자보다는 많지만, 두 집단은 각각 전체 인구의 4분의

1씩을 차지하고 있다.

경시청자는 그들의 속성과 환경에 따라 다양한 견해를 갖지만, 중시청자는 그런 차이는 감소되거나 아예 없어져 텔레비전이 배양하는 경향이 있는 '세상을 보는 눈'이 같아지게 된다. 거브너는 이 과정을 '주류화mainstreaming'라고 불렀으며, 이것이 경계의 흐림Blurring, 혼합 Blending, 왜곡Bending 등 3B 과정을 통해 일어난다고 보았다. 또 사람들이 텔레비전에서 본 것이 그들의 일상적 현실(또는 지각된 현실)과 일치할 때 이른바 '공명resonance'이 일어나 배양 효과가 증폭된다고 했다.[24]

중시청자들은 자신을 중도주의자라고 부르지만, 거브너는 사회 문제에 대한 중시청자들의 입장은 보수적이라고 말한다. 중시청자들은 낮은 세금, 더 많은 정치적 보호, 강력한 국방을 찬성하며, 자유 언론·낙태·국제결혼·흑인과 백인의 동시 버스 통학 등에 대해서는 반대한다는 것이다. 거브너는 중시청자들이 세상에 대해 한층 더 두려움을 갖게 되는 걸 '공명'의 과정으로 설명했다.

누구나 적어도 한 번쯤은 직접적인 물리적 폭력의 경험을 갖고 있지만, 실제 경험한 폭력은 그렇게 나쁜 것이 아닐 수도 있다. 그러나 텔레비전 화면에서 반복되는 상징적인 묘사가 시청자들의 마음에서 실제 경험을 되풀이하도록 할 수 있을 것이다. 그럴 경우, 물리적 폭력을 경험한 중시청자는 텔레비전을 시청함으로써 그것을 두 번 경험하게 되는 셈이 된다. 그래서 거브너는 상징적인 폭력의 일상적인 섭취가 사람들로 하여금 자기가 겪었던 경험을 확대하도록 함으로써 생활환경을 더 무섭게 인식하도록 만들었을지도 모른다고 설명한다.[25]

왜 폭력의 공포에 떠는 사람들은 정치적으로 보수화되는가?

거브너의 연구 결과에 따르면, '중시청자'는 '경시청자'에 비해 개인적 위험에 대한 의식이 강하고 세상에 대한 의심의 정도가 크다. 특히 TV폭력의 주요 희생자로 묘사되는 노인·여성·유색인종·빈민들에게서 범죄에 대한 공포가 더욱 심하다는 것이 발견되었다. 이들은 세상을 실제보다 위험하고 사악한 곳으로 인식하게 되는 이른바 '사악한 세계 신드롬mean world syndrome'의 포로가 될 가능성이 높으며, 이는 정치적으로 중요한 의미를 갖는다.

거브너는 공포가 역사적으로 사회통제의 도구였다는 점에 주목한다. 공포감을 느끼는 사람들은 권위에 더욱 의존적이고 더욱 쉽게 조작 당하고 통제 당한다. 사람들 간의 관계도 멀어진다. 그들은 그들의 불안한 심리를 완화시켜줄 수 있는 방안이 제시되면 설사 그 방안이 매우 억압적인 것이라도 그것을 기꺼이 수용하고자 한다. 결국 사회가 보수화된다는 뜻이다.[26] 거브너는 다음과 같이 말한다.

"우리의 연구는 TV를 많이 시청하는 것이 실제 생활에서 위험을 느끼는 의식을 배양한다는 것을 보여주고 있다. 공포는 더 많은 공포와 억압을 불러일으키는 공격성을 초래한다. 그래서 TV에 묘사되는 폭력의 유형은 그것이 사회통제 구조를 위협하는 것처럼 보일지라도 실제로는 사회통제 구조를 강화할 수 있다.……TV는 노소를 막론한 모든 사람들의 보편적인 교육 과정이며, 우리를 둘러싼 공동의 상징적 환경이다."[27]

공포는 인간의 생각을 편협하게 만든다. 인간의 의식을 가장 본질적인 사실, 곧 가장 기본적인 본능에 묶어두기 때문이다. 예컨대, 사나운 불길이 뒤쫓아올 때 인간은 오로지 불길을 피해 도망쳐야 한다는 생각밖에 하지 못한다. 이런 현상을 가리켜 '지각 협착perceptual narrowing'이라고 하는데,[28] 공포에 의한 보수성은 바로 그런 '지각 협착'의 산물이라고 할 수 있겠다.

'점화 효과priming effect' 연구자들은 인간에게 죽음을 상기시킬 경우 권위주의적인 생각에 대한 관심이 높아진다는 것을 발견했는데,[29] 여기서 한 걸음 더 나아간 것이 배양효과라고 볼 수 있겠다. 배양효과는 특히 노인층에서 많이 나타나고 있는데, 사회학자 배리 글래스너Barry Glassner는 "미국의 많은 노인들은 텔레비전에서 본 살인과 폭력에 너무나 겁을 먹은 나머지 집 밖으로 좀처럼 나가려 하지 않는다"고 말한다.[30]

물론 거브너의 모든 주장을 다 그대로 믿을 필요는 없다. 실제로 반론도 많다.[31] 그러나 그가 미디어에 관한 올바른 문제 제기를 한 것만큼은 분명하다. 실제로 위험과 불안정에 대한 고양된 느낌, 즉 '도덕적 공황moral panic'이 제도권 권위에 대한 맹종과 의존을 증대시킨다는 건 많은 이데올로기 연구에서도 잘 나타나고 있다.[32]

특히 미국의 9·11 사건 이후 나타난 사회적 여파는 미디어의 과도한 폭력 묘사 또는 보도로 인한 '도덕적 공황'이 제도적 권위에 대한 의존과 맹종을 증대시킬 가능성이 높으며 그 가능성이 사회적 약자에 대한 부당한 억압으로 귀결될 수 있다는 우려를 현실화시켜준 대표적 사례로 볼 수 있다.

인터넷과 SNS의 시대엔 '사악한 세계 신드롬'보다는 '친근한 세상 신드롬friendly world syndrome'이 큰 문제라는 지적도 있다. 이와 관련, 미국의 온라인 정치시민단체 '무브온'의 이사장인 엘리 패리저Eli

Pariser는 2011년에 출간한 『생각 조종자들The Filter Bubble』에서 "페이스북이 '중요해요' 대신에 '좋아요'를 선택한 것은 의미심장한 결정이다. 페이스북에서 가장 관심을 끄는 이야기는 가장 많은 '좋아요'를 얻은 이야기이다. 그리고 그 이야기는 가장 좋아할 만한 것이기도 하다. 페이스북은 멸균된 친근한 세상을 지향하는 유일한 필터링 서비스는 아니다"며 다음과 같이 말한다.

"친근한 세상 신드롬의 효과 중 아주 곤란한 것 중의 하나는 중요한 공공적 문제가 사라져버린다는 것이다. 일반적으로 무미건조하고 복잡하고 천천히 진행되는 문제들은 아주 중요한 안건들인데도 별로 눈길을 끌지 못한다. 홈리스에 대한 정보를 찾는 사람은 거의 없고, 공유하지도 않는다. 지금까지는 뉴스를 편집하는 사람들의 손에 의해 이런 문제들이 조명되었지만, 이제 편집인들의 영향력은 줄어들고 있다."[33]

사람과디지털연구소장 구본권은 「'좋아요'만 허용한 페이스북의 잔인함」이란 글에서 모든 감정적 표현과 반응을 '좋아요' 단추로만 표현하도록 하는 페이스북의 기본 구조는 잔인하다고 말한다. "'싫어요'나 '슬퍼요' 단추가 없어, 사용자들은 친구가 부모상을 당하거나 비탄에 빠졌다는 글을 올려도 '좋아요'를 눌러대고, 알고리즘은 가장 많이 '좋아요'를 받고 공유된 콘텐츠를 골라내 '가장 행복한 모습'으로 발행한다"며 다음과 같이 말한다.

"구글과 페이스북 등 거대 인터넷 기업들은 정교한 알고리즘 기술을 통해 디지털 세상을 운영하고 있으며, 스마트폰과 일체화된 우리들의 삶은 갈수록 이러한 알고리즘의 지배와 영향 아래 놓이게 된다. 로봇과 알고리즘의 커져가는 힘을 사용자가 인식하고 좀더 인간적 기준을 제시해나가지 않으면, 기계에 우리를 맞추는 위험한 경우가 점점 늘어날 수밖에 없다."[34]

사악하건 친근하건 우리의 현실 인식을 방해하는 건 피하는 게 좋겠지만, 문제는 우리가 미디어의 세계에 갇혀 옴짝달싹할 수가 없게 되어 있다는 점이다. '미디어 독재 체제'하에 살고 있다고 해도 과언이 아니다. 매스미디어의 시대엔 자신의 의식이 그 무엇에 의해 지배당하거나 조종당할 수도 있다는 걸 어렴풋하게나마 의식할 수도 있었지만, 인터넷과 SNS의 시대엔 개인의 자율성과 자기주도성에 대한 착각이 극대화되면서 그마저 쉽지 않은 일이 되어버리고 말았다.

왜 폭력의 공포에 떠는 사람들은 정치적으로 보수화되는가?

44

왜 미국 정부가 9·11 테러를
공모했다고 믿는가?

음모론

9·11 테러 미국 정부 자작설, 미국 네바다주 비밀 공군기지의 외계인 거주설, 엘비스 프레슬리 생존설, 아폴로 11호 달 착륙 연출설, 셰익스피어 가짜 인물설, 예수 결혼설, 파충류 외계인 지구 지배설, 인종차별주의자들의 에이즈 개발설, 존 F. 케네디 암살 배후설, 다이애나 사망 영국 왕실 개입설.

2008년 영국 주간지 『이코노미스트』에 소개된, 인터넷 검색엔진 구글에서 가장 인기를 끄는 '세계 10대 음모론'이다. 세계적인 음모론의 배후로 자주 지목되는 주범들은 늘 CIA, KGB 같은 국가 정보기관과 마피아, KKK단, 프리메이슨, 시오니즘단團 같은 단체들이다.[35]

누가 그런 황당한 음모론을 믿느냐고? 천만의 말씀이다. 단골 고객이 아주 많다. 예컨대, 스크립스 하워드Scripps Howard(미국 18개 도시의 31개 일간지와 일요신문 그룹)의 2006년 7월 여론조사에 따르면 미국인의 36퍼센트는 미국 정부가 9·11 테러를 공모했다고 믿고 있으며, 민주당원과 청년층(18~30세)의 대부분은 정부기관이 적극적으로 공격에 가담했거나 공격 계획을 사전에 알고도 아무 조치를 취하지 않았다고 믿는다. 음모론 사랑은 좌우를 가리지 않는다. 2010년 8월 현재 보수파 공화당원의 3분의 1, 전체 미국인의 20~25퍼센트가 미국 대통령 버락 오바마Barack Obama가 은밀한 이슬람교 신자라고 믿고 있다.[36]

1909년 『미국 역사 논평The American Historical Review』에 처음 등장한 '음모론conspiracy theory'은 1945년 『열린사회의 그 적들The Open Society and Its Enemies』을 출간한 카를 포퍼Karl R. Popper, 1902-1994에 의해 대중화되었고, 1965년 『미국 정치의 편집광적 스타일The Paranoid Style in American Politics and Other Essays』을 출간한 리처드 호프스태터Richard Hofstadter, 1916-1970에 의해 본격 탐구되었다가, 오랜 휴지기를 거쳐 1990년대부터 폭넓은 관심의 대상이 되었다.[37]

역사의 전개에 음모론이 중심적인 역할을 한다고 보는 세계관이나 믿음을 '음모주의conspiracism'라고 하는데, 이는 1985년 프랭크 민츠Frank P. Mintz의 『리버티 로비와 미국의 우파The Liberty Lobby and the American Right: Race, Conspiracy, and Culture』 출간 이후 널리 쓰이게 되었다.[38]

음모론 전문가인 서강대학교 사회학과 교수 전상진은 『음모론의 시대』(2014)에서 음모론의 보편적 형식을 다음 7가지로 정리한다. 첫째, 음모론은 필사적이고 절실한 물음이자 답변이며, 기대와 현실의 간극을 상상적으로 해결하는 방책이다. 둘째, 음모론은 책임 소재를 다루고 다투는 일상적 정치 이론이다. 셋째, 음모론은 '복잡한 사안을 단순하게 만드는 것'이다. 넷째, 음모론은 자신을 방어할 수 있도록 돕는 방어기제다. 다섯째, 음모론은 고통을 유발하는 문제의 이유와 원인을 사람의 모습으로 만든다. 여섯째, 음모론은 우연을 인정치 않고 모든 나쁜 일이 적의 의지와 의도의 결과임을 알려준다. 일곱째, 음모론은 세상을 '우리'와 같은 착한 사람들과 사악한 '그들'만이 있을 뿐이라고 보는 이원론적 사고다.[39]

음모론은 도대체 왜 그렇게 일부 대중의 뜨거운 사랑을 받는 걸까? 이미 앞의 7가지 분류가 그 이유의 상당 부분을 시사해주고 있지만, 좀더 다양한 관점에서 그 이유에 대해 생각해보자. 포퍼는 음모론이 정치적·사회적 행위에 따른 의도되지 않은 광범위한 결과를 무시하고 모든 결과가 누군가에 의해 의도되어야 한다고 가정하며, 대부분의 사람들은 중차대한 사건이 단순한 불운이나 행운의 결과라기보다 필연적인 인과관계의 결과라는 쪽을 선호한다고 설명한다. 그는 음모론을 '종교적 미신의 세속화'로 보았다.[40] 종교건 미신이건 그것 없는 세상은 영원히 존재하기 어렵다고 본다면, 음모론 역시 인류가 존재하는 한 계속될 수밖에 없다고 보아야 할 것 같다.

호프스태터는 음모론자를 '극단적 의심', '박해 망상', '자기 맹신', '증오'에 휩싸인 '편집증자'로 보았다. 음모론이 편집병 증상이라는 주장은 이후 반(反)음모론자들의 상투 어구가 되었지만, 당시 호프스태터는 '빨갱이 사냥'에 집착하는 우파를 겨냥해서 한 말이었다. 그는 "열렬한 과장과 의심, 그리고 음모를 꾸미는 상상력이 특징인 이들의

정치 양식을 제대로 표현할 말이 없기" 때문에 편집병이라 불렀다.[41]

오늘날 음모론엔 충분한 현실적 근거가 있다고 보는 이도 많다. 영국의 음모 이론가들 중 최고 권위자인 로빈 램지Robin Ramsay, 1948-는 "음모 이론이 최근에 부상하게 된 가장 결정적인 요인은 음모가 실제로 존재하기 때문이다. 사람들은 음모로 가득 찬 세상을 목격하기 때문에 음모 이론을 믿는다"고 단언한다.[42]

음모론은 불신을 먹고 자란다. 특히 불신이 만연한 체제에서 음모론은 '약자의 무기a weapon of the weak'가 되기도 한다. 복도훈은 "음모론은 보통 자본과 국가와 같은 총체적 체제에 필사적으로 대항하려는 약자의 상상적 시나리오로 정의된다"며 다음과 같이 말한다.

"음모론은 IMF나 세계은행, 대기업과 재계, 정부의 각종 프로젝트처럼 비공개적이고도 비밀스럽게 진행되다가 어느새 그 가공할 만한 재앙의 결과를 사람들이 훨씬 나중에 깨닫게 만드는 방법이라는 점에서 엄연히 현실을 지휘하는 픽션이다. 실제로 오늘날 한국의 현실에서 일어나는 최악의 시나리오는 청와대 등 정계에서 행해지는 일련의 비공개적, 음모론적인 밀실 정책의 결과가 아니라면 무엇이란 말인가."[43]

이규연은 "음모론은 전쟁이나 테러, 유명인 사망, 역병 창궐같이 충격적 사건을 계기로 발생한다. 대사건이 날 때마다 음모론이 만들어지지는 않는다. 국가가 신뢰를 잃거나 사회 불신이 팽배할 때 음모의 환경은 조성된다"며 다음과 같이 말한다.

"음모론의 또 다른 요소는 혼란 정보다. 상식으로 납득이 가지 않고 불완전한 정보가 유통될 때 음모의 싹은 자라난다. 우리의 뇌에는 이야기회로가 있다. 감각기관을 통해 수집한 정보를 논리적으로 조합해 이야기를 구성한다. 혼란 정보가 들어오면 뇌는 짜증을 낸다. 부조화에서 벗어나기 위해 상상의 조각을 끼워 넣어 이야기를 완성하려 한다. 그 조각이 '아직 밝혀지지 않은 음모'라고 믿어버리면 뇌는 평온을 얻는다. 심리학계는 이를 '긍정적 피드백', '망각적 자각' 등으로 설명한다."[44]

미국에서 과학적 인문학 운동을 벌이는 조너선 갓셜Jonathan Gottschall은 『스토리텔링 애니멀: 인간은 왜 그토록 이야기에 빠져드는 가The Storytelling Animal: How Stories Make us Human』(2012)에서 "음모론이 우리를 매혹하는 이유는 기막히게 뛰어난 이야기이기 때문이다"며 다음과 같이 말한다.

"음모론자들은 실제 사실과 상상 속 사실을 연결해서 일관되고 정서적 만족을 주는 현실적인 설명을 만들어낸다. 음모론은 픽션과 유사한 구조에도 '불구하고' 사람들의, 어쩌면 여러분의 상상력까지 단단히 사로잡는 것이 아니다. 픽션과 구조가 유사하기 '때문에' 상상력을 사로잡는 것이다.……음모론은 고전적 문제 구조를 제시하고 좋은 사람과 나쁜 놈을 깔끔하게 나눈다. 생생하고 선정적인 줄거리는 대중문화 산업과 쉽게 접목된다."[45]

오바마 행정부에서 백악관 규제정보국장OIRA(2009~2012)을 지내면서 음모론을 다룬 하버드대학 로스쿨 교수 캐스 선스타인Cass R. Sunstein은 『누가 진실을 말하는가Conspiracy Theories and Other Dangerous Ideas』(2014)에서 자신에게 유리한 음모론을 확산시켜 직간접적인 이득을 취하는 음모꾼들conspiracy entrepreneur을 겨냥한 주장을 전개한다.

선스타인은 음모론은 자신과 다른 관점이나 정보를 배제하고, 일치하는 내용만 받아들여 기존 입장을 강화하는 성향, 즉 극단주의의 절름발이 인식crippled epistemology 때문에 발생한다고 주장한다. 절름발이 인식은 비합리적 성향 때문이 아니라, 적절한 정보의 부족 때문에 발생하는데, 특히 고립된 집단이나 네트워크에 속한 사람들에게 자주, 강하게 일어난다.

정부는 어떻게 음모론에 대처할 것인가? 선스타인은 무조건적인 '노코멘트'나 부정보다는, 세부 내용을 지적해가며 루머를 반박해야 한다고 주장한다. 그중 가능한 전술 한 가지가 '인지적 침투cognitive infiltration'다. 정부 요원이 위험한 음모론이 확산되고 있는 소셜 네트워크에 참여해, 음모론의 진실성에 관한 의혹을 불러일으키려는 정보를 의도적으로 퍼뜨린다는 것이다. 선스타인도 '다분히 도발적인(그래서 본의 아니게 많은 오해를 받는) 용어'라고 했듯이, 이는 비판자들의 주요 표적이 되었다.[46]

그 어떤 이유에서 비롯되었건 음모론은 단순한 엔터테인먼트가 아니다. 아무리 허황된 이야기라도 현실 세계에 지대한, 그것도 매우 부정적인 영향을 미칠 수 있다. 바로 그게 문제다. 예컨대, 많은 아프리카 사람들은 에이즈가 흑인을 겁에 질리게 해서 성행위를 꺼리고 콘돔을 사용하게 함으로써 무혈의 인종 학살을 영구적으로 자행하는 인종주의적 사기라고 믿는다. 이 음모론을 믿은 탓에 수많은 아프리카 사람들이 희생되었다.

그런가 하면 미국에서 '걸어다니는 반정부 음모론 사전'으로 불릴 정도로 보수 음모론에 심취한 티머시 맥베이Timothy McVeigh, 1968-2001

는 자신의 음모론에 따라 1995년 오클라호마 연방 정부 청사에 폭탄을 터뜨려 1,000명 가까운 사람을 사상케 했다(사망 168명, 부상 800여 명). 그는 건물 내 유아원에 있던 어린아이들이 희생된 데 대해 '부수적 피해collateral damage'라며 아무런 죄책감을 느끼지 않았다.[47]

정치 지도자들은 자신과 내부의 문제를 외부의 적 탓으로 돌리는 낮은 단계의 음모론을 자주 구사함으로써 책임을 비켜간다.[48] 서민들 역시 음모론을 껴안을 충분한 이유가 있다. 전상진은 "서민은 문화적 혼돈에서 벗어나고 싶어 한다"고 말한다. "희생자 지위가 제공하는 면책특권의 유혹을 빗겨가기도 쉽지 않다. 부족한 내 자신을 인정하고 싶지 않다. 희생양에게 책임을 투사하지 않을 수 없다."[49]

그래서 음모론은 곧잘 '약자의 궁극적 도피처the ultimate refuge of the powerless'가 된다. 여기에 어떤 사건에 대한 원인 규명을 하면서 이슈를 지속시키려는 미디어의 성향은 음모론이 생겨날 수 있는 토양이 된다.[50] 지도자건 국민이건 마땅히 져야 할 책임을 외부의 적 탓으로 돌리면 마음은 편해질지 몰라도, 현실과는 거리가 멀어져 더 큰 어려움에 빠져들 수밖에 없다. 음모론에 그 어떤 장점이 있건, 이게 바로 가장 큰 문제다.

45

왜 양극화 해소를
더이상 미루어선 안 되는가?

야성적 충동

'야성적 충동animal spirit'은 '스피리투스 아니말레스Spiritus Animales'라는 라틴어에서 파생된 것으로, '야성적'이라는 단어는 '마음의' 혹은 '생기에서 나온'이라는 의미를 지니며 근본적인 정신적 에너지나 생명의 힘을 가리킨다. 이 개념은 고대에 기원을 두고 있으며, 그리스의 의사인 갈레노스Galenos, ?129-?199가 쓴 글이 최초의 출처로 여겨지고 있다.

영국 경제학자 존 메이너드 케인스John Maynard Keynes, 1883-1946는 1936년 『고용, 이자 및 화폐에 관한 일반이론The General Theory of Employment, Interest and Money』이라는 책에서 경제에 내포된 불안정하고 일관성이 없는 요소와 사람들이 모호성이나 불확실성과 맺는 독특한 관계를 가리키는 개념으로 '야성적 충동'이라는 용어를 처음 사용했

다. 그는 1930년대 대공황을 분석하면서 그 이유로 사람들의 비관과 낙담과 회복에 대한 기대 등의 심리적 변화를 들었다.

"인간의 적극적인 활동의 대부분은, 도덕적이거나, 쾌락적이거나 또는 경제적이건 간에 수학적 기대치에 의존하기보다는 오히려 스스로 만들어낸 낙관주의에 의존하려 한다. 이러한 인간의 불안정성이 판단과 결정에 중요한 요인이 된다. 인간의 의지는 추측하긴대, 오직 '야성적 충동'의 결과로 이루어질 수 있을 뿐이며, 계산적인 이해관계로 이루어지는 것이 아니다."

애덤 스미스의 보이지 않는 손이 고전파 경제학의 핵심 용어인 것처럼, 케인스의 야성적 충동은 자본주의에 내재된 불안정성을 설명하는, 고전파 경제학과는 다른 시각의 핵심 용어다. 야성적 충동에 의해 경제가 움직인다는 시각에서는 국가가 시장의 잠재된 창의성을 인정하되 인간의 야성적 충동으로 인한 과잉 현상(IT 버블, 부동산 버블 등)을 억제해야 하므로, 정부의 적극적 시장 개입을 인정한다.[51]

2001년 노벨경제학상 수상자로 버클리대학 경제학 교수인 조지 애컬로프George A. Akerlof, 1940-와 2013년 노벨경제학상 수상자로 예일대학 경제학 교수인 로버트 실러Robert J. Shiller, 1946-는 2009년에 출간한 『야성적 충동: 인간의 비이성적 심리가 경제에 미치는 영향Animal Spirits: How Human Psychology Drives the Economy, and Why It Matters for Global Capitalism』에서 케인스의 '야성적 충동'을 재조명하면서 그것이 현재 세계경제에 여전히 유효하다고 주장했다.[52]

애컬로프와 실러는 "자신감은 때로는 정당하지만 때로는 그렇지 못하다. 자신감은 합리적인 예측의 기준은 아니다. 그러나 이는 의사

결정의 가장 첫머리에 나오는 중요한 야성적 충동에 해당한다"고 말한다.[53] 이들은 "야성적 충동이 작용하는 세계는 정부가 개입할 여지를 제공한다. 정부가 해야 할 역할은 야성적 충동이 공공선을 위해 창의적으로 발휘되도록 통제되는 환경을 조성하는 것이다. 한마디로 정부는 경기의 규칙을 정해야 한다"며 다음과 같이 말한다.

"경제는 자유경기가 되어야 하고 가장 작은 정부가 최선의 정부이며, 정부는 최소한의 역할만 수행해야 한다는 사람들의 생각과 우리의 생각이 다른 근본적인 이유가 있다. 우리는 경제의 작동 방식에 대해 다른 시각을 가지고 있다. 우리가 그들처럼 사람들이 완전히 합리적이며 전적으로 경제적 동기에 따라 행동한다고 믿는다면, 정부가 금융시장을 규제하거나 심지어 총수요의 수준을 결정하는 일에도 최소한의 역할만 수행해야 한다고 생각했을 것이다. 그러나 모든 야성적 충동은 경제를 때로는 이 방향으로, 때로는 저 방향으로 몰아가는 경향이 있다. 따라서 정부가 개입하지 않으면 경제는 고용률의 과도한 변화에 시달릴 것이며, 금융시장은 종종 혼돈으로 빠져들 것이다."[54]

물론 야성적 충동이 부정적인 것만은 아니다. 케인스도 경제활동에서 '야성적 충동'이 갖는 중요성을 긍정했다. "그의 이론은 합리적 비합리성, 즉 개인적 차원에서는 합리적이지만 사회적으로는 불합리한 결과를 초래하는 합리성을 핵심으로 하고 있다."[55]

영국 작가 조지 버나드 쇼George Bernard Shaw, 1856-1950는 "이성적인 사람은 세상에 자신을 맞춘다. 비이성적인 사람은 세상을 자신에게 맞추려 한다. 따라서 모든 진보는 비이성적인 사람에게 달려 있다"고 했다. 경제사학자 존 나이John V. C. Nye는 사업가들이 너무도 이성적이고, 분별을 갖추게 되면 나라는 경제적으로 정체한다고 주장했다. 이언 레슬리Ian Leslie는 이들을 인용하면서 "모든 역동적인 경제는 나이가 말하는 '운 좋은 바보들'을 필요로 한다"며 다음과 같이 말한다.

"이들은 책임질 수 없는 위험을 무릅쓸 준비가 돼 있는 과도하게 낙천적인 기업가들이다. 통념과 공적 정보를 무시하고 자신의 본능을 따를 준비가 돼 있는 사람들이 아니있다면, 가장 큰 혁신과 창조적 도약의 상당 부분이 일어나지 않았으리라는 건 자명한 일이다. 매년 숏구치는 야심을 가진 수많은 사람이 그들이 꿈꾸는, 세상을 바꿀 만한 커다란 성공을 이룰 가망이 없다는 것을 충분히 인지하면서도 새로운 회사를 시작한다."[56]

실러는 한국을 예로 들면서 야성적 충동의 중요성에 대해 이렇게 말한다. "50년 전에 스리랑카의 삶의 수준은 한국과 같았습니다. 오늘날 스리랑카와 한국의 경제적 성과가 이렇게 차이 나게 된 결정적 이유는 야성적 충동이 발전할 수 있도록 해주는 환경에 있었습니다. 한국은 그것이 가능했고, 기업가의 비전을 실행할 수 있었습니다.……야성적 충동의 일부는 비이성적 과열irrational exuberance에 의해 움직입니다. 반면 그것은 또한 진보를 가져오는 것이기도 합니다. 사람들이 위험을 감수하고 모험을 할 수 있도록 해야 합니다."[57]

'비이성적 과열'은 실러가 2000년에 출간한 책의 제목이기도 하다. 이 용어의 원조가 실러냐 아니면 1987년부터 2006년까지 미국 연방 준비제도 이사회Federal Reserve Board 의장을 역임한 앨런 그린스펀Alan Greenspan, 1926-이냐를 놓고 논란이 있긴 하지만, 그린스펀이 1996년 12월 5일 텔레비전 중계 연설에서 사용해 유명해진 표현인 건 분명하다. 당시 그린스펀은 이 표현으로 설립된 지 2년도 되지 않은 IT 기업 넷스케이프의 주가가 상장 며칠 만에 3배나 뛰는 현상에 대해 경고했다. 1990년대의 닷컴 버블과 2000년대의 주택 버블을 설명할 때에 꼭 따라붙는 표현이다.[58]

야성적 충동과 비이성석 과열은 그 어떤 문제에도 불구하고 불확실성에 대한 도전이라는 점에서 일방적으로 비판할 수만은 없는 것이다. 진주산업대학교 산업경제학과 교수 박종현은 "불확실성은 분명히 사람들의 안정적 삶을 어렵게 만드는 위험 요인이다. 하지만 '확실성이란 새로운 대안을 상상할 수 없게 만드는 닫힌 공간'이라는 루트비히 비트겐슈타인의 발언이 암시하듯이, 불확실성은 자신의 능력을 한껏 발휘하고 운을 당당하게 시험할 수 있는 기회의 공간을 열어 보이기도 한다"며 다음과 같이 말한다.

"불확실성이 갖는 이러한 긍정적 측면은 프리드리히 하이에크나 프랭크 나이트와 같은 우파 사상가들이 특히 강조했다. 이러한 입장에서 보자면, 불확실성은 변화와 혁신의 열망이 꿈틀거리는 역동적 사회를 가능케 하는 필수불가결한 인간 조건이기도 하다. 그러나 불확실성이 이러한 순기능을 발휘하려면, 또는 그 구성원들이 변화에 능동적으로 대응하고 미래를 적극적으로 개척해나가는 역동적인 사회가 제대로 작동하려면, 삶의 근본적인 안정성도 함께 마련되어야만 한다."[59]

한국 경제가 어려워지자 '야성적 충동'이 필요하다는 주장이 제기되고 있다. 2006년 한국은행 총재 이성태는 "기업의 위험회피 성향이 증대되면서 97년까지 연평균 9.6%에 달하던 설비투자 증가율이

외환위기 후 4.3%로 떨어졌다"고 개탄하면서 기업인들을 향해 '야성적 충동'을 가지라고 주장했다. 이와 관련, 『중앙일보』 논설주간 이하경은 2014년 8월 「야성적 충동, 대통령이 먼저 보여라」라는 칼럼에서 "기업의 '야성적 충동' 부재不在는 어제오늘의 얘기가 아니다"며 다음과 같이 말한다.

"돌이켜보면 창업 1세대는 뭔가 달랐다. 삼성 이병철 회장은 13년간 적자를 보면서 반도체 사업을 밀어붙였고, 현대 정주영 회장은 포기하라는 미국의 압력에 굴하지 않고 자동차 독자개발을 추진했다. 기업의 명운을 건 위험한 투자였다. 두 창업자가 주판알만 굴리다 편한 길을 택했다면 오늘의 한국 경제 신화는 없었을 것이다.……대통령이 먼저 꿈틀거리는 '야성적 충동'을 보여줘야 기업도, 국민도 믿고 고난을 견뎌낼 것이다."[60]

데이비드 하비David W. Harvey가 잘 지적했듯이, 오늘날의 자본주의는 그 어느 때보다 "기대, 신뢰, 믿음, 예상, 욕망, 그리고 야성적 충동"에 의지한다.[61] 자본주의를 바라보는 대중도 그러지 않을까? 빈부 양극화가 심화되는 상황에선 누구를 위한 '야성적 충동'이며, '야성적 충동'이 기업가에게만 있는가 하는 의문이 제기될 수도 있겠다. 헌법 제119조 2항, 즉 경제민주화 조항을 만든 김종인은 다음과 같이 말한다.

"지금 우리 사회는 더이상 양극화 해소를 미룰 수 없는 절박한 상황이다. 양극화가 계속 진행돼 사람들이 정치 · 경제 · 사회적 측면에서 극단적인 차등 대우를 받고 있다고 느끼면 '야성적 충동animal spirit'이 꿈틀거리게 된다. 기업 경영자에게만 동물적인 야성적 충동이 있는 게 아니다. 빈곤층에게 야성적 충동이 발동돼 집단행동에 나서면 제어하기 힘들어진다."[62]

그게 어찌 한국만의 문제이겠는가. 어느 사회에서건 야성적 충동은 대대적인 저항으로 나아가는 동력이 될 수 있다. 그런 가능성을 염두에 둔 탓일까? 야성적 충동을 길들이거나 건설적인 방향으로 이끌려는 시도가 왕성하게 이루어지고 있다. 예컨대, 미국의 일부 행동경제학자들은 '복권 연계 저축'을 제안했는데, 이는 정부의 복권 사업을 손질해 도박 충동을 저축 충동으로 바꿀 수 있도록 하자는 것이다.[63] 그러나 그런 수준의 길들이기만으론 도저히 억제할 수 없는 야성적 충동은 언젠간 저항으로 폭발할 수 있으니, 경제적 양극화를 해소할수 있는 구조 개혁에 나서야 할 것이다.

제10장

위험
과
재난

왜 작은 변화가 예측할 수 없는
엄청난 결과를 낳는가?

나비효과

2000년 초 미국 플로리다주 팜비치Palm Beach 카운티의 선거관리위원장인 테레사 르포르Theresa LePore는 그해 11월에 열릴 대선에서 사용할 투표용지 도안을 만들고 있었다. 르포르는 팜비치에 많은 80대 유권자들이 용지를 더 잘 볼 수 있도록 투표용지의 활자를 키우기로 했다. 이 때문에 투표용지가 한 장이 아니라 두 장이 되었고(그래서 나중에 '나비형 투표용지butterfly ballot'로 불렸다), 유권자들은 투표 기계의 어떤 버튼을 눌러야 할지 혼란스러워했다. 이후 어떤 일이 벌어졌는가? 존 캐스티John L. Casti는 『X 이벤트: 복잡성 과학자가 말하는 11가지 문명 붕괴 시뮬레이션X-Events: The Collapse of Everything』(2012)에서 다음과 같이 말한다.

"개표 결과, 1만 9,120명의 표가 무효표로 처리되었다. 팻 뷰캐넌 Pat Buchanan과 앨 고어Al Gore 두 후보자에 모두 버튼을 눌렀기 때문이었다. 또 수백 표 정도 얻으리라 예상되었던 뷰캐넌이 3,000표 이상 얻었다. 추측건대 고어에게 갈 표들이 투표용지가 준 혼란 때문에 뷰캐넌에게 간 것 같다. 이 모든 사태로 고어는 2만 2,000여 표를 잃었다. 그 표가 전부 고어에게 갔다면, 플로리다주에서 고어가 승리했을 것이고 조지 부시George W. Bush 대신 그가 미국 43대 대통령이 됐을 것이다. 따라서 르포르의 투표용지 양식 변경이 유권자들에게 도움보다 혼란을 줄 수 있다고 미리 알리지 못한 사건은 현대 역사의 진로를 바꾼 나비의 날갯짓이라 할 수 있다."[1]

캐스티가 '나비효과butterfly effect'의 사례로 제시한 이야기다. 나비효과란 브라질에 있는 나비의 날갯짓이 미국 텍사스에 토네이도를 발생시킬 수도 있다는 비유로, 지구상 어디에선가 일어난 조그만 변화가 예측할 수 없는 변화무쌍한 날씨를 만들어낼 수도 있다는 것을 의미한다. 1961년 미국의 기상학자 에드워드 로렌츠Edward N. Lorenz, 1917-2008가 발표한 「브라질에서 나비가 날개를 펄럭이면 텍사스에서 회오리바람이 불까?Does the Flap of a Butterfly's Wings in Brasil Set Off a Tornado in Texas?」라는 논문에서 제시한 것이다.

나비효과는 기존의 물리학으로는 설명할 수 없는, 이른바 '초기 조건에의 민감한 의존성sensitive dependency on initial conditions', 곧 작은 변화가 결과적으로 엄청난 변화를 일으킬 수 있다는 사실을 보여준다. 더 나아가 일반 법칙과 보편 원리들은 반드시 역사의 예측 불가능한 우연성에 영향을 받는다는 의미로 해석되기도 한다. 대중문화에서 자주

나비효과

활용되는 단골 소재이기도 하다.

제임스 글릭James Gleick은 『카오스: 새로운 과학의 출현』(1987)에서 '초기 조건에의 민감한 의존성' 또는 '초기 조건의 민감성'이란 개념이 완전히 새로운 건 아니라며, 그 원조로 서양의 전래 민요를 소개한다. "못이 없어 편자를 잃었다네/편자가 없어 말을 잃었다네/말이 없어 기병을 잃었다네/기병이 없어 전투에 졌다네/전투에 져 왕국을 잃었다네!"[2]

나비효과를 이론화한 것, 아니 '나비'라는 시적이고 은유적 표현에 의해 대중화된 것이 바로 '카오스이론chaos theory'이다. 카오스는 그리스인의 우주개벽설kosmogonia에서 만물 발생 이전의 원초 상태를 말하는데, 원뜻은 '입을 벌리다chainein'다. 이것이 명사화해 '캄캄한 텅 빈 공간', 곧 혼돈混沌을 뜻하게 되었다. 카오스이론은 작은 변화가 예측할 수 없는 엄청난 결과를 낳는 것처럼 안정적으로 보이면서도 안정적이지 않고, 안정적이지 않은 것처럼 보이면서도 안정적인 현상을 설명한다. 또한 겉으로 보기에는 한없이 무질서하고 불규칙해 보이면서도, 나름 어떤 질서와 규칙성을 가지고 있는 현상을 설명하려는 이론이다. 그래서 '질서정연한 무질서'라는 표현으로 쓰인다.

혼돈 속의 질서와 관련해 카오스이론을 다룬 대표적인 저서로 벨기에의 물리학자 일리야 프리고진Ilya Prigogine, 1917-2003과 철학자 이자벨 스텐저스Isabelle Stengers, 1949-가 1979년 공동으로 집필한 『혼돈으로부터의 질서La Nouvelle Alliance』를 들 수 있다. 혼돈 속에 숨어 있는 질서정연한 자연현상을 밝혀낼 수 있는 가능성을 열어준 카오스이론은 수학·물리학·기상학·생물학·의학·천문학·경제학·경영학 등 여러 분야에 걸쳐 새로운 사고방식의 시초가 되었다.[3] 역사학마저 카오스이론에 주목하고 있다. 역사가 니얼 퍼거슨Niall Ferguson은 카오스이론이 역사가의 중요한 개념적 도구이며, '인과성과 우발성을 화해시키는 개념'이라고 주장한다.[4] 특히 기업들의 관심이 큰데, 기업들은 왜 '나비효과'에 주목하는 걸까?

미국 노스웨스턴대학 마케팅 교수 필립 코틀러Philip Kotler는 2009년에 출간한 『카오틱스: 격동의 시대, 일등기업을 만드는 경영·마케팅전략Chaotics: The Business of Managing and Marketing in The Age of Turbulence』에서 경제적 격동에 대처하는 전략적 경영 프레임워크를 '카오틱스Chaotics'라고 했다. 그는 '비즈니스에서 일어나는 격동'을 "조직의 내부나 외부 환경에서 일어나 조직의 성과에 영향을 미치는 예측 불가능하고 급속한 변화"로 정의하면서 다음과 같이 말한다.

"나비효과는 기업들이 갈수록 서로 연관되고 상호의존적으로 세계화되는 환경에 놓여 있기 때문에 일어난다. 다시 말해 오늘날의 기업은 세계화가 가속화되는 기업 환경에 있다. 대중·정부·기업 등 전 세계의 모든 사람들과 구성 요소들은 어느 정도 서로 연관되어 있으며, 이처럼 세계화로 연결된 환경에서는 개별 구성 요소에서 발생하는 격동이 다른 구성 요소들에 어느 정도는 영향을 끼친다."[5]

미국 경영사상가 데이비드 코드 머리David Kord Murray는 『승자의 편견Plan B: How to Hatch a Second Plan That's Always Better Than Your First』(2011)에서 "겉으로는 그렇게 보이지 않을 수도 있지만 이 세상은 우연이 지배하는 카오스 체제다"며 다음과 같이 말한다.

"비즈니스의 미래를 단 하나의 결과로 점치지 말고 다양한 결과에 대비할 필요가 있다. 예측의 핵심은 다양한 예상을 해보는 것이다. 예언가 노스트라다무스가 예언서에 남긴 예언이 그토록 정확한 이유는 많은 예언을 남겼기 때문이다. 경제학자 애드거 피들러Edgar Fiedler 는 '예측을 해야 한다면 자주 하라'고 말했다."[6]

돈 탭스콧Don Tapscott은『디지털 네이티브: 역사상 가장 똑똑한 세대가 움직이는 새로운 세상』(2008)에서 "네트위크로 연결된 오늘날의 젊은이들을 공략 대상으로 삼는 마케터들에게 나비효과란 개념은 상당히 매력적이다. 초기에 몇 군데에서 잘 연결하면 짧은 시간 내에 제품을 크게 히트시킬 수 있다는 기대를 해볼 수 있기 때문이다"며 다음과 같이 말한다.

"그러나 잘못됐을 때는 전혀 다른 결과가 생길 수 있다. 다시 말해서 처음에 일어난 몇 차례의 잘못이 눈덩이처럼 커져서 제품의 명성에 큰 흠집을 낼 수도 있다. 결과적으로 기업들은 더이상 마케팅 메시지를 엄격하게 통제할 수 없으며, 그것이 '이해관계자들이 활동하는 웹'에 의해서 점점 더 좌지우지되고 있다는 걸 깨달아야 한다. 이 웹에서는 기업의 행동을 철저히 감시하고, 잘못이 있을 때 그것을 고치려고 노력하는 개인들이 집단을 이루어 활동한다."[7]

카오스이론은 세상 사는 법에 대한 조언의 근원으로 활용되고 있다. 예컨대, 미국 작가 마이클 크라이턴Michael Crichton, 1942-2008은『주라기 공원Jurassic Park』(1990)에서 "카오스이론은 우리가 물리학에서 소설 영역에 이르기까지, 당연시해왔던 직선적인 사고가 잘못되었음을 말해준다"며 다음과 같이 말한다.

"카오스이론에서는 직선적인 상황이란 존재하지 않는다. 우리가 마음대로 세상을 직선적으로 본 것이다. 하지만 현실 세계에서는 그렇지 않다. 일련의 사건들이 구슬 꿰듯 차례차례 일어나지 않는다. 우리의 인생은 한마디로 예측불허이다. 어쩌면 우리의 인생을 완전히 뒤바꿔놓는 끔찍한 사건을 마주 대할 수도 있다."[8]

또 미국 광고인 린다 캐플런 탈러Linda Kaplan Thaler와 로빈 코발Robin Koval이 2009년에 출간한 『유쾌한 나비효과: 당신이 사소한 것에 목숨 걸어야 하는 9가지 이유The Power of Small: Why Little Things Make All the Difference』는 "헤어스타일 변화가 인생 목표를 바꾼다" 등과 같은 조언들을 제시하면서 다음과 같이 말한다.

"미국 최초의 흑인 대통령 오바마의 대통령 당선이 우리에게 가르쳐준 것이 있다면, 그것은 매일 한 걸음씩 더 걷고 한 뼘씩 더 높이 올라가려는 의지만 있다면 궁극적으로 예상치 못했던 먼 곳까지 다다를 수 있다는 것이다. 이른바 나비효과다.……나비효과는 우리 인생에서도 똑같이 적용될 수 있다."[9]

별로 믿기지 않는 이야기일망정, 초기 조건에서 작은 변화가 결과적으로 엄청난 변화를 일으킬 수 있다는 건 분명한 사실이다. 작은 일을 소중히 하라는 교훈으로 받아들여도 무방할 것 같다.

47

왜 극단적인 0.1퍼센트의 가능성이
모든 것을 바꾸는가?

블랙 스완 이론

"선한 사람은 검은 백조처럼 희귀하다A good person is as rare as black swan."

1~2세기에 활동했던 로마의 풍자 시인 주베날Juvenal의 말이다. 검은 백조 또는 블랙 스완은 고대부터 인간의 상상 속에만 존재하던 동물이었다. 그러나 1697년 네덜란드 탐험가 빌럼 드 블라밍Willem de Vlamingh, 1640-1698이 오스트레일리아 대륙에서 검은색 백조(흑고니)를 처음 발견하면서 이야기가 달라졌다. 이때의 발견으로 인해 '검은 백조'는 '진귀한 것' 또는 '존재하지 않을 것이라고 생각하는 것이나 불가능하다고 인식된 상황이 실제 발생하는 것'을 가리키는 은유적 표현으로 사용되었다.

은유적 표현의 '블랙 스완'은 영국 철학자 존 스튜어트 밀John

Stuart Mill, 1806-1873이 논리적 오류를 지적하기 위해 최초로 사용했지만, 오늘날과 같은 용법의 원조는 레바논 출신으로 미국 월스트리트에서 증권분석가이자 투자전문가, 뉴욕대학 폴리테크닉연구소 교수로 일한 경력이 있는 나심 니컬러스 탈레브Nassim Nicholas Taleb, 1960-다. 그는 2001년에 출간한 『행운에 속지 마라Fooled By Randomness』에서 '블랙 스완'을 처음 사용했다.

2002년 미 국방장관 도널드 럼스펠드Donald Rumsfeld, 1932-가 기자회견에서 제법 멋진 말을 했음에도, 당시엔 조롱을 받았다. 무슨 말이었나? "우리에게는 우리가 알고 있는 일들이 있고(알려진 사실들), 우리가 알지 못하는 것들(알려진 알려지지 않은 것들)이 있으며, 또 우리가 알지 못한다는 것을 알지 못하는 것들(알려지지 않은 알려지지 않은 것들)이 있다"는 것이다. "우주는 얼마나 클까?"는 '알려진 알려지지 않은 것'이지만, 집단적인 페이스북 열광 같은 것은 '알려지지 않은 알려지지 않은 것'으로 이게 바로 블랙 스완이다.[10]

블랙 스완은 탈레브의 2007년 저서 『블랙 스완The Black Swan: The Impact of the Highly Improbable』이 세계적인 베스트셀러가 되면서 경제 영역에서 널리 사용되기 시작했다. 『타임』은 『블랙 스완』을 2009년 '지난 60년간 가장 영향력 있는 12권의 책' 중 하나로 꼽았으며, 노벨경제학상 수상자인 대니얼 카너먼Daniel Kahneman, 1934-은 "이 책은 세상이 어떻게 움직이는지에 관한 내 생각을 바꾸었다"고 극찬했다.

탈레브는 '블랙 스완'의 개념을 "과거의 경험으로 확인할 수 없는 기대 영역 바깥쪽의 관측값으로, 극단적으로 예외적이고 알려지지 않아 발생가능성에 대한 예측이 거의 불가능하지만 일단 발생하면 엄청난 충격과 파장을 가져오고, 발생 후에야 적절한 설명을 시도하여 설명과 예견이 가능해지는 사건"이라고 정의한다. 예를 들면 인터넷, 퍼스널 컴퓨터, 제1차 세계대전, 소련의 붕괴, 경제공황이나 9·11 테러, 구글Google이나 페이스북Facebook의 성공 같은 사건을 블랙 스완으로 볼 수 있다. 버락 오바마Barack Obama의 대통령 당선을 블랙 스완으로 보는 사람들도 있다.

탈레브는 블랙 스완이라는 모티브를 통해 예기치 못한 위기상황으로 글로벌 경제가 휘청거릴 수 있다는 암울한 전망을 내놓았고, "극단적인 0.1%의 가능성이 모든 것을 바꾼다"고 주장하며 최악의 파국이 월스트리트를 덮칠 것이라 경고했다. 그런데 그 경고처럼 2008년 글로벌 금융위기가 닥쳐오자 블랙 스완이라는 말이 폭발적인 주목을 받게 되었다. 이후 그는 '월스트리트의 현자the new sage in the Wall'라는 칭호까지 얻었으며, 그의 강연료는 회당 6만 달러를 기록했다.[11]

2011년 7월 『월스트리트저널』은 미국 연방정부 채무불이행(디폴트) 문제를 가리켜 '네온 스완neon swan'이라고 칭했다. 블랙 스완은 불가능해 보이지만 실제로 일어날 수도 있는 일인 반면, 스스로 빛을 내는 '네온 스완'이 나타날 가능성은 아예 없다. 이 신문이 이 문제를 '네온 스완'이라 칭한 것은 미국 연방정부가 디폴트에 처할 경우 민주당과 공화당 모두에 치명타가 될 것임이 자명하기 때문에 부채한도 증액 협상이 타결되며 실제로 일어나지는 않을 가능성이 높을 것으로 보았기 때문이다. 실제로 이 사태는 미 정부와 공화당이 협상해 타개되었지만, 이후에도 지속적인 위험이 되었다.[12]

탈레브는 자신의 메시지를 '배부른 칠면조의 최후'라는 우화로 간단히 표현한다. "칠면조 한 마리가 있습니다. 푸줏간 주인이 1000일 동안 매일 맛있는 먹이를 주고 정성껏 돌봐주자 자기를 끔찍이 사랑한다고 착각하죠. 그러나 추수감사절을 앞두고 1001일이 되는 날 주인에게 목이 날아가는 순간 '아차, 속았다' 싶지만 이미 늦은 거죠."

이 우화는 영국 철학자 버트런드 러셀Bertrand Russell, 1872-1970이 제시한 것으로, 원래는 닭인데 탈레브가 미국 독자들을 위해 칠면조로 바꾼 것이다. 탈레브는 "금융위기 때 1만 년 만의 위기라고 호들갑을 떨었지만 100년도 채 못 사는 인간이 1만 년 만의 위기라는 것을 어찌 검증할 수 있겠느냐"고 반문하면서, 금융회사들이 1,000일 동안 착각했던 칠면조처럼 굴었기 때문에 금융위기가 발생했다고 진단했다.[13]

탈레브는 기존 전문가들에 대해 강한 불신을 드러낸다. 그는 "검은 백조에 지배되는 환경에서 우리는 예측 능력이 없는데다가 예측 능력이 없다는 사실도 대체로 모르고 있다. 그리하여 스스로 전문가라고 자부하는 사람들도 실상은 전혀 그렇지 않다"며 다음과 같이 말한다.

"실제 드러난 예측 능력을 보면 그들은 경험적 기록에 의존하기 때문에 소위 전문 분야에서도 결코 일반 대중보다 더 많이, 더 깊이 알고 있다고 할 수 없다. 그들이 일반인보다 나은 점은 그럴싸한 이야기를 지어내는 능력, 더 심각하게는 복잡한 수학 모델로 보통 사람들을 주눅 들게 만드는 능력, 한 가지 덧붙이자면 정장 차림을 좋아한다는 것뿐이다."[14]

탈레브의 메시지를 한마디로 정리한다면, 잘 모르면서 아는 척하지 말고, 아는 척할 것을 요구하지도 말자는 것이다. "오늘날의 교육

제도에서 가장 큰 문제는 학생으로 하여금 어떤 주제에 대해서든지 설명을 짜내도록 강제하고, '잘 모르겠어요' 하고 판단을 유보하는 것을 수치스럽게 느끼게 한다는 것이다."[15]

2013년 9월 24일 서울 여의도 금융투자협회에서 '신흥국의 금융 위기와 글로벌 헤지펀드 운용 전략'이란 주제로 열린 '제4회 한경마 켓인사이드 포럼' 강연에서 탈레브는 블랙 스완 같은 급작스러운 경제위기가 왔을 때 생존하기 위해서는 지금보다 경제 규모를 더욱 분권화하는 것이 필요하다고 말했다. 그는 또 "500년 만에 한 번 발생하는 위기를 예측할 수 있는 사람은 없다. 미래를 상상하는 것보다 현재 시점에서 깨지기 쉬운 위험 요인을 제거하는 것이 더 쉽다"며 미래 예측에 매달리지 말 것을 주문했다.[16]

탈레브는 심지어 이렇게까지 주장한다. "아침에 그날 하루가 어떨지 약간이라도 예측할 수 있다면 당신은 그만큼 죽어 있는 셈이다. 그 예측이 맞으면 맞을수록 당신은 더 죽어 있다."[17] 무슨 말인 줄은 알겠지만, 예측에 반대하는 그의 체질적 강박은 한 치 앞을 내다볼 수 없을 정도로 불안정한 레바논의 정치적 상황의 영향을 받은 건 아닐까? 그는 레바논 내전을 겪으면서 수년간 집의 지하실에서 공부를 한 경험이 있다고 하는데,[18] 이때 받은 상흔이 그로 하여금 예측의 무모함을 역설하게 만든 동력이 되고 있는 건 아닐까?

그렇다고 해서 탈레브가 전혀 예측을 하지 않는 건 아니다. 그가 2012년에 출간한 『안티프래질: 불확실성과 충격을 성장으로 이끄는 힘』엔 적잖은 예측이 들어가 있다. 『뉴욕타임스』는 "탈레브는 예측을 믿을 수 없다고 말하면서 미래에 대해 예측한다"고 꼬집었는데,[19] 그의 이중 기준을 어찌 이해해야 할까?

자꾸 신조어를 만들어내려 하고 "나는 남의 말을 함부로 인용하는 관행을 혐오한다"고 말하는 '창의성 강박증',[20] 책에 대놓고 "(『뉴욕타임스』칼럼니스트) 토머스 프리드먼과 눈이 마주치고 나서는 구역질이 났다"는 식의 욕설에 가까운 녹설을 퍼붓는 안하무인眼下無人 성향,[21] 즉 하늘을 찌를 듯한 기세의 강한 자기애自己愛 때문에 그러는 건 아닐까? 그러나 그 어떤 문제에도 '예측 상업주의'가 난무하는 미국 월스트리트에서 모든 것을 바꿀 수 있는 극단적인 0.1퍼센트의 가능성에 주목하라는 그의 외침은 소중한 것이라 할 수 있겠다.

48

왜 우리는 재앙의 수많은
징후와 경고를 무시하는가?

하인리히 법칙

1920년 미국 트래블러스 보험사Travelers Insurance Company의 엔지니어링·손실통제 부서에 근무하고 있던 허버트 윌리엄 하인리히Herbert William Heinrich, 1886-1962는 업무 성격상 수많은 사고 통계를 접하면서 7만 5,000개에 이르는 산업재해 사례 분석을 통해 하나의 통계적 법칙을 발견했다. 그것은 바로 산업재해가 발생해 중상자가 1명 나오면 그전에 같은 원인으로 발생한 경상자가 29명, 같은 원인으로 부상을 당할 뻔한 잠재적 부상자가 300명 있었다는 사실이었다. 즉, 큰 재해와 작은 재해, 사소한 사고의 발생 비율이 1:29:300이라는 것이다.

하인리히가 1931년에 출간한 『산업재해 예방: 과학적 접근 Industrial Accident Prevention: A Scientific Approach』이라는 책에서 소개한 이 법

칙을 가리켜 '하인리히 법칙Heinrich's Law' 또는 '1:29:300의 법칙'이라고 한다. 하인리히 법칙은 세상의 모든 일은 징후가 있다는 것으로, 노동현장의 재해뿐만 아니라 각종 사고나 재난, 또는 사회적·경제적·개인적 위기나 실패와 관련된 법칙으로 확장되어 해석되고 있다.[22]

이영직은 하인리히 법칙이 사회 현상은 물론 국가의 흥망성쇠에도 적용될 수 있다고 말한다. "왕조가 멸망할 때는 흉년이 들고 민심이 흉흉하며 도적떼들이 들끓고 탐관오리들이 가렴주구를 일삼으며 왕과 귀족들은 향락에 젖어 정사를 게을리했다는 공통점이 발견되고 있다."[23]

하인리히 법칙과 유사한 법칙으로 '1:10:100의 법칙'이란 것도 있다. 세계적인 물류기업 페덱스Fedex가 철저히 지키고 있는 법칙으로 이런 내용이다. "불량이 생길 경우 즉시 고치는 데는 1의 원가가 들지만, 책임소재를 규명하거나 문책당할 것이 두려워 불량 사실을 숨기고 그대로 기업 문을 나서면 10의 비용이 들며, 이것이 고객 손에 들어가 클레임 건이 되면 100의 비용이 든다는 것이다. 다시 말하면 작은 실수를 그대로 내버려뒀을 경우 그 비용이 작게는 10배, 크게는 100배까지 불어나는 큰 문제로 비화된다는 뜻이다."[24]

2002년 프레드 마누엘레Fred A. Manuele는 『하인리히 법칙의 재평가Heinrich Revisited: Truisms or Myths』라는 책에서 하인리히 법칙을 비판적인 관점에서 재분석했다. 그는 하인리히가 인간의 잘못을 지나치게 강조하고, 운영체계상의 잘못은 간과했다고 비판했다.[25] 그럼에도 재앙엔 수많은 징후와 경고가 있다는, 즉 "위기는 갑자기 찾아오지 않는다"는 하인리히 법칙의 기본 취지는 여전히 유효하다. 하인리히 법칙이 세월호 참사가 일어난 한국에서 다시 주목을 받은 것도 그런 이유 때문일 것이다.

『경향신문』 논설위원 노응근은 "세월호 참사도 하인리히 법칙으로 설명할 수 있을 것 같다. 아직 침몰 원인이 규명되지 않았지만 드러난 정황만 봐도 그렇다. 세월호 관계자들이 '회사가 사고 발생 2주 전 조타기 전원 접속에 이상이 있음을 확인하고도 조치를 취하지 않았다', '본래 선장이 회사에 여러 차례 선체 이상을 얘기했지만 묵살됐다', '지난해 5월 제주항에서 화물을 부리다 10도 넘게 기운 적이 있다', '선원들이 배의 균형을 잡아주는 평형수 탱크 등에 문제가 있다고 회사에 수리를 요청했으나 아무런 조치가 없었다'고 증언한 것이다"며 다음과 같이 말한다.

"사소한 징후라도 놓치지 않는 것보다 더 중요한 일은 평소 안전수칙을 잘 지켜 징후조차 없애는 것이다. 그러나 우리의 현실은 엉망이다. 세월호 참사 후에도 연안 여객선의 안전규정 위반 건수는 한두 가지가 아니라고 한다. 항해사 면허도 없는 갑판장이나 선원이 번갈아 키를 잡는가 하면, 적재 차량의 바퀴를 모두 결박하지 않고 운항하기 일쑤라는 것이다. 이쯤이면 여객선은 관리감독의 완전 사각지대라고 해야 할 것이다. 관리감독기관인 해수부와 해경 등은 과연 뭘 하고 있는지 알 수 없다. 박근혜 정부가 출범하면서 국민 안전을 최우선 국정과제로 내세웠으나 정작 현장에서는 유유자적하며 콧방귀나 뀌고 있지는 않은지 모르겠다."[26]

『한겨레』 논설위원 이정재는 "여객선 안전·관리·감독 유관 조합·협회장 자리를 수십 년간 독식해온 해양수산부 낙하산 300건, 배에 누가 탔는지 확인도 안 한 무사안일 300건, 늦었다며 화물을 제대로 묶지도 않고 맹골수도를 아슬아슬 빠져나간 용감무쌍(?) 300건이 있었을 겁니다. 기념사진 국장, 컵라면 장관 같은 무개념·무책임 공무원도 그들보다 훨씬 이전에 이미 300건이 있었을 겁니다"라면서 다음과 같이 말한다.

"어디 세월호뿐이겠습니까. 우리 사회엔 곳곳에 300건이 있습니다. 요 며칠 새 본 것만도 차고 넘칠 정도입니다.……어디 안전뿐이겠습니까. 생활 속 어디에나 또 다른 300건이 있습니다. 새치기, 난폭 운전, 욕설 같은 겁니다. 여기엔 희생과 배려가 끼어들 틈이 없습니다. 이런 게 안전 불감증과 결합하면 뭐가 되겠습니까. 그게 바로 세월호라고 나는 생각합니다. 제2의 세월호가 없으려면 이런 생활 속 300건부터 사라져야 합니다."[27]

건설노조 노동안전보건국장 박종국은 "지금 이 시간에도 삼성반도체 공장에서, 전국 제철소에서, 조선소에서, 건축 공사장에서 수많은 노동자들이 산업재해로 죽어가고 있다. 기업주는 벌금 몇 백만 원에 그친다. 누가 감히 '세월호 선장은 더 나쁘고, 직업병으로 노동자가 죽어간 삼성전자 반도체 공장의 사업주는 덜 나쁘다'고 말할 수 있는가"라면서 다음과 같이 말한다.

"세월호 선장의 무책임한 행동은 우리 사회의 정치권과 기업의 책임자 등의 리더십 부재라는 사회적 고질병이 낳은 결과가 아닐까? 이번에 살아남은 사람들은 '침착하게 선실에서 대기하라'는 선장의 지시를 어기고 뛰쳐나온 사람들이다. 이제 비슷한 상황이 또 발생하면 어떤 국민이 안전조치 지시를 믿고 따르겠는가? 그래서 그 사회 리더들의 도덕성과 리더십이 중요한 것이다. 그들이 바로 선진국으로 가는 걸림돌이다."[28]

10여 년 전 일본 도쿄대학 교수 하타무라 요타로畑村洋太郎는 하인리히 법칙을 실패학에 접목했다. 그는 저서 『실패학의 법칙』에서 작은 사고, 조그만 이상 징후를 놓치지 않아야 실패를 되풀이하지 않으며 그것이 경영자의 책임이라고 지적했다. 그의 실패학은 일본 열도를 강타했고, 이후 많은 국내 대기업도 '하인리히 법칙'과 '하타무라 법칙'을 임직원 교육에 활용했지만, 별로 달라진 건 없었다.[29]

국가와 국민의 수준 차이 때문일까? 이화여자대학교 보건관리학 교수 이명선은 "한국은 재난 뒤처리에만 연간 30조 원 이상을 쏟아붓는다. 선진국과 후진국은 국민소득이 아니라 안전의식에서 차이가 난다"고 강조했다. 왜 우리는 그런 어리석은 일을 계속 반복하는 걸까? 그 어떤 문화적 이유도 있는 게 아닐까? 고려대학교 사회학 교수 박길성은 "한국 사람들은 '위험에 예민한 것은 비겁한 태도'라는 비정상적 모험주의, '나는 괜찮겠지' 하는 이기적 예외주의에 빠져 기초적인 안전에도 무감각하다. 선진국처럼 안전 기준을 분명히 정하고 반드시 지키는 것이 기본이 되는 문화를 만들어야 한다"고 말했다.[30]

성공회대학교 노동아카데미 주임교수 하종강은 『경향신문』 인터뷰에서 "1990년 산업안전보건법을 대대적으로 개정할 때 들은 충격적인 얘기가 있다"며 말을 시작했다. 그는 "법 조문을 2배가량 늘릴 정도로 사용자의 안전 책임을 강화하는 안을 만들었더니 한 중소기업 대표가 '솔직히 몇 명 죽는 게 낫지, 이 법은 못 지키겠다'고 하더라"면서 "노동자의 목숨도 돈으로 계산하는 인식이 지금도 이어지고 있다"고 말했다. 그는 이윤을 최고의 가치로 간주하는 이른바 '경제 염려증'을 산업안전의 근본적인 문제로 지적하며 "노동시간을 단축하고 안전과 직결된 업무는 비정규직을 사용하지 못하게 해야 한다. 노동자 부주의를 산재 원인으로 보는 정부의 인식도 바꿔야 한다"고 말했다.[31]

우리가 재앙의 수많은 징후와 경고를 무시하는 데엔 여러 이유가 있겠지만, 아무래도 가장 중요한 건 '사람 값'이 싸기 때문인 것 같다. "솔직히 몇 명 죽는 게 낫지, 이 법은 못 지키겠다"는 말도 그렇게 하는 것이 오히려 싸게 먹힌다는 말이 아닌가. 기업만 그런 게 아니다. 화물연대 본부장 이봉주는 『경향신문』 인터뷰에서 "여객선·화물선의 과적 문제는 왜 방치돼 왔나"라는 질문에 다음과 같이 답한다.

"과적은 화물차에서부터 시작된다. 화물연대 제주지부가 항만에 화물 중량을 잴 수 있는 계측기를 설치하자고 지자체에 요구하기도 했다. 5t 차량이 20t까지 싣고 다닐 정도이고, '위험하니 단속해달라'고 한 것이다. 비공식적으로 전한 얘기지만, 답변이 기가 막혔다. 제주도에서 그렇게 과적 단속을 하면 화물이 육지로 들어갔을 때 물류비가 비싸지니까 제주의 경쟁력이 떨어진다는 것이었다. 다른 항만도 사정이 모두 비슷하다. 과적은 화주(화물 주인)와 운송사, 화물차 기사만 안다. 화물차를 배에 실을 때 중량을 재지 않고 문서로만 판단하면 아무 의미가 없다."[32]

결국 화물연대는 자신들에 대한 처벌을 강화하는 입법을 요구하고 나섰다. 화물운송 노동자가 고의 과적으로 3회 이상 적발되면 운전면허를 취소하고 2년간 면허 재취득을 제한하는 '과적 삼진아웃제'가 그것이다. 화물연대는 "해도 해도 안 되니까, '죽는 것보다 낫지 않으냐고 생각했다"며 "화주가 강요해도 버틸 수 있는 근거를 만들자는 것"이라고 말했다.

참으로 기가 막힌 이야기 아닌가. 한 해 5,000여 명에 달하는 교통사고 사망자 가운데 1,200여 명이 화물차 사고에 의한 것이고, 고속도로 화물차 사고 사망의 38퍼센트가 과적과 적재불량에 의한 것이라는 통계도 있건만, 과적을 해야 하고 그래서 사고 위험을 안고 달릴 수밖에 없는 '도로 위의 세월호'는 기업과 관에 의해 장려되고 있는 셈이 아닌가.[33]

말로만 안전을 요구하기는 쉽지만, 안전엔 적잖은 비용이 들어간다. 과연 우리에겐 그 비용을 부담할 뜻이 있는가? 안전을 위해 희생해야 할 속도도 감내할 수 있는가? 우리 모두 가슴에 손을 얹고 자문자답해보면서 세월호 사건에 대해 분노해도 분노해야 하는 게 아닐까?

49

왜 사고는 반드시
일어나게 되어 있는가?

정상 사고

대형 사고가 일어나면 우리는 크게 놀라는 동시에 그 이면엔 반드시 안전을 무시한 몹쓸 사람들이 있을 거라고 생각한다. 그런 생각은 검찰과 경찰의 맹활약에 의해 한 치의 오차 없이 입증된다. 우리는 그런 사람들이 구속되는 걸 지켜보면서 그들을 엄하게 처벌함으로써 안전을 다루는 모든 사람이 각성한다면 다시는 그런 대형 사고가 일어나지 않을 거라고 믿으면서 놀란 가슴을 쓸어내린다. 즉, 대형 사고는 '인재人災'일 뿐 다른 문제는 없다는 식이다.

미국 예일대학 사회학자 찰스 페로Charles Perrow는 『정상 사고Normal Accidents: Living with High-Risk Technologies』(1984)에서 그런 상식을 정면 반박한다. 그가 내세운 3가지 전제는 다음과 같다. 첫째, 우리 인간은 실수하게 되어 있다. 둘째, 그 어떤 대형 사고라도 원인은 늘 매우 작은 것에서 시작된다. 셋째, 실패는 기술보다는 기술을 다루는 인간 조직에서 나타나며, 따라서 완벽한 기술이란 사실상 무의미하다.

페로는 그런 3가지 전제 하에 원자력 발전소, 화학 공장, 항공기, 선박, 댐, 유전자 조작 등 인간이 만든 복잡한 시스템은 참사의 위험을 늘 안고 있다고 말한다. 아무리 안전장치를 강화한다 해도 피할 수 없는 사고, 즉 '정상 사고'가 있다는 것이다. 사고는 원래 비정상적인 것이기 때문에 '정상 사고'라는 말은 사실 형용 모순이지만, 페로는 사고가 비정상적인 상태의 결과가 아니라 정상적인 상태의 결과로 일어난다는 것을 강조하기 위해 '정상 사고'라는 말을 썼다.

페로는 "정상 사고라는 개념은 언뜻 이상하게 보이지만 시스템의 속성상 예상치 못한 다발적 장애의 상호작용이 불가피하다는 의미를 담고 있다"며 "사회가 세분화되고 복잡한 설비나 시스템에 의존할수록 재앙은 훨씬 큰 규모로 닥칠 수 있다. 안전에는 돈이 많이 들고, 규제 완화는 그 비용부터 삭감하게 만든다"고 경고한다.

이를 잘 보여준 것이 1979년 3월 28일 미국 펜실베이니아주 해리스버그Harrisburg 인근에서 벌어진 스리마일섬Three Mile Island 원전 사고다. 이 사고는 2주 동안 미국 전역을 불안에 떨게 만들었다. 인근 지역에 사는 임산부와 노약자들에게 대피 권고가 내려졌고, 집단적 공황 상태에 가까운 혼란이 벌어졌다.

노심爐心(핵분열 반응이 일어나는 곳) 융해로 방사능이 유출되면서 공황을 불러일으킨 이 사고는 공식적으로는 운용자 실수로 기록되었지만 진실은 달랐다. 먼저 냉각 장치에 불순물이 섞여 터빈이 멈추었다. 비상 급수 펌프는 막혀 있었다. 이틀 전 보수하고 나서 밸브가 닫힌 상태로 방치되었기 때문이다. 계기판마저 스위치에 매달린 수리 기록증에 가려져 있었다. 어이없게도 사고 예방 장치들이 오히려 더 큰 재앙을 부른 것이다.[34]

페로는 위험을 대단치 않은 향상만 가지고도 감소시킬 수 있는 위험, 대처하기 위해 중대한 노력을 요구하는 위험, 어떤 편익도 훨씬 능가하는 위험 등 3가지 범주로 나누었다. 그는 앞의 2가지 범주는 실패에서 배우려는 노력을 통해 앞으로 실패가 일어날 가능성을 줄일 수 있지만, 세 번째 범주의 경우에는 해당 기술을 포기해야 한다고 주장한다. 실수는 어떤 조직에서나 일어날 수 있고 오류와 실수의 가능성을 완전히 제거하는 것은 불가능하며, 이런 연유 때문에 어떤 종류의 위험한 작업은 사회가 감당하기에는 너무나 비싼 비용을 치를 수 있다는 것이다.[35]

복잡하고 긴밀하게 연결된 시스템은 '상호 작용성 복잡성interactive complexity'과 '긴밀한 연계성tight coupling'으로 인해 결코 100퍼센트의 안전을 보장할 수 없다. 이런 복잡계 시스템이 일으킬 수 있는 위험은 세 번째 범주에 속한다. 따라서 이런 시스템은 아예 구축하지 말아야 한다. 일상적이고 사소하지만 평범하기 짝이 없는 실수와 오류가 몇 개 이상 중첩될 경우 대형 사고가 발생할 수 있는데, 무슨 수로 인간의 그런 원초적 취약성을 완벽하게 할 수 있겠는가. 페로가 원자력발전소 건설을 강력히 반대하는 것도 바로 그런 이유 때문이다. 그럼에도 우리는 늘 사람 탓을 하는 데에 익숙해 있다. 페로는 이렇게 개탄한다. "우리는 항상 발전소 직원을 비난한다. '조작자 실수'라는 것이다."[36]

세 번째 범주에 속하는 시스템은 아예 구축하지 않는 게 좋겠지만 세상 일이 어디 그런가. 날이 갈수록 시스템 간 연결이 강화되고 있는 세상에서 그건 기대하기 어려운 일이다. 예컨대, 2008년 중국 남부의 폭설 사태를 보자. 당시 폭설은 심하기는 했지만 재앙적 수준은 아니었다. 그러나 다수의 하위 시스템에 문제가 생기자 이는 치명적인 결과를 낳았다. 식량 수송에는 철도가 필요했고, 철도에는 전기가 필요했고, 전기 생산에는 석탄이 필요했고, 석탄을 운송하려면 철도가 필요했다. 그런데 폭설이 전기를 끊어버리자 다수의 핵심 사회기반 시설이 거의 동시에 무너져버린 것이다.

그런데 이런 문제를 글로벌 차원에서 보자면, 세계화 자체가 바로 그런 연결 시스템이 아닌가. 『블랙 스완』의 저자 나심 니컬러스 탈레브Nassim Nicholas Taleb가 잘 지적했듯이, "세계화는 불안정성을 줄이고 안정되어 있는 듯한 외양을 제공하지만 그와 동시에 취약성의 상호 맞물림을 창출한다."[37]

따지고 보면 우리 인간의 심리도 복잡계에 속한다. 예컨대, 대형 사고의 주요 이유가 되는 '동조同調'를 무슨 수로 없앨 수 있겠는가 말이다. 동조conformity란 '형식form을 공유한다'는 뜻으로, "어떤 특정인이나 집단으로부터 실제적이거나 가상적 압력을 받아서 자기 자신의 행동이나 의견을 바꾸는 것"을 말한다.[38] 안전은 어떤 상황에서건 동조에 의한 영향에 의해 위협받을 수 있다.

페로는 『정상 사고』에서 '무충돌 경로에서 일어난 충돌non-collision course collision'이라고 부르는 특이한 항해 현상을 소개하고 있다. 선장이 오판으로 인해 배를 좌초시키거나 다른 배와 충돌하는 동안에도 갑판 선원들이 침묵을 지키고 있는 일은 드물지 않았다는 것인데, 그런 어이없는 일이 바로 동조 때문에 일어난다는 것이다.[39]

사정이 그와 같음에도 우리는 늘 우리가 조심하기만 하면 어떤 위험이건 피할 수 있다는 오만 또는 만용에 사로잡혀 있다. 주로 이윤 추구욕이나 정치적 야욕을 앞세운 탓이다. 사고가 일어나지 않게끔 안전에 최선을 다해야겠지만, 그것만으론 모든 사고를 다 막을 수는 없다는 걸 분명히 깨달을 필요가 있겠다.

50

왜 재난은 때로
축복일 수 있는가?

재난의 축복

"한국의 현대사는 '4·16 참사' 이전과 이후로 나뉠 것이다." 2014년 4월 16일 세월호 참사가 일어난 직후 일부 언론과 지식인들이 한 말이다. 그만큼 세월호 참사가 우리에게 가져다준 충격과 절망이 컸기 때문에 나온 말일 게다. 세월호 참사는 재난이 재앙임을 재확인시켜준 사건이었지만, 재난이 꼭 그 한 가지 얼굴만을 갖고 있는 건 아니다. 재난엔 또 다른 얼굴이 있다. 그건 바로 재난이 때론 축복일 수 있다는 가능성을 가진 얼굴이다.

영어로 뜻풀이를 해보자면, '재난disaster'은 '별astro'이 '없는dis' 상태를 가리킨다. 망망대해茫茫大海에서 별을 보고 항로를 찾던 선원들에게 별이 사라진다는 건 곧 죽음을 의미하는 것일 수도 있다. 마찬가지로 나아가야 할 방향을 잃은 사회는 극심한 혼돈과 무기력에 빠질 수 있다. 실제로 큰 재난을 당한 사회가 그런 모습을 보인다.

그러나 뒤집어 생각해보는 것도 필요하다. 어떤 사회가 이미 재난의 일상화라고 해도 좋을 정도로 약육강식弱肉強食의 정글을 방불케 하는 상황이라면 어떨까? 그 사회의 시민들에게 따라야 할 삶의 지침은 오직 나와 내 가족의 물질적 안전과 풍요를 위한 것일 뿐 그 어떤 공동체적 연대와 협력과 배려도 쓸모없는 것으로 여겨진다면 어떨까? 차라리 기존의 지침이 없어지는 재난이 더 나은 것일 수도 있지 않을까?

그런 의문을 품은 미국 사회학자 찰스 프리츠Charles E. Fritz는 삶은 일종의 재난이며, 실제 재난은 일상적 재난에서 우리를 해방시킨다고 주장한다. 사람들은 날마다 고통 받고 죽어가고 있는데, 다만 평상시에는 그런 일을 혼자서 겪는다는 점이 재난과 다르다는 것이다. 미국 작가 레베카 솔닛Rebecca Solnit은 2009년에 출간한 『이 폐허를 응시하라: 대재난 속에서 피어나는 혁명적 공동체에 대한 정치사회적 탐사』라는 책에서 프리츠의 그런 관점을 이어받아 재난이 가져오는 '공동체적 일체감'에 대해 다음과 같이 말한다.

"많은 사람이 위험과 상실, 박탈을 함께 겪음으로써, 사회적 고립을 극복한 생존자들 사이에 친밀하고 집단적인 연대감이 생기고, 친밀한 소통과 표현의 통로가 나타나며, 든든한 마음과 서로를 물심양면으로 도우려는 의지가 샘솟는다. '외부인'이 '내부인'이 되고, '주변인'이 '중심인물'이 된다. 그리하여 사람들은 전에 없던 확신을 가지고 모든 사람이 인정하는 기본적 가치들을 인식하게 된다. 그리고 이런 가치들을 유지하려면 집단행동이 필요하며, 개인과 집단의 목표는 서로 긴밀하게 얽혀 있음도 깨닫는다. 개인과 사회적 필요의 이러한 얽힘은 정상적인 상황에서는 불가능했을 소속감과 일체감을 느끼게 한다."[40]

그렇다. "비온 후에 땅이 굳는다"는 속담도 바로 그런 이치를 말해주는 게 아니겠는가. 재난은 그 이전엔 기대하기 어려웠던 사회적 자본을 일시에 형성해주는 놀라운 효과를 발휘하기도 한다. 사회적 자본의 중요성을 역설하는 미국 하버드대학 정치학자 로버트 퍼트넘 Robert D. Putnam, 1941-이 다음과 같이 말한 것도 바로 그런 맥락에서 이해할 수 있겠다.

"사회적 자본의 창조(혹은 재창조)는 쉬운 과제가 절대 아니다. 전쟁이나 공황 혹은 자연재해처럼 누가 봐도 명백한 국가적 위기라도 있으면 쉬울지도 모르겠지만, 다행이기도 하면서 불행하게도 새로운 세기의 여명에 있는 미국은 사회를 소생시킬 만한 그런 위기에 직면해 있지 않다."[41]

그러나 이제 재난의 그런 효과를 기대하긴 어렵게 되었다는 주장도 있다. 나오미 클라인Naomi Klein은 『쇼크 독트린: 자본주의 재앙의 도래The Shock Doctrine: The Rise of Disaster Capitalism』(2007)에서 이렇게 말한다. "얼마 전만 해도 재난은 사회적 단합이 일어나는 시기로 여겨졌다. 즉 하나로 뭉친 지역사회가 구역을 따지지 않고 합심하는 보기 드문 순간이었다. 그러나 재난은 점차 정반대로 변하면서 계층이 나뉘어 있는 끔찍한 미래를 보여주었다. 경쟁과 돈으로 생존을 사는 세상 말이다."[42]

즉, 극심한 빈부격차로 인한 주거지역의 완전 분리가 재난의 평준화 효과를 사라지게 했다는 것이다. 이와 관련, 남아공 작가 헤인 마리스Hein Maris는 이렇게 말한다. "재난은 사람을 차별하지 않는다는 영원한 허상을 버려라. 그리고 재난은 모든 걸 '사회적으로 평등하게' 쓸어간다는 생각도 버려라. 전염병은 쫓겨나서 위험 속에서 생계를 꾸려야 하는 사람들을 집중 공격한다. 에이즈도 마찬가지다."[43]

그러나 일부 지역에서 그런 새로운 경향이 나타났다는 것일 뿐 재난의 평준화 효과와 단합 효과가 완전히 사라진 건 아니다. 세월호 참사는 어떤가. 우리는 세월호 참사를 겪으면서 수많은 절망의 지옥문을 통과했지만, 지옥보다는 천국에 가까운 모습도 있다는 것을 알게 되었다. 자신을 희생해가면서 학생들을 살린 분들! 이후 희생자 가족들 사이에서, 그리고 그들을 도운 자원봉사자들, 그들의 고통과 비애에 가슴 아파하며 눈물 흘린 국민들 사이에서 '공동체적 일체감'과 더불어 희망의 한 줄기 빛이 살아 있음을 느끼지 않았던가. 세월호 참사의 와중에서 가장 먼저 그런 가능성을 거론한 한신대학교 교수 윤평중은 다음과 같이 말한다.

"방방곡곡을 수놓은 노란 리본의 물결은 5월의 꽃보다 아름답다. 미증유의 재난 상황에서 숭고한 공동체 의식과 연대감이 분출해 우정의 공동체를 이루는 '재난 유토피아'가 출현한 것이다. 재난 유토피아가 모습을 드러내면 사람들은 언행을 절제하기 시작한다. 남을 배려하고 자신의 일상을 돌아본다. 재난 유토피아는 이처럼 자기성찰에서 시작한다. 대규모의 재난은 충격요법으로 사람들의 습관적 행동양식을 반성케 하고 변화하게 한다. 일상에 깊이 자리 잡은 부패와 부조리에 눈을 뜨게 만든다."[44]

그랬다. 우리는 5월엔 그런 가능성에 주목했다. 그러나 그 가능성의 촛불은 9월에 이르러 완전히 꺼지고 말았다. 유가족 대책위원회가 단식투쟁을 하자, 보수단체는 규탄집회를 열었고 심지어 단식농성을 비웃는 '폭식투쟁'마저 벌어졌다. 세월호 참사가 정치적 진영논리와 당파싸움에 휘말려든 가운데 오히려 갈등이 증폭되면서 재난을 더 키운 꼴이 되고 말았다.

정치, 그것은 한국 사회의 블랙홀로 전락하고 말았다. 무슨 일이건 정치적 이슈로 비화되면 이성과 공감은 실종되고 유전자처럼 몸에 각인된 진영논리의 대결만이 판을 치는 게 우리의 현실이다. 보수는 물론 진보도 다를 게 없었다. 예컨대, 세월호 참사 한 달이 되어가던 5월 13일, 『한겨레』가 두 면에 걸쳐 내보낸 '세월호 여섯 가지 소문과 사실 확인' 기사에 대한 일부 진보적 독자들의 반응이 그것을 잘 말해준다. 이 기사는 당시 SNS 등을 온상으로 창궐하던 대표적 풍문들을 꼼꼼히 검증해 무엇이 사실인지를 독자들에게 보여주려 한 것이었는데, 이후 어떤 일이 벌어졌던가? 『한겨레』 사회부장 강희철은 다음과 같이 말한다.

"기사가 나가자 소수의 악플과 비난이 다수의 공감과 격려를 압도하는 듯 보였다. 사실과 의견의 경계를 애써 무시하려는 '어떤 사람들'은 기사를 쓴 기자들을 주저 없이 '기레기'로 매도했다. 그런 반응은 주로 『한겨레』를 '자기편'이라고 생각해왔다고 주장하는 이들에게서 나왔다. 그들 중엔 대놓고 '절독'을 들먹이며 '위협'하는 부류도 있었다. 사실이야 어떻든 자신들의 확신만을 기사로 쓰라는 노골적인 압력으로 들렸다. 그런 악다구니에 놀라 왜 그런 기사를 썼냐고 은근히 따져 물으며 불편한 기색을 드러내는 일부 '내부자'들도 없지 않았다. 그때도 이미 세월호 사건은 진영논리에 휘말리고 있었다. 무엇이든 권력투쟁의 소용돌이 속으로 밀어넣어야 직성이 풀리는 우리 사회에서 이 사건 역시 무사할 수는 없었다."[45]

이런 진영논리의 대결 구도는 소수 네티즌들에게만 국한된 것이 아니었다. 정당, 언론, 지식인들까지 가세한 진영 간 싸움이었다. 그로 인해 재난이 때로 축복일 수 있는 가능성은 완전히 사라지고 만 것이다. 우리는 그 값비싼 희생을 치르고서도 긍정적인 변화는커녕 아무런 교훈조차 얻지 못한 채 이대로 표류해야만 하는가? 진영논리에 기울었거나 중독된 우리 모두 자문자답해보아야 할 뼈아픈 물음이다.

주

머리말

1 박기용, 「"우리는 사람들이 더 똑똑해지길 원한다"」, 『한겨레』, 2015년 5월 23일.
2 이철희, 「새정치민주연합은 왜 선거마다 패배하나?」, 『월간 인물과사상』, 제206호(2015년 6월), 105~106쪽.
3 고종석, 「'싸가지 있는' 정치를 위하여」, 『한국일보』, 2007년 9월 13일.
4 정진석, 『언론과 한국현대사』(커뮤니케이션북스, 2001), 434쪽.
5 정철운, 「조선일보·한겨레, 20년간 보수·진보 정파보도 늘었다」, 『미디어오늘』, 2015년 1월 21일.
6 강준만, 「왜 세상은 날이 갈수록 갈갈이 찢어지는가?: 사이버발칸화」, 『생각의 문법: 세상을 꿰뚫는 50가지 이론 3』(인물과사상사, 2015), 333~338쪽 참고.
7 유창선, 「성찰 없는 괴물이 되어버린 진보」, 『주간경향』, 제1128호(2015년 6월 2일).
8 이철희, 「486의 침묵과 염태영·이재명의 도전」, 『경향신문』, 2015년 5월 19일.
9 Sanford D. Horwitt, 『Let Them Call Me Rebel: Saul Alinsky—His Life and Legacy』(New York: Vintage Books, 1989/1992), p.528. 강준만, 「왜 '있는 그대로의 세상'은 안 보고 '원하는 세상'만 보나?: 알린스키의 법칙」, 『우리는 왜 이렇게 사는 걸까?: 세상을 꿰뚫는 50가지 이론 2』(인물과사상사, 2014), 92~96쪽 참고.
10 송채경화, 「한겨레 기자, 새누리당 출입하더니 변했다?」, 『한겨레』, 2012년 12월 27일.
11 강준만, 『증오 상업주의: 정치적 소통의 문화정치학』(인물과사상사, 2013), 199~242쪽 참고.
12 강준만, 『싸가지 없는 진보: 진보의 최후 집권 전략』(인물과사상사, 2014), 175~204쪽.

13 강준만, 「왜 공중도덕을 지키자는 계몽 캠페인은 실패하는가?: 넛지」, 『감정 독재: 세상을 꿰뚫는 50가지 이론』(인물과사상사, 2013), 262~267쪽 참고.

제1장 언어의 신비와 함정

1 나심 니컬러스 탈레브(Nassim Nicholas Taleb), 차익종 옮김, 『블랙 스완: 0.1%의 가능성이 모든 것을 바꾼다』(동녘사이언스, 2007/2008), 214쪽.
2 엘렌 랭어(Ellen J. Langer), 변용란 옮김, 『마음의 시계: 시간을 거꾸로 돌리는 매혹적인 생리실험』(사이언스북스, 2009/2011), 48~49쪽; 비키 쿤켈(Vicki Kunkel), 박혜원 옮김, 『본능의 경제학: 본능 속에 숨겨진 인간 행동과 경제학의 비밀』(사이, 2009), 13~15쪽.
3 로버트 치알디니(Robert Cialdini) 외, 윤미나 옮김, 『설득의 심리학 2』(21세기북스, 2007/2008), 187~188쪽.
4 롤프 도벨리(Rolf Dobelli), 두행숙 옮김, 『스마트한 선택들: 후회 없는 결정을 하기 위해 꼭 알아야 할 52가지 심리 법칙』(걷는나무, 2012/2013), 18~19쪽.
5 비키 쿤켈(Vicki Kunkel), 박혜원 옮김, 『본능의 경제학: 본능 속에 숨겨진 인간 행동과 경제학의 비밀』(사이, 2009), 13~15쪽.
6 디팩 맬호트라(Deepak Malhotra) · 맥스 베이저먼(Max H. Bazerman), 안진환 옮김, 『협상천재』(웅진지식하우스, 2007/2008), 239~242쪽.
7 안토니 프랫캇니스(Anthony R. Pratkanis) · 엘리엇 아론슨(Elliot Aronson), 윤선길 외 옮김, 『누군가 나를 설득하고 있다』(커뮤니케이션북스, 2007), 22쪽.
8 범상규, 「확증편향으로부터의 구세주」, 『네이버캐스트』, 2013년 3월 1일.
9 최우철, 「[취재파일] 하루 400명 개명…"이름 바꾸면 나아져" 상술 기승」, 『SBS 뉴스』, 2014년 1월 6일; 이용균, 「'개명 효과' …이름 바꾸면 야구 팔자도 바뀐다?」, 『경향신문』, 2015년 4월 22일.
10 이진, 「장미를 호박이라 부르면 실제 장미 향기 덜 느껴져」, 『동아일보』, 2005년 9월 28일, A20면.
11 Joseph A. DeVito, 『The Interpersonal Communication Book』 3rd ed.(New York: Harper & Row, 1983), p.161.
12 「Name-letter effect」, 『Wikipedia』; 송한수, 「"이름 석 자 부끄럽지 않게 최선": 수필집 '현장에서…' 펴낸 문충실 동작구청장」, 『서울신문』, 2011년 6월 1일.
13 로버트 치알디니(Robert Cialdini) 외, 윤미나 옮김, 『설득의 심리학 2』(21세기북스, 2007/2008), 136~141쪽; 샘 소머스(Sam Sommers), 임현경 옮김, 『무엇이 우리의 선택을 좌우하는가: 우리의 감정, 행동, 결정을 주도하는 보이지 않는 힘』(청림출판, 2011/2013), 187쪽; 데이비드 이글먼(David Eagleman), 김소희 옮김, 『인코그니토: 나라고 말하는 나는 누구인가』(쌤앤파커스, 2011), 84~86쪽.
14 비키 쿤켈(Vicki Kunkel), 박혜원 옮김, 『본능의 경제학: 본능 속에 숨겨진 인간 행동과 경제학의 비밀』(사이, 2009), 244쪽.
15 사이언 베일락(Sian Beilock), 박선령 옮김, 『어떤 상황에도 긴장하지 않는 부동의 심리학』(21세기북스, 2010/2011), 161~162쪽.
16 김성진, 「이름이 뇌에게 말해준 비밀」, 『브레인미디어』, 2008년 9월 17일.
17 스티브 아얀(Steve Ayan), 손희주 옮김, 『심리학에 속지 마라: 내 안의 불안을 먹고 자라는 심리학의 진실』(부키, 2012/2014), 152~154쪽.
18 스티븐 브라이어스(Stephen Briers), 구계원 옮김, 『엉터리 심리학』(동양북스, 2012/2014), 77~78쪽.
19 스티븐 브라이어스(Stephen Briers), 구계원 옮김, 『엉터리 심리학』(동양북스, 2012/2014), 89~90쪽.
20 허은아, 『메라비언 법칙』(위즈덤하우스, 2012), 5~9쪽; 제임스 보그(James Borg), 이수연 옮김, 『설득

력: 간결하고 강력하게 말하는 대화의 힘』(비즈니스맵, 2007/2009), 85~86쪽; Joseph A. DeVito, 『The Interpersonal Communication Book』, 3rd ed.(New York: Harper & Row, 1983), p.194; 「Albert Mehrabian」, 「Wikipedia」; 「메라비언의 법칙(The Law of Mehrabian)」, 『네이버 지식백과』.

21 간바 와타루(樺旦純), 최영미 옮김, 『비즈니스 협상 심리학』(에이지21, 1997/2007), 183~184쪽.

22 스티븐 데닝(Stephen Denning), 안진환 옮김, 『스토리텔링으로 성공하라』(을유문화사, 2005/2006), 67~68쪽.

23 권오성, 「"살쪘어요" 추가했다 역풍…"소통 93%는 몸짓과 음성"」, 『한겨레』, 2015년 3월 24일.

24 스콧 켈러(Scott Keller) · 콜린 프라이스(Colin Price), 서영조 옮김, 『차이를 만드는 조직』(전략시티, 2011/2014), 376쪽.

25 구본권, 『당신을 공유하시겠습니까?』(어크로스, 2014), 230~231쪽.

26 앤드루 에드거(Andrew Edga) · 피터 세즈윅(Peter Sedgwick) 엮음, 박명진 외 옮김, 「본질주의」, 『문화 이론 사전』(한나래, 2003), 197쪽.

27 울리히 벡(Ulrich Beck), 조만영 옮김, 『지구화의 길』(거름, 2000), 293쪽.

28 조셉 칠더즈(Joseph Childers) · 게리 헨치(Gary Hentzi), 황종연 옮김, 「본질주의」, 『현대문학 · 문화 비평 용어사전』(문학동네, 1995/1999), 174~175쪽.

29 스티븐 모튼(Stephan Morton), 이운경 옮김, 『스피박 넘기』(앨피, 2005), 142~145쪽.

30 소피아 포카(Sophia Phoca), 윤길순 옮김, 『포스트페미니즘』(김영사, 2001), 16쪽.

31 캐서린 하킴(Catherine Hakim), 이현주 옮김, 『매력자본』(민음사, 2011/2013), 113쪽.

32 테리 이글턴(Terry Eagleton), 김준환 옮김, 『포스트모더니즘의 환상』(실천문학사, 2000), 187쪽.

33 폴 블룸(Paul Bloom), 문희경 옮김, 『우리는 왜 빠져드는가?: 인간 행동의 숨겨진 비밀을 추적하는 쾌락의 심리학』(살림, 2010/2011), 39~40쪽.

34 박은하, 「페미니스트, 어떻게 적이 되었나」, 『경향신문』, 2015년 3월 7일.

35 양선희, 「페미니즘의 종언」, 『중앙일보』, 2015년 1월 28일.

36 그레그 매커운(Greg McKeown), 김원호 옮김, 『에센셜리즘: 본질에 집중하는 힘』(알에이치코리아, 2014), 17쪽.

37 「유추[analogy, 類推]」, 『네이버 지식백과』; 앨빈 토플러(Alvin Toffler) · 하이디 토플러(Heidi Toffler), 김중웅 옮김, 『부의 미래』(청림출판, 2006), 172~173쪽.

38 로버트 루트번스타인(Robert Root-Bernstein) · 미셸 루트번스타인(Michèle Root-Bernstein), 박종성 옮김, 『생각의 탄생』(에코의서재, 1999/2007), 197~198, 202쪽.

39 앨빈 토플러(Alvin Toffler) · 하이디 토플러(Heidi Toffler), 김중웅 옮김, 『부의 미래』(청림출판, 2006), 172~173쪽.

40 송관재, 『생활속의 심리학』(학문사, 2000), 174~175쪽.

41 데브라 벤턴(Debra Benton), 최수민 옮김, 『석세스 바이블』(삶과꿈, 1992/1997), 276쪽.

42 노나카 이쿠지로(野中郁次郎), 「지식창조 기업」, 피터 드러커 외, 현대경제연구원 옮김, 『지식경영』(21세기북스, 1998/1999), 57쪽.

43 리처드 오글(Richard Ogle), 『스마트 월드』(리더스북, 2007/2008), 280~281쪽.

44 에드워드 드 보노(Edward de Bono), 이은정 옮김, 『드 보노의 수평적 사고』(한언, 1970/2005), 177~178쪽.

45 윌리엄 사하키언(William S. Sahakian) · 마블 사하키언(Mabel L. Sahakian), 이종철 옮김, 『위대한 철학자들의 사상』(문예출판사, 1966/1988), 40쪽.

46 리처드 노이스타트(Richard E. Neustadt) · 어니스트 메이(Ernest R. May), 이호령 · 오영달 · 이웅현 옮김, 「제3장 부적절한 역사 유추」, 『역사 활용의 기술: 성공적인 정책결정을 위한 22가지 노하우』(리북, 1986/2006), 83~120쪽.

47 아트 마크먼(Art Markman), 박상진 옮김, 『스마트 싱킹: 앞서가는 사람들의 두뇌 습관』(진성북스, 2012), 190~194쪽.

48 앨빈 토플러(Alvin Toffler) · 하이디 토플러(Heidi Toffler), 김중웅 옮김, 『부의 미래』(청림출판, 2006), 172~173쪽.

49 로버트 루트번스타인(Robert Root-Bernstein) · 미셸 루트번스타인(Michèle Root-Bernstein), 박종성 옮김, 『생각의 탄생』(에코의서재, 1999/2007), 198쪽.

제2장 콤플렉스의 독재

1 「Horatio Alger Association of Distinguished Americans」, 『Wikipedia』.

2 제니스 펙(Janice Peck), 박언주 · 박지우 옮김, 『오프라 윈프리의 시대』(황소자리, 2008/2009), 304~305쪽.

3 윌리엄 클레멘트 스톤(William Clement Stone), 황우상 옮김, 『클레멘트 스톤처럼 성공하기: 불황을 극복하는 절대 성공시스템』(한솔미디어, 1962/2012), 61쪽.

4 「Horatio Alger, Jr.」, 『Wikipedia』.

5 허레이쇼 앨저(Horatio Alger), 이정임 옮김, 『골든보이 딕 헌터의 모험』(평단, 1867/2009), 120~121쪽.

6 F. L. 알렌(Frederick Lewis Allen), 박진빈 옮김, 『빅 체인지』(앨피, 1952/2008), 112~113쪽.

7 로런스 피터(Laurence J. Peter) · 레이몬드 헐(Raymond Hull), 나은영 · 서유진 옮김, 『피터의 원리: 승진할수록 사람들이 무능해지는 이유』(21세기북스, 1996/2009), 53쪽.

8 제니스 펙(Janice Peck), 박언주 · 박지우 옮김, 『오프라 윈프리의 시대』(황소자리, 2008/2009), 102~103쪽.

9 제니스 펙(Janice Peck), 박언주 · 박지우 옮김, 『오프라 윈프리의 시대』(황소자리, 2008/2009), 102쪽.

10 에이미 추아(Amy Chua) · 제드 러벤펠드(Jed Rubenfeld), 이영아 옮김, 『트리플 패키지: 성공의 세 가지 유전자』(와이즈베리, 2014), 218쪽; 「Horatio Alger myth」, 『Wikipedia』.

11 「Rags to riches」, 『Wikipedia』; 「Survivorship bias」, 『Wikipedia』. 강준만, 「왜 치킨가게가 3만 개를 넘어섰을까?: 생존 편향」, 『감정 독재: 세상을 꿰뚫는 50가지 이론』(인물과사상사, 2013), 199~203쪽 참고.

12 강준만, 『개천에서 용 나면 안 된다: 갑질 공화국의 비밀』(인물과사상사, 2015), 참고.

13 이형준, 「[쇼킹 스타일] 오빠부터 아저씨까지, 지금 연예계는 복근 열풍 "식스팩의 모든 것!"」, 『bnt뉴스』, 2012년 7월 23일.

14 이윤기, 『그리스 로마 신화 2』(웅진지식하우스, 2002), 98~101쪽; 마틴 레이먼드(Martin Raymond), 박정숙 옮김, 『미래의 소비자들』(에코비즈, 2003/2006), 460~462쪽; 「Adonis」, 『Wikipedia』; 「Anemone」, 『Wikipedia』; 「아도니스콤플렉스[adonis complex]」, 『네이버 지식백과』.

15 고든 패처(Gordon L. Patzer), 한창호 옮김, 『룩스: 외모 상상 이상의 힘』(한스미디어, 2008/2009), 252~253쪽.

16 고든 패처(Gordon L. Patzer), 한창호 옮김, 『룩스: 외모 상상 이상의 힘』(한스미디어, 2008/2009), 252~253쪽.

17 나지홍, 「아베크롬비가 남성 '몸짱 모델' 퇴출한 까닭」, 『조선일보』, 2015년 4월 27일.

18 고든 패처(Gordon L. Patzer), 한창호 옮김, 『룩스: 외모 상상 이상의 힘』(한스미디어, 2008/2009), 254쪽.

19 채지영, 「[건강/의학] 몸 불리기 집착 '근육추형' 환자 늘어」, 『동아일보』, 2002년 10월 6일; 「Muscle dysmorphia」, 『Wikipedia』.

20 서지혜·문재연, 「식스팩 수술, 비만 클리닉…헬스장 트레이너도 몸매 성형 열풍」, 『헤럴드경제』, 2015년 4월 8일.

21 Malcolm Gladwell, 『Blink: The Power of Thinking Without Thinking』(Back Bay Books, 2005), p.90.

22 Malcolm Gladwell, 『Blink: The Power of Thinking Without Thinking』(Back Bay Books, 2005), p.91; 스티븐 랜즈버그(Steven E. Landsburg), 이무열 옮김, 『발칙한 경제학: 세상을 움직이는 힘에 관한 불편한 진실』(웅진지식하우스, 2007/2008), 65쪽.

23 스티븐 랜즈버그(Steven E. Landsburg), 이무열 옮김, 『발칙한 경제학: 세상을 움직이는 힘에 관한 불편한 진실』(웅진지식하우스, 2007/2008), 64쪽; 로버트 윌슨(Robert A. Wilson) 편, 허용범 옮김, 『대통령과 권력』(나남, 2002), 22쪽; 낸시 에트코프(Nancy Etcoff), 이기문 옮김, 『미(美): 가장 예쁜 유전자만 살아남는다』(살림, 2000), 209쪽.

24 고든 패처(Gordon L. Patzer), 한창호 옮김, 『룩스: 외모 상상 이상의 힘』(한스미디어, 2008/2009), 180쪽; 최윤희, 『비언어커뮤니케이션』(커뮤니케이션북스, 1999), 92쪽.

25 니콜라 에르팽(Nicolas Herpin), 김계영 옮김, 『키는 권력이다』(현실문화, 2006/2008); 윤민용, 「연봉은 키에 비례한다」, 『경향신문』, 2008년 3월 21일; 스티븐 랜즈버그(Steven E. Landsburg), 이무열 옮김, 『발칙한 경제학: 세상을 움직이는 힘에 관한 불편한 진실』(웅진지식하우스, 2007/2008), 64쪽.

26 리처드 와이즈먼(Richard Wiseman), 한창호 옮김, 『괴짜 심리학』(웅진지식하우스, 2007/2008), 164쪽; 데이비드 버스(David Buss), 전중환 옮김, 『욕망의 진화』(사이언스북스, 2003/2007), 91~92쪽; 「Height discrimination」, 『Wikipedia』.

27 데이비드 브룩스(David Brooks), 이경식 옮김, 『소셜 애니멀: 사랑과 성공, 성격을 결정짓는 관계의 비밀』(흐름출판, 2011), 33쪽.

28 「Height discrimination」, 『Wikipedia』.

29 낸시 에트코프(Nancy Etcoff), 이기문 옮김, 『미(美): 가장 예쁜 유전자만 살아남는다』(살림, 2000), 211쪽.

30 송충식, 「키의 진실」, 『경향신문』, 2005년 8월 3일, 26면.

31 리처드 코니프(Richard Conniff), 이상근 옮김, 『부자』(까치, 2002/2003), 100, 109쪽.

32 새디어스 러셀(Thaddeus Russsell), 이정진 옮김, 『불한당들의 미국사』(까치, 2010/2012), 358쪽; 「Ruin value」, 『Wikipedia』.

33 데얀 수딕(Deyan Sudjic), 안진이 옮김, 『거대건축이라는 욕망』(작가정신, 2005/2011), 60~61, 65~66쪽.

34 데얀 수딕(Deyan Sudjic), 안진이 옮김, 『거대건축이라는 욕망』(작가정신, 2005/2011), 86, 117쪽; 이영종, 「승마·스키·골프장…김정은 왜 상류층 시설 집착할까」, 『중앙일보』, 2014년 4월 22일.

35 William Safire, 『Safire's Political Dictionary』(New York: Random House, 1978), p.194; Kathleen Thompson Hill & Gerald N. Hill, 『Real Life Dictionary of American Politics』(Los Angeles, CA: General Publishing Group, 1994), p.88.

36 데얀 수딕(Deyan Sudjic), 안진이 옮김, 『거대건축이라는 욕망』(작가정신, 2005/2011), 23쪽.

37 데얀 수딕(Deyan Sudjic), 안진이 옮김, 『거대건축이라는 욕망』(작가정신, 2005/2011), 515쪽.

38 김종욱 외, 『박근혜 현상: 진보논객, 대중 속의 박근혜를 해명하다』(위즈덤하우스, 2010), 108쪽.

39 대니얼 길버트(Daniel Gilbert), 서은국·최인철·김미정 옮김, 『행복에 걸려 비틀거리다』(김영사, 2006), 147쪽.

40 김대식·김두식, 『공부 논쟁』(창비, 2014), 40쪽.

41 김태일·좋은예산센터, 『재정은 어떻게 내 삶을 바꾸는가: 이제는 알아야 할 지방재정 이야기』(코난북스, 2014), 202~207쪽.

42 승효상, 「'스펙터클 사회'의 폭력」, 『경향신문』, 2014년 4월 24일.

43 존 캐스티(John L. Casti), 이현주 옮김, 『대중의 직관』(반비, 2010/2012), 28~30쪽.

44 빌 브라이슨(Bill Bryson), 정경옥 옮김, 『빌 브라이슨 발칙한 영어산책: 엉뚱하고 발랄한 미국의 거의 모든 역사』(살림, 1994/2009), 171~174쪽.

45 헨리 페트로스키(Henry Petroski), 문은실 옮김, 『종이 한 장의 차이: 모든 것은 언제나 개선의 여지를 남긴다』(웅진지식하우스, 2006/2008), 166쪽.

46 리처드 로티(Richard Rorty), 김동식 옮김, 『실용주의의 결과』(민음사, 1982/1996), 172쪽.

47 헨리 페트로스키(Henry Petroski), 문은실 옮김, 『종이 한 장의 차이: 모든 것은 언제나 개선의 여지를 남긴다』(웅진지식하우스, 2006/2008), 171쪽.

48 Lynn Francis, 「The Empire State Building: The Construction and Aging of a Metaphor」, 『Journal of American Culture』, 10:2(Summer 1987), pp.83~90.

49 사루야 가나메(猿谷要), 남혜림 옮김, 『검증, 미국사 500년의 이야기』(행담출판, 2004/2007), 186쪽.

50 원선우, 「[Why][혹시 아시나요?] 마천루는 '졸부 취향'이라지만…하늘 찌르는 '초고층 경쟁'은 계속된다」, 『조선일보』, 2015년 1월 10일.

51 데이비드 즈와이그(David Zweig), 박슬라 옮김, 『인비저블: 자기 홍보의 시대, 과시적 성공 문화를 거스르는 조용한 영웅들』(민음인, 2014/2015), 336쪽.

52 이기환, 「현대차의 마천루」, 『경향신문』, 2015년 2월 3일.

53 강준만, 「왜 '프로야구 2년차 징크스'가 일어날까?: 평균 회귀」, 『감정 독재: 세상을 꿰뚫는 50가지 이론』(인물과사상사, 2013), 233~237쪽 참고.

제3장 증후군 또는 신드롬

1 김태열, 「"성공하려면 가면을 벗으세요 '가면 증후군'"」, 『헤럴드경제』, 2014년 11월 11일.

2 David Olive, 『A Devil's Dictionary of Business Jargon』(Toronto, Canada: Key Porter Books, 2001), p.87; 「Impostor syndrome」, 『Wikipedia』.

3 셰릴 샌드버그(Sheryl Sandberg), 안기순 옮김, 『린 인』(와이즈베리, 2013), 52쪽.

4 셰릴 샌드버그(Sheryl Sandberg), 안기순 옮김, 『린 인』(와이즈베리, 2013), 51~54쪽.

5 정혜신, 『사람 vs 사람: 정혜신의 심리평전 II』(개마고원, 2005), 17쪽.

6 맥스웰 몰츠(Maxwell Maltz), 공병호 옮김, 『맥스웰 몰츠 성공의 법칙』(비즈니스북스, 2002/2010), 305쪽.

7 클로드 스틸(Claude M. Steele), 정여진 옮김, 『고정관념은 세상을 어떻게 위협하는가: 정체성 비상사태』(바이북스, 2010/2014), 206쪽.

8 올리버 버크먼(Oliver Burkeman), 김민주·송희령 옮김, 『행복중독자: 사람들은 왜 돈, 성공, 관계에 목숨을 거는가』(생각연구소, 2011/2012), 153쪽.

9 정성훈, 『사람을 움직이는 100가지 심리법칙』(케이앤제이, 2011), 21~22쪽.

10 박용철, 『감정연습: 마음의 덫에서 벗어나는 셀프 테라피』(추수밭, 2012), 52쪽.

11 해럴드 힐먼(Harold Hilman), 김고명 옮김, 『사기꾼 증후군: 불안과 우울 뒤에 감춰진 승자들의 심리학』(새로운현재, 2013/2014), 55~61쪽.

12 심서현, 「'관심' 받으려는 자기애적 성격장애…황산테러 범죄까지」, 『중앙일보』, 2015년 3월 7일; 배문규, 「뉘우침은 없다?…신은미 콘서트 테러 고교생, 떳떳한 출소 인증샷」, 『스포츠경향』, 2015년 2월 5일.

13 「뮌하우젠 증후군[Münchausen syndrome]」, 『네이버 지식백과』; 조승연, 『이야기 인문학』(김영사, 2013), 250쪽; 하지현, 『소통의 기술』(미루나무, 2007), 81~83쪽; 「Münchausen syndrome」, 『Wikipedia』.

14 「Münchausen by Internet」, 『Wikipedia』.

15 심서현, 「'관심' 받으려는 자기애적 성격장애…황산테러 범죄까지」, 『중앙일보』, 2015년 3월 7일.

16 심서현, 「'관심' 받으려는 자기애적 성격장애…황산테러 범죄까지」, 『중앙일보』, 2015년 3월 7일; 「Münchausen syndrome by proxy」, 『Wikipedia』.

17 심서현, 「'관심' 받으려는 자기애적 성격장애…황산테러 범죄까지」, 『중앙일보』, 2015년 3월 7일.

18 심서현, 「'관심' 받으려는 자기애적 성격장애…황산테러 범죄까지」, 『중앙일보』, 2015년 3월 7일; 경태영, 「세월호 희생자 '어묵' 비하 일베 회원에 징역 4월 선고」, 『경향신문』, 2015년 5월 30일.

19 토머스 데이븐포트(Thomas Davenport) · 존 벡(John Beck), 김병조 · 권기환 · 이동현 옮김, 『관심의 경제학: 정보 비만과 관심 결핍의 시대를 사는 새로운 관점』(21세기북스, 2006), 111~112쪽; 김상현, 『인터넷의 거품을 걷어라: 인터넷, 사이버 세상에서 살아남기』(미래M&B, 2000), 73~74쪽.

20 데이비드 즈와이그(David Zweig), 박슬라 옮김, 『인비저블: 자기 홍보의 시대, 과시적 성공 문화를 거스르는 조용한 영웅들』(민음인, 2014/2015), 13~14쪽.

21 이주형, 『지적인 생각법: 영리하게 세상을 살아가는 힘』(위즈덤하우스, 2014), 119쪽; 황성혜, 「당신도 리셋 증후군?」, 『주간조선』, 2005년 8월 15일, 62~63면.

22 이동현, 「신세대 '리셋 증후군'」, 『문화일보』, 2005년 6월 21일, 1면.

23 배우리, 『신드롬을 읽다』(미래를소유한사람들, 2012), 140~141쪽; 이주형, 『지적인 생각법: 영리하게 세상을 살아가는 힘』(위즈덤하우스, 2014), 167쪽.

24 김용섭, 『디지털 신인류』(영림카디널, 2005), 306쪽.

25 박원호, 「리셋 노이로제」, 『경향신문』, 2015년 2월 11일.

26 임귀열, 「[임귀열 영어] Motto 2(좌우명 얘기 2)」, 『한국일보』, 2011년 3월 16일.

27 정이나, 「오바마 '빈 둥지 증후군'…딸들 떠날 생각에 눈물 '찔끔'」, 『뉴스1』, 2015년 4월 8일.

28 「빈 둥지 증후군[empty nest syndrome]」, 『네이버 지식백과』.

29 William Safire, 『Safire's Political Dictionary』(New York: Random House, 1978), pp.70~71; Orin Hargraves, ed., 『New Words』(New York: Oxford University Press, 2004), p.33; 「Empty nest syndrome」, 『Wikipedia』; 김기현, 「'부메랑 세대'에 미(美) 부모들도 골머리」, 『동아일보』, 2006년 9월 5일, A11면.

30 정성훈, 『사람을 움직이는 100가지 심리법칙』(케이앤제이, 2011), 179쪽.

31 이주형, 『지적인 생각법: 영리하게 세상을 살아가는 힘』(위즈덤하우스, 2014), 215쪽.

32 김성탁 · 천인성 · 김기환, 「대치동 엄마 좇다간 '반퇴 푸어'」, 『중앙일보』, 2015년 2월 25일.

33 「[사설] 반퇴 시대, 자식에만 올인하면 노후가 불행하다」, 『중앙일보』, 2015년 2월 26일.

34 김기환, 「[취재일기] 자녀 교육비는 못 줄인다는 학부모님께」, 『중앙일보』, 2015년 2월 27일.

35 전영선, 「결혼 파탄 내는 '시월드 · 처월드' 가문의 전쟁」, 『중앙일보』, 2015년 3월 9일.

36 양지혜, 「SNS 新고부갈등」, 『조선일보』, 2013년 6월 10일.

37 임명현, 「가족주의에 내재된 파시즘을 읽다」, 『오마이뉴스』, 2002년 9월 14일.

38 김문겸, 「키덜트 · 사주카페 · 로또」, 박재환 외, 『현대 한국 사회의 일상문화코드』(한울아카데미, 2004), 235~254쪽; 선안남, 『기대의 심리학』(소울메이트, 2010), 73쪽; 「Puer aeternus」, 『Wikipeia』.

39 이주형, 『지적인 생각법: 영리하게 세상을 살아가는 힘』(위즈덤하우스, 2014), 199쪽; 배우리, 『신드롬을 읽다』(미래를소유한사람들, 2012), 159쪽; 「Puer aeternus」, 『Wikipeia』.

40 허문명 외, 「"나 돌아갈래"…키덜트 문화, 순수미술 영화 개그까지 점령」, 『동아일보』, 2005년 9월 10일, 21면.

41 김문겸, 「키덜트 · 사주카페 · 로또」, 박재환 외, 『현대 한국 사회의 일상문화코드』(한울아카데미, 2004), 235~254쪽.

42 박영아, 「엄마, 나 '어덜키드' 됐거든」, 『동아일보』, 2005년 10월 17일, A25면.

43 Martin H. Manser, 『Get to the Roots: A Dictionary of Word & Phrase Origins』(New York: Avon Books, 1990), p.158; Georgia Hole, 『The Real McCoy: The True Stories Behind Our Everyday Phrases』(New York: Oxford University Press, 2005), p.118.

44 유병률, 『딜리셔스 샌드위치』(웅진윙스, 2008), 160~163쪽.

45 안병진, 『민주화 이후 민주주의와 보수주의 위기의 뿌리』(풀빛, 2008), 87~88쪽.

46 김광호, 「피터팬 신드롬과 낡은 진보」, 『경향신문』, 2013년 9월 6일.

47 강남순, 「종교적 피터팬 신드롬」, 『한겨레』, 2004년 10월 1일, 19면.

48 곽정수, 「중소기업, 성장 꺼리는 피터팬 증후군 왜?」, 『한겨레』, 2014년 5월 23일.

제4장 지능과 고정관념

1 데이비드 셍크(David Shenk), 조영주 옮김, 『우리 안의 천재성: 유전학, 재능 그리고 아이큐에 관한 새로운 통찰』(한국방송출판, 2010/2011), 57~59쪽; 정성훈, 『사람을 움직이는 100가지 심리법칙』(케이앤제이, 2011), 397~399쪽; 「플린 효과[Flynn Effect, —效果]」, 『네이버 지식백과』; 「Flynn effect」, 『Wikipedia』.

2 조슈아 그린(Joshua Greene), 「멍청한 집사」, 존 브록만(John Brockman) 엮음, 최완규 옮김, 『우리는 어떻게 바뀌고 있는가: 지식의 미래에서 보내온 세계 최고 석학들의 경고와 전망』(책읽는수요일, 2011/2013), 208쪽.

3 돈 탭스콧(Don Tapscott), 이진원 옮김, 『디지털 네이티브: 역사상 가장 똑똑한 세대가 움직이는 새로운 세상』(비즈니스북스, 2008/2009), 569~572쪽; 마크 바우어라인(Mark Bauerlein), 김선아 옮김, 『가장 멍청한 세대: 디지털은 어떻게 미래를 위태롭게 만드는가』(인물과사상사, 2008/2014).

4 돈 탭스콧(Don Tapscott), 이진원 옮김, 『디지털 네이티브: 역사상 가장 똑똑한 세대가 움직이는 새로운 세상』(비즈니스북스, 2008/2009), 31~32, 237~238, 462, 576쪽.

5 이재준·양지호, 「인류의 지능, 16년째 떨어지고 있다」, 『조선일보』, 2014년 8월 26일.

6 조일준, 「스티븐 호킹의 경고…"인공지능 기술 개발, 인류 멸망 부를 수도"」, 『한겨레』, 2014년 12월 4일.

7 앤디 헌터(Andy Hunter), 안수정 옮김, 「다중 지능: 하워드 가드너」, 『브레인월드미디어』, 2014년 1월 24일.

8 하워드 가드너(Howard E. Gardner), 문용린·유경재 옮김, 『다중 지능』(웅진지식하우스, 2006/2007), 81쪽.

9 하워드 가드너(Howard E. Gardner), 문용린·유경재 옮김, 『다중 지능』(웅진지식하우스, 2006/2007), 295~296쪽.

10 전정윤, 「'다중 지능 이론' 창시자 하워드 가드너 "유아교육업체 다중 지능 상품 근거 없어"」, 『한겨레』, 2014년 8월 5일.

11 안희경, 「[문명, 그 길을 묻다―세계 지성과의 대화] (3) 하워드 가드너 미국 하버드대 교수」, 『경향신문』, 2014년 1월 28일.

12 전호림·김민우, 「"실패 용납해야 창조성 생긴다": '다중 지능 이론' 개발 하워드 가드너 하버드대 교수에게 듣는다」, 『매일경제』, 2005년 8월 8일, A30면.

13 아얄라 오커트, 「대니얼 골먼」, 사이언 그리피스 엮음, 이종인 옮김, 『미래는 어떻게 오는가?: 세계 최고 석학 30인과의 대화』(가야넷, 2000), 186~187쪽.

14 대니얼 골먼, 「인간의 마음을 얻는 싸움에서 승리하기」, 사이언 그리피스 엮음, 이종인 옮김, 『미래는 어떻게 오는가?: 세계 최고 석학 30인과의 대화』(가야넷, 2000), 195쪽.

15 데이비드 거겐(David Gergen), 서율택 옮김, 『CEO 대통령의 7가지 리더십: 리처드 닉슨에서 빌 클린

턴까지』(스테디북, 2000/2002), 282~283쪽; 대니얼 골먼(Daniel Goleman) 외, 장석훈 옮김, 『감성의 리더십』(청림출판, 2002/2003), 386~391쪽.

16 데이비드 거겐(David Gergen), 서율택 옮김, 『CEO 대통령의 7가지 리더십: 리처드 닉슨에서 빌 클린턴까지』(스테디북, 2000/2002), 281~283쪽.

17 데이비드 거겐(David Gergen), 서율택 옮김, 『CEO 대통령의 7가지 리더십: 리처드 닉슨에서 빌 클린턴까지』(스테디북, 2000/2002), 281~283쪽.

18 James MacGregor Burns, 『Roosevelt: The Lion and the Fox』(New York: Harcourt Brace, 1956).

19 스티븐 브라이어스(Stephen Briers), 구계원 옮김, 『엉터리 심리학』(동양북스, 2012/2014), 57~59쪽.

20 토드 부크홀츠(Todd G. Buchholz), 장석훈 옮김, 『러쉬: 우리는 왜 도전과 경쟁을 즐기는가』(청림출판, 2011/2012), 299~300쪽.

21 스티븐 브라이어스(Stephen Briers), 구계원 옮김, 『엉터리 심리학』(동양북스, 2012/2014), 53~62쪽.

22 스티븐 아스마(Stephen T. Asma), 노상미 옮김, 『편애하는 인간: 평등 강박에 빠진 현대인에 대한 인문학적 탐구』(생각연구소, 2013), 240쪽.

23 나은영, 『사회심리학적 관점에서 본 인간 커뮤니케이션과 미디어』(한나래, 2002), 85쪽.

24 William Morris & Mary Morris, 『Morris Dictionary of Word and Phrase Origins』, 2nd ed.(New York: Harper & Row, 1971), p.470.

25 「Prejudice」, 『Wikipedia』.

26 「Stereotype」, 『Wikipedia』.

27 Walter Lippmann, 『Public Opinion』(New York: Free Press, 1922/1965), pp.54~55.

28 데이비드 베레비(David Berreby), 정준형 옮김, 『우리와 그들, 무리짓기에 대한 착각』(에코리브르, 2005/2007), 192쪽.

29 송상호, 『문명 패러독스: 왜 세상은 생각처럼 되지 않을까?』(인물과사상사, 2008), 209~225쪽.

30 데이비드 베레비(David Berreby), 정준형 옮김, 『우리와 그들, 무리짓기에 대한 착각』(에코리브르, 2005/2007), 76~77쪽.

31 박근, 『한국의 보수여, 일어나라』(월간조선사, 2002), 128쪽.

32 박근, 『한국의 보수여, 일어나라』(월간조선사, 2002), 127~128쪽.

33 브레네 브라운(Brené Brown), 서현정 옮김, 『나는 왜 내 편이 아닌가: 나를 괴롭히는 완벽주의 신화로부터 자유로워지는 법』(북하이브, 2007/2012), 237쪽.

34 노리나 허츠(Noreena Hertz), 이은경 옮김, 『누가 내 생각을 움직이는가: 일상을 지배하는 교묘한 선택의 함정들』(비즈니스북스, 2013/2014), 108~110쪽.

35 디팩 맬호트라(Deepak Malhotra)·맥스 베이저먼(Max H. Bazerman), 안진환 옮김, 『협상 천재』(웅진지식하우스, 2007/2008), 321쪽.

36 Craig McGarty et al., 「Social, Cultural and Cognitive Factors in Stereotype Formation」, Craig McGarty et al., eds., 『Stereotypes as Explanations: The Formation of Meaningful Beliefs about Social Groups』(Cambridge, UK: Cambridge University Press, 2002), pp.2~6.

37 김원, 「시카고 컵스 '염소의 저주' 풀릴까…타임머신 영화처럼」, 『중앙일보』, 2015년 1월 8일; 「Curse of the Billy Goat」, 『Wikipedia』.

38 매슈 허트슨(Matthew Hutson), 정은아 옮김, 『왜 우리는 미신에 빠져드는가』(소울메이트, 2012/2013), 101쪽.

39 클로드 M. 스틸(Claude M. Steele), 정여진 옮김, 『고정관념은 세상을 어떻게 위협하는가: 정체성 비상사태』(바이북스, 2010/2014), 9~11쪽; 맬컴 글래드웰(Malcolm Gladwell), 김태훈 옮김, 『그 개는 무엇을 보았나: 참을 수 없이 궁금한 마음의 미스터리』(김영사, 2009/2010), 292쪽.

40 티모시 윌슨(Timothy D. Wilson), 강유리 옮김, 『스토리: 행동의 방향을 바꾸는 강력한 심리처방』(웅진 지식하우스, 2011/2012), 163~164쪽; 에이미 추아(Amy Chua) · 제드 러벤펠드(Jed Rubenfeld), 이 영아 옮김, 『트리플 패키지: 성공의 세 가지 유전자』(와이즈베리, 2014), 105쪽; 「Stereotype threat」, 『Wikipedia』.

41 클로드 M. 스틸(Claude M. Steele), 정여진 옮김, 『고정관념은 세상을 어떻게 위협하는가: 정체성 비 상사태』(바이북스, 2010/2014), 12, 117~121쪽; 도재기, 「인종 · 여성 · 소수자…고정관념을 극복하는 법」, 『경향신문』, 2014년 9월 20일.

42 조원광, 「불평등은 어떻게 꿈을 빼앗는가?」, 『한겨레』, 2015년 2월 23일.

43 티모시 윌슨(Timothy D. Wilson), 강유리 옮김, 『스토리: 행동의 방향을 바꾸는 강력한 심리처방』(웅진 지식하우스, 2011/2012), 165쪽.

44 엘리엇 아론슨(Elliot Aronson), 박재호 옮김, 『인간, 사회적 동물: 사회심리학에 관한 모든 것』(탐구당, 2012/2014), 477~478쪽.

45 클로드 M. 스틸(Claude M. Steele), 정여진 옮김, 『고정관념은 세상을 어떻게 위협하는가: 정체성 비 상사태』(바이북스, 2010/2014), 181~183쪽; 도재기, 「인종 · 여성 · 소수자…고정관념을 극복하는 법」, 『경향신문』, 2014년 9월 20일.

46 클로드 M. 스틸(Claude M. Steele), 정여진 옮김, 『고정관념은 세상을 어떻게 위협하는가: 정체성 비 상사태』(바이북스, 2010/2014), 223~225쪽; 폴 터프(Paul Tough), 권기대 옮김, 『아이는 어떻게 성공 하는가』(베가북스, 2012/2013), 212쪽; 캐럴 드웩(Carol Dweck), 정명진 옮김, 『성공의 새로운 심리학: 마인드세트』(부글북스, 2006/2011), 19~22쪽.

47 「Stereotype threat」, 『Wikipedia』.

제5장 능력과 경쟁

1 Michael Young, 『The Rise of Meritocracy, 1870-2033: An Essay on Education and Equality』 (New York: Penguin, 1961).

2 Jon Davis, 「Meritocracy in the Civil Service, 1853-1970」, Geoff Dench, ed., 『The Rise and Rise of Meritocracy』(Malden, MA: Blackwell, 2006), p.35; David Willetts, 「The Future of Meritocracy」, Geoff Dench, ed., 『The Rise and Rise of Meritocracy』(Malden, MA: Blackwell, 2006), p.237; Christopher Hayes, 『Twilight of the Elites: America After Meritocracy』(New York: Crown, 2012), p.42; 오언 존스(Owen Jones), 이세영 · 안병률 옮김, 『차브: 영국식 잉여 유발 사건』(북인더갭, 2011/2014), 249쪽.

3 Christopher Hayes, 『Twilight of the Elites: America After Meritocracy』(New York: Crown, 2012), p.31.

4 Daniel Bell, 「On Meritocracy and Equality」, Jerome Karabel & A. H. Halsey, eds., 『Power and Ideology in Education』(New York: Oxford University Press, 1977), pp.607~635.

5 Charles Conrad, 『Strategic Organizational Communication: Cultures, Situations, and Adaptation』(New York: Holt,Rinehart and Winston, 1985).

6 제프리 무어(Geoffrey A. Moore), 유승삼 · 김영태 옮김, 『토네이도 마케팅』(세종서적, 1995/2001), 118쪽.

7 폴 스미스(Paul Smith) · 워런 키건(Warren J. Keegan), 최경남 옮김, 『마케팅이란 무엇인가』(거름, 2003/2005), 46쪽.

8 리처드 다베니(Richard D'Aveni), 이현주 옮김, 『하이퍼컴피티션: 초경쟁 시대, 경쟁우위를 선점하는 7가

지 전략』(21세기북스, 1994/2009), 24쪽.

9 리처드 다베니(Richard D'Aveni), 이현주 옮김, 『하이퍼컴피티션: 초경쟁 시대, 경쟁우위를 선점하는 7가
지 전략』(21세기북스, 1994/2009), 305쪽.

10 리처드 다베니(Richard D'Aveni), 이현주 옮김, 『하이퍼컴피티션: 초경쟁 시대, 경쟁우위를 선점하는 7가
지 전략』(21세기북스, 1994/2009), 305쪽.

11 리처드 다베니(Richard D'Aveni), 이현주 옮김, 『하이퍼컴피티션: 초경쟁 시대, 경쟁우위를 선점하는 7가
지 전략』(21세기북스, 1994/2009), 311쪽.

12 이신영, 「[Weekly BIZ] 美도 한국도…中을 멀리하라」, 『조선일보』, 2013년 12월 14일.

13 리처드 다베니(Richard D'Aveni), 이현주 옮김, 『하이퍼컴피티션: 초경쟁 시대, 경쟁우위를 선점하는 7가
지 전략』(21세기북스, 1994/2009), 316~318쪽.

14 리처드 다베니(Richard D'Aveni), 이현주 옮김, 『하이퍼컴피티션: 초경쟁 시대, 경쟁우위를 선점하는 7가
지 전략』(21세기북스, 1994/2009), 495~496쪽.

15 필립 코틀러(Philip Kotler)·존 캐슬라이언(John A. Caslione), 김명철·방영호 옮김, 『카오틱스: 격동
의 시대, 일등기업을 만드는 경영·마케팅 전략』(비즈니스맵, 2009), 59쪽.

16 이신영, 「[Weekly BIZ] 美도 한국도…中을 멀리하라」, 『조선일보』, 2013년 12월 14일.

17 마거릿 헤퍼넌(Margaret Heffernan), 김성훈 옮김, 『경쟁의 배신: 경쟁은 누구도 승자로 만들지 않는
다』(알에이치코리아, 2014), 34~35쪽.

18 이한수, 「성적으로 줄 세우면 창의성은 죽는다」, 『조선일보』, 2014년 11월 1일; 이영희, 「MS가 직원등급
평가를 없앤 까닭은…」, 『중앙일보』, 2014년 11월 1일.

19 모이제스 나임(Moises Naim), 김병순 옮김, 『권력의 종말: 다른 세상의 시작』(책읽는수요일,
2013/2015), 434~436쪽.

20 알피 콘(Alfie Kohn), 이영노 옮김, 『경쟁에 반대한다: 왜 우리는 이기기 위한 경주에 삶을 낭비하는
가?』(산눈, 1986/2009), 17쪽. 강준만, 「왜 부자 친구를 두면 불행해질까?: 이웃 효과」, 『감정 독재: 세
상을 꿰뚫는 50가지 이론』(인물과사상사, 2013), 141~145쪽 참고.

21 서영지, 「경쟁 압박감에…스러지는 고학력 전문·관리직」, 『한겨레』, 2015년 1월 19일.

22 강준만, 『미국사 산책 8: 미국인의 풍요와 고독』(인물과사상사, 2010), 19쪽.

23 마이클 마멋(Michael Marmot), 김보영 옮김, 『사회적 지위가 건강과 수명을 결정한다』(에코리브르,
2004/2006), 131~132쪽.

24 돈 슬레이터(Don Slater), 정숙경 옮김, 『소비문화와 현대성』(문예출판사, 1999/2000), 126쪽.

25 마거릿 헤퍼넌(Margaret Heffernan), 김성훈 옮김, 『경쟁의 배신: 경쟁은 누구도 승자로 만들지 않는
다』(알에이치코리아, 2014), 535쪽.

26 알랭 드 보통(Alain de Botton), 정영목 옮김, 『불안』(은행나무, 2004/2011), 8쪽.

27 알랭 드 보통(Alain de Botton), 정영목 옮김, 『불안』(은행나무, 2004/2011), 356~357쪽.

28 알랭 드 보통(Alain de Botton), 정영목 옮김, 『불안』(은행나무, 2004/2011), 38쪽.

29 '지위재'는 경제학자 프레드 허쉬(Fred Hirsh)가 붙인 이름이다. 로버트 프랭크(Robert H. Frank)·필
립 쿡(Philip J. Cook), 권영경·김양미 옮김, 『이긴 자가 전부 가지는 사회』(CM비지니스, 1995/1997),
80쪽.

30 리처드 윌킨슨(Richard G. Wilkinson)·케이트 피킷(Kate Pickett), 전재웅 옮김, 『평등이 답이다: 왜
평등한 사회는 늘 바람직한가?』(이후, 2010/2012), 280~281쪽.

31 제프리 밀러(Geoffrey F. Miller), 김명주 옮김, 『스펜트: 섹스, 진화 그리고 소비주의의 비밀』(동녘사이
언스, 2009/2010), 284쪽.

32 김주현, 「재계 '블루오션' 전략 수립 올인」, 『경향신문』, 2005년 5월 26일, 15면; 류길상, 「LG '블루오
션' 전략 주도」, 『서울신문』, 2005년 5월 26일, 19면.

33 김위찬 · 르네 마보안, 강혜구 옮김, 『블루오션 전략: 성공을 위한 미래전략』(교보문고, 2005), 16~17쪽.

34 김위찬 · 르네 마보안, 강혜구 옮김, 『블루오션 전략: 성공을 위한 미래전략』(교보문고, 2005), 65~67쪽.

35 김상수, 「"LG만의 기술로 새 시장 개척하라": 구본무 회장, 경쟁 필요 없는 '블루오션 전략' 내세워」, 『동아일보』, 2005년 5월 26일, B3면.

36 노영우, 「금융권에도 블루오션 바람」, 『매일경제』, 2005년 6월 6일, A2면; 서의동, 「'레드오션'에 빠진 증권업계」, 『문화일보』, 2005년 6월 9일, 15면.

37 서경호, 「"블루오션은 알 깨고 나오는 것": '블루오션 전략' 창시자 김위안 · 마보안 교수 방한 간담회」, 『중앙일보』, 2005년 8월 26일, 16면.

38 서경호, 「삼성 · LG 등 블루오션 전략 앞다퉈 도입」, 『중앙일보』, 2005년 8월 26일, 16면.

39 우성화, 「'블루 오션'에 대한 오해」, 『매일경제』, 2005년 9월 6일, A36면.

40 박찬희 · 한순구, 『인생을 바꾸는 게임의 법칙』(경문사, 2005), 19쪽.

41 유정식, 『경영, 과학에게 길을 묻다: 과학의 시선으로 풀어보는 경영 이야기』(위즈덤하우스, 2007), 55~56쪽.

42 박남일, 『어용사전: 철학적 인민 실용사전』(서해문집, 2014), 101쪽.

43 프릭 버뮬렌(Freek Vermeulen), 정윤미 옮김, 『비즈니스의 거짓말: 그들이 당신을 감쪽같이 속이고 있는 8가지』(프롬북스, 2010/2011), 246~247쪽; 맷 리들리(Matt Ridley), 김윤택 옮김, 『붉은 여왕』(김영사, 1993/2006), 111쪽.

44 존 마리오티(John Mariotti), 김원호 옮김, 『히든 리스크: 복잡성의 위험』(비즈니스맵, 2008/2009), 225~226쪽.

45 맷 리들리(Matt Ridley), 김윤택 옮김, 『붉은 여왕』(김영사, 1993/2006), 110~112쪽; 「Red Queen hypothesis」, 『Wikipedia』.

46 홍석민, 「"블루오션은 말만 그럴듯한 연금술": 미 스탠퍼드대 윌리엄 바넷 교수 방한 인터뷰」, 『동아일보』, 2005년 10월 13일, A5면.

47 정지훈, 「붉은 여왕 효과와 딜버트의 법칙, 그리고 열정 수준」, 『코리아헬스로그』, 2011년 2월 14일.

48 라프 코스터(Raph Koster), 안소현 옮김, 『라프 코스터의 재미 이론』(디지털미디어리서치, 2004/2005), 140쪽.

49 노동렬, 『방송산업의 비극: 방송 제작산업의 작동원리와 미래전략』(부키, 2015), 61쪽.

50 박경은, 「[B급 질문을 하다] 쪽대본으로 후다닥 찍는 드라마 관행 왜 못 고칠까」, 『경향신문』, 2015년 2월 24일.

제6장 우연과 확률

1 John Bemelmans Marciano, 『Toponymity: An Atlas of Words』(New York: Bloomsbury, 2010), pp.109~111; Martin H. Manser, 『Get to the Roots: A Dictionary of Word & Phrase Origins』 (New York: Avon Books, 1990), p.205.

2 주경철, 「[주경철의 히스토리아] [170] 세렌디피티」, 『조선일보』, 2012년 7월 5일.

3 「Serendipity」, 『Wikipedia』.

4 이상훈, 『세상을 지배하는 숨은 법칙』(21세기북스, 2012), 18~19쪽; 임귀열, 「[임귀열 영어] Serendipity: chance event(우연한 행운)」, 『한국일보』, 2013년 5월 29일.

5 이영직, 『세상을 움직이는 100가지 법칙』(스마트비즈니스, 2009), 36~37쪽.

6 김대식 · 김두식, 『공부 논쟁』(창비, 2014), 243쪽.

7 스티븐 존슨(Steven Johnson), 서영조 옮김, 『탁월한 아이디어는 어디서 오는가』(한국경제신문,

2010/2012), 122쪽.

8 울리히 슈나벨(Ulrich Schnabel), 김희상 옮김, 『휴식: 행복의 중심』(걷는나무, 2010/2011), 122~124쪽.

9 「Serendipity(film)」, 『Wikipedia』.

10 조용호, 『플랫폼 전쟁』(21세기북스, 2011), 241쪽.

11 스티븐 존슨(Steven Johnson), 서영조 옮김, 『탁월한 아이디어는 어디서 오는가』(한국경제신문, 2010/2012), 133, 135쪽.

12 Sharon Zukin, 『Point of Purchase: How Shopping Changed American Culture』(New York: Routledge, 2004/2005), p.244.

13 Mathew Ingram, 「Why It's Not Easy Being Mark Zuckerberg」, 『The Washington Post』, July 27, 2012.

14 마샤 아미든 루스타드(Marcia Amidon Lusted), 조순익 옮김, 『마크 주커버그: 20대 페이스북 CEO, 8억 제국의 대통령』(해피스토리, 2011/2012), 107쪽.

15 스티븐 존슨(Steven Johnson), 서영조 옮김, 『탁월한 아이디어는 어디서 오는가』(한국경제신문, 2010/2012), 132쪽.

16 모리 겐(森健), 하연수 옮김, 『구글 · 아마존화하는 사회』(경영정신, 2006/2008), 219쪽.

17 스티븐 존슨(Steven Johnson), 서영조 옮김, 『탁월한 아이디어는 어디서 오는가』(한국경제신문, 2010/2012), 132~133쪽.

18 엘리 패리저(Eli Pariser), 이현숙 · 이정태 옮김, 『생각 조종자들』(알키, 2011), 15, 129~130쪽.

19 셰리 터클(Sherry Turkle), 이은주 옮김, 『외로워지는 사람들: 테크놀로지가 인간관계를 조정한다』(청림출판, 2010/2012), 226쪽.

20 월터 레이피버(Walter Lafeber), 이정엽 옮김, 『마이클 조던, 나이키, 지구 자본주의』(문학과지성사, 1999/2001), 117쪽.

21 월터 레이피버(Walter Lafeber), 이정엽 옮김, 『마이클 조던, 나이키, 지구 자본주의』(문학과지성사, 1999/2001), 119쪽.

22 월터 레이피버(Walter Lafeber), 이정엽 옮김, 『마이클 조던, 나이키, 지구 자본주의』(문학과지성사, 1999/2001), 119~120쪽.

23 「기저율[base rate]」, 『네이버 지식백과』.

24 롤프 도벨리(Rolf Dobelli), 두행숙 옮김, 『스마트한 생각들: 사람의 마음을 움직이는 52가지 심리 법칙』(걷는나무, 2011/2012), 156쪽.

25 조준현, 『사람은 왜 대충 합리적인가』(을유문화사, 2013), 74~75쪽; 이남석, 『편향: 나도 모르게 빠지는 생각의 함정』(옥당, 2013), 43~44쪽; 「Representativeness heuristic」, 『Wikipedia』.

26 윌리엄 파운드스톤(William Poundstone), 최정규 · 하승아 옮김, 『가격은 없다: 당신이 속고 있는 가격의 비밀』(동녘사이언스, 2010/2011), 127~128쪽.

27 김회승, 「[유레카] 도박사의 오류」, 『한겨레』, 2006년 9월 4일.

28 토머스 키다(Thomas Kida), 박윤정 옮김, 『생각의 오류』(열음사, 2006/2007), 264~265쪽.

29 범상규, 『심리학이 소비자에 대해 가르쳐준 것들』(바다출판사, 2013), 222~225쪽.

30 토머스 길로비치(Thomas Gilovich), 이양원 · 장근영 옮김, 『인간 그 속기 쉬운 동물: 미신과 속설은 어떻게 생기나』(모멘토, 1991/2008), 33~34쪽.

31 J. 에드워드 루소(J. Edward Russo) · 폴 슈메이커(Paul J. H. Schoemaker), 김명언 · 최인철 옮김, 『이기는 결정』(학지사, 2001/2010), 161쪽.

32 조준현, 『사람은 왜 대충 합리적인가』(을유문화사, 2013), 71~73쪽.

33 한규석, 「지역감정의 해소와 방송의 역할」, 『방송연구』, 1990년 여름, 249쪽; 강재륜, 『논리학』(대왕사, 1996), 47~48쪽; 「Hasty generalization」, 『Wikipedia』; 「Categorical perception」, 『Wikipedia』.

강준만, 「왜 "하나를 보면 열을 안다"는 속담은 무서운 말인가?: 착각적 상관의 오류」, 「생각의 문법: 세상을 꿰뚫는 50가지 이론 3」(인물과사상사, 2015), 22~26쪽; 강준만, 「왜 세상을 이해하는 데에 필요한 범주화는 폭력적인가?: 범주화된 지각의 오류」, 「생각의 문법: 세상을 꿰뚫는 50가지 이론 3」(인물과사상사, 2015), 27~32쪽 참고.

34 「Law of large numbers」, 「Wikipedia」.

35 윌리엄 파운드스톤(William Poundstone), 최정규·하승아 옮김, 「가격은 없다: 당신이 속고 있는 가격의 비밀」(동녘사이언스, 2010/2011), 124~125쪽.

36 곽준식, 「브랜드, 행동경제학을 만나다」(갈매나무, 2012), 67~68쪽.

37 하노 벡(Hanno Beck), 배명자 옮김, 「부자들의 생각법: 모르면 당하는 그들만의 경제학」(갤리온, 2012/2013), 264~265쪽.

38 마이클 셔머(Michael Shermer), 박종성 옮김, 「진화경제학: 진화하는 경제의 흐름을 읽는 눈」(한국경제신문, 2008/2009), 169쪽.

39 마이클 셔머(Michael Shermer), 박종성 옮김, 「진화경제학: 진화하는 경제의 흐름을 읽는 눈」(한국경제신문, 2008/2009), 172쪽.

40 윌리엄 파운드스톤(William Poundstone), 최정규·하승아 옮김, 「가격은 없다: 당신이 속고 있는 가격의 비밀」(동녘사이언스, 2010/2011), 125쪽.

41 유리 그니지(Uri Gneezy)·존 리스트(John A. List), 안기순 옮김, 「무엇이 행동하게 하는가: 마음을 움직이는 경제학」(김영사, 2013/2014), 167~171쪽.

42 오형규, 「자장면 경제학」(좋은책만들기, 2010), 280~285쪽; 「Statistical discrimination(economics)」, 「Wikipedia」; 「Signalling(economics)」, 「Wikipedia」.

43 남성일, 「대통령 선거 경계 1호 '집단주의'」, 「한국경제」, 2007년 12월 4일.

44 이현송, 「미국 문화의 기초」(한울아카데미, 2006), 316쪽.

45 폴 오이어(Paul Oyer), 홍지수 옮김, 「짝찾기 경제학」(청림출판, 2014), 144쪽; 엘든 테일러(Eldon Taylor), 이문영 옮김, 「무엇이 우리의 생각을 지배하는가」(알에이치코리아, 2009/2012), 115쪽.

46 강준만, 「왜 선물 하나가 사람을 바꿀 수 있을까?: 자기이행적 예언」, 「감정 독재: 세상을 꿰뚫는 50가지 이론」(인물과사상사, 2013), 123~129쪽 참고.

47 조지 애커로프(George A. Akerlof)·레이첼 크렌턴(Rachel E. Kranton), 안기순 옮김, 「아이덴티티 경제학: 정체성이 직업·소득·행복을 결정한다」(랜덤하우스코리아, 2010/2011), 143~144쪽.

48 팀 하포드(Tim Harford), 이진원 옮김, 「경제학 콘서트 2」(웅진지식하우스, 2008), 220쪽.

49 남성일, 「대통령 선거 경계1호 '집단주의'」, 「한국경제」, 2007년 12월 4일.

제7장 공동체와 다양성

1 이나리, 「"우리 가족은 할인점으로 나들이 간다": 할인점 패밀리」, 「주간동아」, 2005년 6월 21일, 16~20면.

2 데이비드 보일(David Boyle)·앤드루 심스(Andrew Simms), 조군현 옮김, 「이기적 경제학/이타적 경제학」(사군자, 2009/2012), 206~214쪽.

3 하워드 라인골드(Howard Rheingold), 김광수 옮김, 「넷스마트: 구글, 페이스북, 위키, 그리고 그보다 스마트해야 할 당신」(문학동네, 2012/2014), 386~387쪽.

4 리처드 세넷(Richard Sennett), 김병화 옮김, 「투게더: 다른 사람들과 함께 살아가기」(현암사, 2012/2013), 218~219쪽.

5 알레잔드로 포르테스(Alejandro Portes), 「제5장 사회자본 개념의 기원과 현대 사회학의 적용」, 유석춘

외 공편역, 『사회자본: 이론과 쟁점』(그린, 2003), 168쪽.

6 리처드 윌킨슨(Richard G. Wilkinson), 김홍수영 옮김, 『평등해야 건강하다: 불평등은 어떻게 사회를 병들게 하는가?』(후마니타스, 2005/2008), 55~61, 79~80쪽.

7 최희진, 「'불공정 한국' 사회신뢰 수준 10점 만점에 4.59점」, 『경향신문』, 2014년 11월 24일.

8 매슈 프레이저(Matthew Fraser) · 수미트라 두타(Soumitra Dutta), 최경은 옮김, 『소셜 네트워크 e 혁명』(행간, 2008/2010), 182쪽; 한종우 · 전미영 옮김, 『소셜 정치혁명 세대의 탄생』(부키, 2012), 84~85쪽.

9 이문재, 「누가 '감정'을 무시하는가」, 『경향신문』, 2014년 10월 18일.

10 김기성, 「"아이들이 가장 어려워하고 있는 건 세상에 대한 신뢰를 잃은 것"」, 『한겨레』, 2014년 10월 16일.

11 김윤철, 「신뢰집단 만들기」, 『경향신문』, 2014년 10월 11일.

12 박진영, 『심리학 일주일』(시공사, 2014), 278~279쪽.

13 「사설」 "다른 사람 신뢰" 22%, 불신 늪에 빠진 한국」, 『중앙일보』, 2014년 1월 2일.

14 조해리, 「LG가 삼성을 이기려면 게이를 고용하라」, 2009년 10월 23일; http://cafe.naver.com/maknoli/1147.

15 그런 점에서 볼 때에 한국 IBM의 고용정책이 매우 흥미롭다. 이 기업은 신입사원 채용 서류전형에서 게이 · 레즈비언 · 양성애자 · 트랜스젠더(GLBT)임을 밝힌 이에게 가산점을 부여하기 때문이다. "다양성이 혁신과 지속 성장에 도움이 된다"는 이유에서다. 손명희 한국 IBM 실장은 "인종 · 여성 · 장애인 · 성소수자를 배려하는 글로벌 정책이 한국에도 적용된 것"이라며 "본사에서는 사내에 성소수자 모임도 따로 있지만 한국에서는 본인과 인사담당자만 안다"고 말했다. 심서현 · 김보영, 「한국 IBM, 성소수자에 가산점…KT, '슈스케'처럼 스타오디션」, 『중앙일보』, 2014년 12월 20일.

16 허버트 마이어스(Herbert Meyers) · 리처드 거스트먼(Richard Gerstman), 강수정 옮김, 『크리에이티브 마인드: 창의적 리더 20인에게 미래의 가치를 묻다』(에코리브르, 2007/2008), 17, 81~83, 195, 275쪽.

17 리처드 플로리다(Richard Florida), 이원호 · 이종호 · 서민철 옮김, 『도시와 창조계급』(푸른길, 2005/2008), 63쪽.

18 리처드 플로리다(Richard Florida), 이길태 옮김, 『창조적 변화를 주도하는 사람들』(전자신문사, 2002), 388쪽.

19 리처드 플로리다(Richard Florida), 이원호 · 이종호 · 서민철 옮김, 『도시와 창조계급』(푸른길, 2005/2008), 64쪽.

20 리처드 플로리다(Richard Florida), 이원호 · 이종호 · 서민철 옮김, 『도시와 창조계급』(푸른길, 2005/2008), 181~182쪽.

21 「Richard Florida」, 『Wikipedia』.

22 리처드 플로리다(Richard Florida), 박기복 · 신지희 옮김, 『후즈유어시티: 세계의 경제 엘리트들은 어디서 사는가』(브렌즈, 2008/2010), 264~265쪽.

23 이제훈, 「갈등을 대하는 태도: 독일과 한국」, 『한겨레』, 2014년 7월 24일; 채인택, 「열린 민족주의가 월드컵 우승 이끌었다」, 『중앙일보』, 2014년 7월 17일.

24 노리나 허츠(Noreena Hertz), 이은경 옮김, 『누가 내 생각을 움직이는가: 일상을 지배하는 교묘한 선택의 함정들』(비즈니스북스, 2013/2014), 278~281쪽.

25 제임스 서로위키(James Surowiecki), 홍대운 · 이창근 옮김, 『대중의 지혜: 시장과 사회를 움직이는 힘』(랜덤하우스중앙, 2004/2005), 64쪽.

26 레베카 코스타(Rebecca Costa), 장세현 옮김, 『지금, 경계선에서: 오래된 믿음에 대한 낯선 성찰』(쌤앤파커스, 2010/2011), 105쪽.

27 게리 해멀(Gary Hamel) · 빌 브린(Bill Breen), 권영설 옮김, 『경영의 미래』(세종서적, 2008/2009),

202쪽.

28 노리나 허츠(Noreena Hertz), 이은경 옮김, 『누가 내 생각을 움직이는가: 일상을 지배하는 교묘한 선택의 함정들』(비즈니스북스, 2013/2014), 277~278쪽.

29 데이비드 와인버거(David Weinberger), 이진원 옮김, 『지식의 미래』(리더스북, 2011/2014), 140쪽.

30 요나스 리더스트럴러(Jonas Ridderstrale)·첼 노오스트롬(Kjell A. Nordstrom), 이진원 옮김, 『펑키 비즈니스』(미래의창, 1999/2000), 192~193쪽; 「Variety(cybernetics)」, 『Wikipedia』.

31 Warren G. Bennis, 「Why Leaders Can't Lead: The Unconscious Conspiracy Continues」 (San Francisco, CA: Jossey-Bass Publishers, 1989), p.153.

32 원성환, 「"병적인 나르시시즘이 미국을 망치는 주범"」, 『조선일보』, 2009년 3월 23일.

33 예컨대, 유정식은 이렇게 말한다. "다양성을 중시하는 사람들의 시각 변화는 분명 긍정적인 것임에 틀림없지만, 그것이 잘못된 인식의 틀을 갖게 만든다는 부작용을 간과해서는 안 된다. 그 부작용이란 다양한 것은 선(善)이고 그렇지 않은 것은 악(惡)이라는 이분법적 인식이 많은 이들의 잠재의식 속에 뿌리내려 있으며 다양성을 확대하기 위한 사회적인 조치를 필수적인 것으로 받아들이고 있다는 점이다. 다양성을 확보하기 위하여 인위적이고 맹목적인 조치를 단행하는 것은 조직에 도움을 주지 못할 뿐만 아니라, 아이러니하게도 또 다른 획일성을 낳기도 한다는 점을 경계하지 않을 수 없다." 유정식, 『경영, 과학에게 길을 묻다: 과학의 시선으로 풀어보는 경영 이야기』(위즈덤하우스, 2007), 318쪽.

34 영국 옥스퍼드대학 교수 제커 덴렐(Jecker Denrell)은 다양성이 너무 두드러지면 혁신에 실패할 가능성이 크다고 주장한다. 실제로 성공한 혁신 사례를 보면 다양하게 구성된 팀원들의 공이 큰 것처럼 보이지만, 평균적으로 보면 눈에 띄는 성공을 이루지 못해도 동질성이 강한 팀이 항상 안정적인 결과를 산출한다는 것이다. 프릭 버뮬렌(Freek Vermeulen), 정윤미 옮김, 『비즈니스의 거짓말: 그들이 당신을 감쪽같이 속이고 있는 8가지』(프롬북스, 2010/2011), 29~31쪽.

35 노리나 허츠(Noreena Hertz), 이은경 옮김, 『누가 내 생각을 움직이는가: 일상을 지배하는 교묘한 선택의 함정들』(비즈니스북스, 2013/2014), 295쪽.

36 리처드 코치(Richard Koch)·그레그 록우드(Greg Lockwood), 박세연 옮김, 『낯선 사람 효과: 지금 당신에게 필요한 사람들은 누구인가?』(흐름출판, 2010/2012), 63~67쪽; 「Human bonding」, 『Wikipedia』; 「Mark Granovetter」, 『Wikipedia』.

37 매슈 프레이저(Matthew Fraser)·수미트라 두타(Soumitra Dutta), 최경은 옮김, 『소셜 네트워크 e혁명』(행간, 2008/2010), 82~83쪽.

38 마크 그라노베터(Mark Granovetter), 유홍준·정태인 옮김, 『일자리 구하기: 일자리 접촉과 직업경력 연구』(아카넷, 1995/2012); 매슈 프레이저(Matthew Fraser)·수미트라 두타(Soumitra Dutta), 최경은 옮김, 『소셜 네트워크 e혁명』(행간, 2008/2010), 83쪽; 문소영, 「SNS가 연줄 위주 한국 구직활동 변화시킬까?」, 『서울신문』, 2012년 6월 27일.

39 키이스 페라지(Keith Ferrazzi)·탈 라즈(Tahl Raz), 이종선 옮김, 『혼자 밥 먹지 마라』(랜덤하우스, 2005), 162~163쪽.

40 문소영, 「SNS가 연줄 위주 한국 구직활동 변화시킬까?」, 『서울신문』, 2012년 6월 27일.

41 리처드 코치(Richard Koch)·그레그 록우드(Greg Lockwood), 박세연 옮김, 『낯선 사람 효과: 지금 당신에게 필요한 사람들은 누구인가?』(흐름출판, 2010/2012), 365~367쪽.

42 리처드 코치(Richard Koch)·그레그 록우드(Greg Lockwood), 박세연 옮김, 『낯선 사람 효과: 지금 당신에게 필요한 사람들은 누구인가?』(흐름출판, 2010/2012), 376쪽.

43 리처드 코치(Richard Koch)·그레그 록우드(Greg Lockwood), 박세연 옮김, 『낯선 사람 효과: 지금 당신에게 필요한 사람들은 누구인가?』(흐름출판, 2010/2012), 355쪽.

44 헤이즐 로즈 마커스(Hazel Rose Markus)·앨래나 코너(Alana Conner), 박세연 옮김, 『우리는 왜 충돌하는가』(흐름출판, 2013/2015), 234~235쪽.

45 심이준, 「친구에게 소개 받은 남자가 뻔한 이유: 왜 내 소개팅은 번번이 실패일까?」, 『예스24 채널예스』, 2012년 11월 19일.

46 Jordan Almond, 『Dictionary of Word Origins: A History of the Words, Expressions, and Cliches We Use』(Secaucus, NJ: Citadel Press, 1997), p.74; Martin H. Manser, 『Get to the Roots: A Dictionary of Word & Phrase Origins』(New York: Avon Books, 1990), pp.76~77; Georgia Hole, 『The Real McCoy: The True Stories Behind Our Everyday Phrases』(New York: Oxford University Press, 2005), p.48.

47 존 스튜어트 밀(John Stuart Mill), 서병훈 옮김, 『자유론』(책세상, 1859/2005), 49쪽.

48 춘카 무이(Chunka Mui)·폴 캐럴(Paul B. Carroll), 이진원 옮김, 『똑똑한 기업을 한순간에 무너뜨린 위험한 전략』(흐름출판, 2008/2009), 317쪽.

49 노리나 허츠(Noreena Hertz), 이은경 옮김, 『누가 내 생각을 움직이는가: 일상을 지배하는 교묘한 선택의 함정들』(비즈니스북스, 2013/2014), 284~285쪽.

50 노리나 허츠(Noreena Hertz), 이은경 옮김, 『누가 내 생각을 움직이는가: 일상을 지배하는 교묘한 선택의 함정들』(비즈니스북스, 2013/2014), 54쪽.

51 유정식, 『착각하는 CEO: 직관의 오류를 깨뜨리는 심리의 모든 것』(알에이치코리아, 2013), 130~131쪽; 로버트 치알디니(Robert Cialdini), 윤미나 옮김, 『설득의 심리학 2』(21세기북스, 2007/2008), 158~159쪽. 강준만, 「왜 지식인 논객들은 편가르기 구도의 졸이 되었을까?: 확증 편향」, 『감정 독재: 세상을 꿰뚫는 50가지 이론』(인물과사상사, 2013), 130~134쪽; 강준만, 「왜 최고의 엘리트 집단이 최악의 어리석은 결정을 할까?: 집단사고 이론」, 『감정 독재: 세상을 꿰뚫는 50가지 이론』(인물과사상사, 2013), 274~278쪽 참고.

52 춘카 무이(Chunka Mui)·폴 캐럴(Paul B. Carroll), 이진원 옮김, 『똑똑한 기업을 한순간에 무너뜨린 위험한 전략』(흐름출판, 2008/2009), 319쪽.

53 유정식, 『착각하는 CEO: 직관의 오류를 깨뜨리는 심리의 모든 것』(알에이치코리아, 2013), 130~131쪽; 로버트 치알디니(Robert Cialdini), 윤미나 옮김, 『설득의 심리학 2』(21세기북스, 2007/2008), 158~159쪽.

54 칩 히스(Chip Heath)·댄 히스(Dan Heath), 안진환 옮김, 『자신있게 결정하라: 불확실함에 맞서는 생각의 프로세스』(웅진지식하우스, 2013), 142쪽.

55 춘카 무이(Chunka Mui)·폴 캐럴(Paul B. Carroll), 이진원 옮김, 『똑똑한 기업을 한순간에 무너뜨린 위험한 전략』(흐름출판, 2008/2009), 317쪽.

제8장 소수와 다수

1 마크 네오클레우스(Mark Neocleous), 정준영 옮김, 『파시즘』(이후, 2002), 32~33쪽; 기 소르망(Guy Sorman), 김정은 옮김, 『자본주의 종말과 새 세기』(한국경제신문사, 1995), 68쪽.

2 마틴 레이먼드(Martin Raymond), 박정숙 옮김, 『미래의 소비자들』(에코비즈, 2003/2006), 132쪽.

3 이영직, 『세상을 움직이는 100가지 법칙』(스마트비즈니스, 2009), 50쪽.

4 정재승, 『정재승의 과학콘서트: 복잡한 세상, 명쾌한 과학』(개정증보판, 어크로스, 2011), 147~148쪽; 「Pareto principle」, 『Wikipedia』.

5 맬컴 글래드웰, 임옥희 옮김, 『티핑 포인트: 베스트셀러는 어떻게 뜨게 되는가?』(이끌리오, 2000); A. L. 바라바시(Albert-László Barabási), 강병남·김기훈 옮김, 『링크: 21세기를 지배하는 네트워크 과학』(동아시아, 2002).

6 매슈 스튜어트(Matthew Stewart), 이원재·이현숙 옮김, 『위험한 경영학』(청림출판, 2009/2010), 45

쪽; 「Joseph M. Juran」, 「Wikipedia」.

7 리처드 코치(Richard Koch), 공병호 옮김, 『80/20 법칙: 현명한 사람은 적게 일하고 많이 거둔다』(21
   세기북스, 1997/2000), 216~217쪽.

8 잭 웰치(Jack Welch) · 수지 웰치(Suzy Welch), 김주현 옮김, 『위대한 승리』(청림출판, 2005), 61쪽.

9 하워드 가드너(Howard Gardner), 『체인징 마인드: 사람의 마음을 움직이는 7가지 지렛대』(재인,
   2004/2005), 32~34쪽.

10 한스 피터 마르틴(Hans-Peter Martin) · 하랄드 슈만(Harald Schumann), 『세계화의 덫: 민주주의와
   삶의 질에 대한 공격』(영림카디널, 1996/1997), 21~39쪽.

11 리처드 코치(Richard Koch), 공병호 옮김, 『80/20 법칙: 현명한 사람은 적게 일하고 많이 거둔다』(21
   세기북스, 1997/2000), 324~328쪽.

12 톰 버틀러 보던(Tom Butler-Bowdon), 이정은 옮김, 『내 인생의 탐나는 자기계발 50』(흐름출판,
   2003/2009), 233쪽.

13 리처드 코치(Richard Koch), 공병호 옮김, 『80/20 법칙: 현명한 사람은 적게 일하고 많이 거둔다』(21
   세기북스, 1997/2000), 332~350쪽.

14 탈 벤-샤하르(Tal Ben-Shahar), 노혜숙 옮김, 『완벽의 추구』(위즈덤하우스, 2009/2010), 66~67쪽.

15 캐서린 크래머(Kathryn D. Cramer) · 행크 워시아크(Hank Wasiak), 김보영 옮김, 『보는 방식을 바꿔
   라: 작은 변화로 큰 차이를 만드는 강점형 사고』(21세기북스, 2006), 111쪽.

16 위르겐 볼프(Jurgen Wolff), 김정혜 옮김, 『버리고 시작하라』(흐름출판, 2008/2010), 24~37쪽.

17 하지현, 『소통의 기술』(미루나무, 2007), 150쪽.

18 정재승, 『정재승의 과학콘서트: 복잡한 세상, 명쾌한 과학』(개정증보판, 어크로스, 2011), 137~140쪽.

19 나심 니컬러스 탈레브(Nassim Nicholas Taleb), 차익종 옮김, 『블랙 스완: 0.1%의 가능성이 모든 것
   을 바꾼다』(동녘사이언스, 2007/2008), 358쪽.

20 이덕희, 『네트워크 이코노미: 부분과 전체의 복잡성에 대하여』(동아시아, 2008), 401쪽; 「Zipf's Law」,
   「Wikipedia」.

21 정재승, 『정재승의 과학콘서트: 복잡한 세상, 명쾌한 과학』(개정증보판, 어크로스, 2011), 137~146쪽.

22 리처드 코치(Richard Koch), 공병호 옮김, 『80/20 법칙: 현명한 사람은 적게 일하고 많이 거둔다』(21
   세기북스, 1997/2000), 24쪽.

23 에레즈 에이든(Erez Aiden) · 장바티스트 미셸(Jean-Baptiste Michel), 김재중 옮김, 『빅데이터 인문
   학: 진격의 서막』(사계절, 2013/2015), 66~67쪽.

24 마이클 모부신(Michael J. Mauboussin), 정명수 옮김, 『미래의 투자: 월가 최고의 애널리스트에게 배우
   는 투자 통찰력』(위즈덤하우스, 2006/2007), 268, 346쪽; 에레즈 에이든(Erez Aiden) · 장바티스트 미
   셸(Jean-Baptiste Michel), 김재중 옮김, 『빅데이터 인문학: 진격의 서막』(사계절, 2013/2015), 300쪽.

25 리처드 플로리다(Richard Florida), 이길태 옮김, 『창조적 변화를 주도하는 사람들』(전자신문사, 2002),
   399~400쪽; 「Rank-size distribution」, 「Wikipedia」.

26 제프리 클루거(Jeffrey Kluger), 김훈 옮김, 『심플렉서티: 복잡한 문제 속에 숨은 간단한 해결책』(민음
   인, 2008/2010), 200쪽.

27 폴 크루그먼(Paul Krugman), 박정태 옮김, 『자기조직의 경제』(부키, 1996/2002), 83쪽.

28 세스 고딘(Seth Godin), 최승민 옮김, 『아이디어 바이러스』(21세기북스, 2000/2001), 38~40쪽.

29 「Philip Kotler」, 「Wikipedia」; 김호섭, 「고액 예금자엔 '꾸벅' 소액 서민들엔 '뻣뻣'」, 『한국일보』,
   2004년 9월 3일, A5면; 조철현 · 노윤정, 「'디마케팅' 확산: "돈 되는 고객 20%만 잡아라"」, 『문화일
   보』, 2003년 5월 14일, 14면; 김진국, 「꼬리의 반란」, 『중앙일보』, 2006년 9월 8일, 35면.

30 고민서, 「"돈 안 되는 고객은 오지 마세요" 은행권의 속 보이는 디마케팅」, 『파이낸셜뉴스』, 2014년 8월
   4일.

31 손해용, 「재테크와 꼼수 사이…진화하는 체리 피커: '깍쟁이' 소비자와 금융사의 머리 싸움」, 『중앙일보』, 2012년 10월 22일; 「체리 피커[cherry picker]」, 『네이버 지식백과』.

32 손해용, 「'체리 피커' 버리고 우수 고객에 집중, 파격 실험」, 『중앙일보』, 2013년 6월 28일.

33 이애리, 「카드사의 마케팅 트렌드 '단순화' vs '세분화', '디마케팅' vs '올마케팅'」, 『머니투데이방송』, 2014년 6월 20일.

34 「디마케팅[demarketing]」, 『네이버 지식백과』.

35 이우창, 「'덜 사도 괜찮다'는 디마케팅… '입에 발린 말'일 땐 진짜로 안 산다」, 『한국경제』, 2013년 5월 30일.

36 바버라 에런라이크(Barbara Ehrenreich), 전미영 옮김, 『오! 당신들의 나라: 1%를 위한, 1%에 의한, 1%의 세상』(부키, 2009/2011), 123쪽.

37 정지훈, 『무엇이 세상을 바꿀 것인가』(교보문고, 2012), 132~133쪽; 「Occupy Wall Street」, 『Wikipedia』.

38 재키 휴바(Jackie Huba), 이예진 옮김, 『광팬은 어떻게 만들어지는가: 레이디 가가에게 배우는 진심의 비즈니스』(처음북스, 2013/2014), 37쪽; 「1% rule(Internet culture)」, 『Wikipedia』; 나심 니컬러스 탈레브(Nassim Nicholas Taleb), 안세민 옮김, 『안티프래질: 불확실성과 충격을 성장으로 이끄는 힘』(와이즈베리, 2012/2013), 472쪽; 제프 자비스(Jeff Jarvis), 이진원 옮김, 『구글노믹스: 미래경제는 구글 방식이 지배한다』(21세기북스, 2009/2010), 104쪽.

39 켄 닥터(Ken Doctor), 유영희 옮김, 『뉴스의 종말: 경제의 눈으로 본 미디어의 미래』(21세기북스, 2010), 191~192쪽.

40 윤진호 외, 「네티즌 0.3%가 '막장 댓글'…여론 왜곡」, 『매일경제』, 2014년 3월 26일.

41 배성규, 「"당게파 140명이 야당 흔들어": 중진들 "더이상 못 참아" 대응 모임 추진」, 『조선일보』, 2005년 5월 18일, A6면.

42 Morris P. Fiorina et al., 『Culture War?: The Myth of a Polarized America』, 3rd ed.(New York: Longman, 2011), pp.188~192.

43 David Horowitz, 『The Art of Political War and Other Radical Pursuits』(Dallas: Spence Publishing Co., 2000), p.47.

44 Ronald Brownstein, 『The Second Civil War: How Extreme Partisanship Has Paralyzed Washington and Polarized America』(New York: Penguin Books, 2007), pp.377~378.

45 John F. Bibby & Brian F. Schaffner, 『Politics, Parties, Elections in America』, 6th ed.(Boston, MA: Thompson Wadsworth, 2008), pp.157~158.

46 그러다가 티파티의 횡포에 견디다 못한 공화당의 존 베이너(John A. Boehner) 하원의장이 2013년 12월 드디어 불만의 목소리를 터트렸다. 그는 공화당 의원들과의 비공개 회의에서 "그들(티파티)은 보수당의 원칙을 위해 싸우는 게 아니다. 더 많은 모금을 하고 조직을 확장하려고 당신들을 이용하는 것이다. 웃기는 일이다"라고 말했다. 이에 대해 유력 티파티 단체인 '티파티 패트리어츠'는 회원들에게 보낸 이메일에서 "베이너 하원의장이 티파티에 대해 선전포고를 했다"며 베이너를 '지배계급 정치인'으로 규정하는 등 맹비난을 퍼부었다. 강남규, 「럭비공 공화당, 미국 디폴트 뇌관 건드리나」, 『중앙일보』, 2013년 10월 8일; 박현, 「미 공화당 지도부-티파티 분열 조짐」, 『한겨레』, 2013년 12월 16일.

47 Francisco Panizza, 「Introduction: Populism and the Mirror of Democracy」, Francisco Panizza, ed., 『Populism and the Mirror of Democracy』(New York: Verso, 2005), p.22.

48 존 팰프리(John Palfrey)·우르스 가서(Urs Gasser), 송연석·최완규 옮김, 『그들이 위험하다: 왜 하버드는 디지털 세대를 걱정하는가?』(갤리온, 2008/2010), 27쪽.

49 크리스 앤더슨, 이노무브그룹 외 옮김, 『롱테일 경제학』(랜덤하우스, 2006), 45~46쪽; 류영호, 『아마존닷컴 경제학: 인터넷 거상 제프 베조스의 성공신화』(에이콘, 2013), 132쪽.

50 김국현, 『웹 2.0 경제학』(황금부엉이, 2006); 크리스 앤더슨, 이노무브그룹 외 옮김, 『롱테일 경제학』(랜덤하우스, 2006).

51 조 트리피(Joe Trippi), 윤영미·김정수 옮김, 『혁명은 TV로 중계되지 않는다』(산해, 2004/2006), 365~366쪽.

52 애덤 페넌버그(Adam L. Penenberg), 손유진 옮김, 『바이럴 루프』(틔움, 2009/2010), 51쪽.

53 에릭 퀄먼(Erik Qualman), inmD 옮김, 『소셜노믹스: 세상을 바꾼 SNS 혁명』(에이콘, 2011/2012), 125쪽.

54 스가야 요시히로(管谷義博), 예병일 옮김, 『롱테일 법칙: 웹 2.0 시대의 비즈니스 황금률』(재인, 2006), 166~168쪽.

55 매슈 프레이저(Matthew Fraser)·수미트라 두타(Soumitra Dutta), 최경은 옮김, 『소셜 네트워크 e 혁명』(행간, 2008/2010), 205~206쪽.

56 크리스티아 프릴랜드(Chrystia Freeland), 박세연 옮김, 『플루토크라트: 모든 것을 가진 사람과 그 나머지』(열린책들, 2012/2013), 163~164쪽.

57 이신영, 「[Weekly BIZ] 별★을 따고 싶나요? 대작 만들어야 대박 난다」, 『조선일보』, 2013년 7월 13일.

58 최원석, 「[Weekly BIZ] [Cover Story] 제조업의 民主化 革命」, 『조선일보』, 2014년 3월 29일.

제9장 공포·분노·충동

1 Jordan Almond, 『Dictionary of Word Origins: A History of the Words, Expressions, and Cliches We Use』(Secaucus, NJ: Citadel Press, 1997), p.72.

2 롤프 도벨리(Rolf Dobelli), 두행숙 옮김, 『스마트한 선택들: 후회없는 결정을 하기 위해 꼭 알아야 할 52가지 심리 법칙』(걷는나무, 2012/2013), 35~36쪽.

3 롤프 도벨리(Rolf Dobelli), 두행숙 옮김, 『스마트한 선택들: 후회없는 결정을 하기 위해 꼭 알아야 할 52가지 심리 법칙』(걷는나무, 2012/2013), 33쪽.

4 「Decidophobia」, 「Wikipedia」.

5 마이클 유심(Michael Useem), 안진환 옮김, 『고 포인트: 선택과 결정의 힘』(한국경제신문, 2006/2010), 89~90쪽.

6 강준만, 「왜 선택 사항이 많아지면 오히려 불행해지는가?: 선택의 역설」, 『우리는 왜 이렇게 사는 걸까?: 세상을 꿰뚫는 50가지 이론 2』(인물과사상사, 2014), 313~318쪽 참고.

7 올리버 예게스(Oliver Jeges), 강희진 옮김, 『결정장애 세대: 기회의 홍수 속에서 길을 잃은 사람들』(미래의창, 2014), 15~17쪽. 강준만, 「왜 "준비를 갖추지 말고 일단 시작하라"고 하는가?: 미루는 버릇」, 『생각의 문법: 세상을 꿰뚫는 50가지 이론 3』(인물과사상사, 2015), 218~223쪽 참고.

8 강준만, 「왜 우리 인간은 '부화뇌동하는 동물'인가?: 동조」, 『생각의 문법: 세상을 꿰뚫는 50가지 이론 3』(인물과사상사, 2015), 49~53쪽 참고.

9 앨빈 토플러(Alvin Toffler)·하이디 토플러(Heidi Toffler), 김원호 옮김, 『정치는 어떻게 이동하는가』(청림출판, 1994/2013), 203~204쪽.

10 앨빈 토플러(Alvin Toffler)·하이디 토플러(Heidi Toffler), 김원호 옮김, 『정치는 어떻게 이동하는가』(청림출판, 1994/2013), 199쪽.

11 마이클 유심(Michael Useem), 안진환 옮김, 『고 포인트: 선택과 결정의 힘』(한국경제신문, 2006/2010), 106~107쪽.

12 오성근, 『마녀사냥의 역사: 불타는 여성』(미크로, 2000), 15~23쪽; 찰스 매케이(Charles Mackay), 이윤섭 옮김, 『대중의 미망과 광기』(창해, 1841/2004), 280~298쪽; 존 B. 베리(John Bagnell Bury), 박홍규 옮김, 『사상의 자유의 역사』(바오, 1914/2006), 80쪽.

13 헨드릭 빌럼 판론(Hendrik Willem van Loon), 이혜정 옮김, 『관용』(서해문집, 1925/2005), 164~165쪽.

14 프랭크 푸레디(Frank Furedi), 박형신·박형진 옮김, 『우리는 왜 공포에 빠지는가?: 공포 문화 벗어나기』(이학사, 2006/2011), 117쪽.

15 클레이 존슨(Clay Johnson), 김상현 옮김, 『똑똑한 정보 밥상: 몸에 좋은 정보 쏙쏙 가려먹기』(에이콘, 2012), 60~61쪽.

16 앤서니 기든스(Anthony Giddens)·필립 서튼(Philip W. Sutton), 김봉석 옮김, 『사회학의 핵심 개념들』(동녘, 2014/2015), 380~381쪽.

17 앤서니 기든스(Anthony Giddens)·필립 서튼(Philip W. Sutton), 김봉석 옮김, 『사회학의 핵심 개념들』(동녘, 2014/2015), 378~379쪽; Stuart Hall et al., 『Policing the Crisis: Mugging, the State and Law and Order』(New York: Holmes & Meier, 1978), pp.3~28; 「Moral panic」, 『Wikipedia』.

18 한세희, 「게임 중독 담론과 도덕적 공황」, 『전자신문』, 2010년 10월 25일.

19 심재웅, 「언론의 학원폭력 보도 유감」, 『한국일보』, 2012년 5월 12일.

20 앤서니 기든스(Anthony Giddens)·필립 서튼(Philip W. Sutton), 김봉석 옮김, 『사회학의 핵심 개념들』(동녘, 2014/2015), 382쪽.

21 강성원, 「[저널리즘의 미래 ⑥] 제한된 취재원, 출입처 중심 받아쓰기 취재 관행의 한계…선정적 이슈 찾아 '하이에나 저널리즘' 행태도」, 『미디어오늘』, 2015년 2월 11일.

22 리처드 해리스(Richard J. Harris), 이창근·김광수 옮김, 『매스미디어 심리학』(나남, 1991), 232쪽.

23 존 피스크(John Fiske), 강태완·김선남 옮김, 『문화커뮤니케이션론』(한뜻, 1990/1997), 247쪽.

24 George Gerbner et al., 「The 'Mainstreaming' of America: Violence Profile No.11」, 『Journal of Communication』, 30(Summer 1980), p.15; 정인숙, 『커뮤니케이션 핵심 이론』(커뮤니케이션북스, 2013), xii~xiii.

25 김미성, 「마셜 맥루한의 기술결정론, 조지 거브너의 배양이론」, 『신문과방송』, 1991년 6월, 104~105쪽.

26 George Gerbner and Larry Gross, 「Living with Television: The Violence Profile」, 『Journal of Communication』, 26(Spring 1976), pp.193~194; 프랭크 푸레디(Frank Furedi), 박형신·박형진 옮김, 『우리는 왜 공포에 빠지는가?: 공포 문화 벗어나기』(이학사, 2006/2011), 31~32쪽; 배리 글래스너(Barry Glassner), 연진희 옮김, 『공포의 문화』(부광, 1999/2005), 298~304쪽.

27 George Gerbner and Larry Gross, 「Living with Television: The Violence Profile」, 『Journal of Communication』, 26(Spring 1976), pp.193~194.

28 조나 레러(Jonah Lehrer), 강미경 옮김, 『탁월한 결정의 비밀: 뇌신경과학의 최전방에서 밝혀낸 결정의 메커니즘』(위즈덤하우스, 2009), 168쪽.

29 강준만, 「왜 창피한 행동을 떠올리면 손을 씻고 싶어지는가?: 점화 효과」, 『생각의 문법: 세상을 꿰뚫는 50가지 이론 3』(인물과사상사, 2015), 85~90쪽 참고.

30 배리 글래스너(Barry Glassner), 연진희 옮김, 『공포의 문화』(부광, 1999/2005), 90쪽.

31 「Schneider Attacks Gerbner's Report on TV Violence」, 『Broadcasting』, May 2, 1977, pp.57~58; John A. Schneider, 「Networks Hold the Line」, 『Society』, 14:6(September/October 1977), pp.9, 14~17; 리처드 해리스(Richard J. Harris), 이창근·김광수 옮김, 『매스미디어 심리학』(나남, 1991), 233쪽.

32 Stuart Hall et al., 『Policing the Crisis: Mugging, the State, and Law and Order』(New York: Holmes & Meier, 1978).

33 엘리 패리저(Eli Pariser), 이현숙·이정태 옮김, 『생각 조종자들』(알키, 2011), 201~203쪽.

34 구본권, 「'좋아요'만 허용한 페이스북의 잔인함」, 『한겨레』, 2014년 12월 30일.

35 김석종, 「[여적] 음모론」, 『경향신문』, 2014년 7월 28일.

36 조너선 갓셜(Jonathan Gottschall), 노승영 옮김, 『스토리텔링 애니멀: 인간은 왜 그토록 이야기에 빠져드는가』(민음사, 2012/2014), 144~145쪽.

37 전상진, 『음모론의 시대』(문학과지성사, 2014), 6~7쪽.

38 「Conspiracy theory」, 『Wikipedia』.

39 전상진, 『음모론의 시대』(문학과지성사, 2014), 150~156쪽.

40 카를 R. 포퍼(Karl R. Popper), 이명현 옮김, 『열린사회와 그 적들 II』(민음사, 1945/1982), 140~141쪽; 캐스 선스타인(Cass R. Sunstein), 이시은 옮김, 『누가 진실을 말하는가』(21세기북스, 2014/2015), 28~29쪽.

41 전상진, 『음모론의 시대』(문학과지성사, 2014), 24~25쪽; 데이비드 에러너비치(David Aaronovitch), 이정아 옮김, 『음모는 없다: 음모 이론의 실체를 밝힌다』(시그마북스, 2010/2012), 509쪽.

42 데이비드 에러너비치(David Aaronovitch), 이정아 옮김, 『음모는 없다: 음모 이론의 실체를 밝힌다』(시그마북스, 2010/2012), 17쪽.

43 복도훈, 『묵시록의 네 기사』(자음과모음, 2012), 145~146쪽.

44 이규연, 「유병언은 살아 있다」, 『중앙일보』, 2014년 7월 25일.

45 조너선 갓셜(Jonathan Gottschall), 노승영 옮김, 『스토리텔링 애니멀: 인간은 왜 그토록 이야기에 빠져드는가』(민음사, 2012/2014), 141쪽.

46 캐스 선스타인(Cass R. Sunstein), 이시은 옮김, 『누가 진실을 말하는가』(21세기북스, 2014/2015), 6~7, 36~37, 57, 60~63쪽; 어수웅, 「음모론, 이렇게 돌파하라」, 『조선일보』, 2015년 2월 14일.

47 조너선 갓셜(Jonathan Gottschall), 노승영 옮김, 『스토리텔링 애니멀: 인간은 왜 그토록 이야기에 빠져드는가』(민음사, 2012/2014), 145쪽; 이주영, 『미국의 좌파와 우파』(살림, 2003), 82~87쪽.

48 Robert S. Robins & Jerrold M. Post, 『Political Paranoia: The Psychopolitics of Hatred』(New Haven; Yale University Press, 1997), pp.55~56, 97~98.

49 전상진, 『음모론의 시대』(문학과지성사, 2014), 225쪽.

50 「Conspiracy theory」, 『Wikipedia』.

51 조지 애컬로프(George A. Akerlof)·로버트 실러(Robert J. Schiller), 김태훈 옮김, 『야성적 충동: 인간의 비이성적 심리가 경제에 미치는 영향』(알에이치코리아, 2009), 19, 28, 277쪽; 로버트 실러(Robert Shiller), 이강국 옮김, 『비이성적 과열(제2판)』(알에이치코리아, 2005/2014), 438쪽; 최현석, 『인간의 모든 감정: 우리는 왜 슬프고 기쁘고 사랑하고 분노하는가』(서해문집, 2011), 19~20쪽; 김경숙, 「야성적 충동(조지 애컬로프·로버트 실러 지음)」, 『베리타스알파』, 2014년 2월 19일; 「야성적 충동[Animal Spirit]」, 『네이버 지식백과』.

52 미국 경제학자 리처드 포스너(Richard A. Posner, 1939~)는 애컬로프와 실러가 사용한 '야성적 충동'이라는 말의 용법이 케인스하고는 전혀 딴판이라고 비판했다. 케인스는 본래 이 말을 기업가가 계산을 소홀히 하고 새로운 시도에 몰두하는 '혈기'의 의미로 사용했는데, 그들은 이 말을 좀더 광범위하고 비합리적인 심리의 의미로 사용했다는 것이다. 히가시타니 사토시(東谷曉), 신현호 옮김, 『경제학자의 영광과 패배』(부키, 2013/2014), 223쪽.

53 조지 애컬로프(George A. Akerlof)·로버트 실러(Robert J. Schiller), 김태훈 옮김, 『야성적 충동: 인간의 비이성적 심리가 경제에 미치는 영향』(알에이치코리아, 2009), 39쪽.

54 조지 애컬로프(George A. Akerlof)·로버트 실러(Robert J. Schiller), 김태훈 옮김, 『야성적 충동: 인간의 비이성적 심리가 경제에 미치는 영향』(알에이치코리아, 2009), 269~270쪽.

55 존 캐서디(John Cassidy), 이경남 옮김, 『시장의 배반』(민음사, 2009/2011), 225쪽.

56 이언 레슬리(Ian Leslie), 김옥진 옮김, 『타고난 거짓말쟁이들』(북로드, 2011/2012), 215~216쪽.

57 이지훈·성태윤, 「[Weekly BIZ][Wisdom 실러 예일大 교수] 노벨 경제학상 수상자를 만나다 "美 증시는 좋은 투자처"」, 『조선일보』, 2014년 3월 8일.

58 「Irrational exuberance」, 「Wikipedia」; 차현진, 『금융 오디세이』(인물과사상사, 2013), 307~308쪽.

59 박종현, 「불확실한 세상에서 경제학은 어떻게 가능한가?」, 박성민 외, 『불확실한 세상: 위기의 시대를 좌우할 열쇳말』(사이언스북스, 2010), 105쪽.

60 이하경, 「야성적 충동, 대통령이 먼저 보여라」, 『중앙일보』, 2014년 8월 6일.

61 서동진, 「정동의 경제, 경제의 정동: 금융화된 주체의 증오와 환멸 그리고 분노」, 최기숙·소영현·이하나 엮음, 『감성사회: 감성은 어떻게 문화동력이 되었나』(글항아리, 2014), 27쪽.

62 김종인, 『지금 왜 경제민주화인가: 한국 경제의 미래를 위하여』(동화출판사, 2012), 126~127쪽.

63 로버트 실러(Robert J. Shiller), 노지양·조윤정 옮김, 『새로운 금융시대: 개인투자와 세계경제의 흐름을 바꿀 금융의 미래』(알에이치코리아, 2012/2013), 302쪽.

제10장 위험과 재난

1 존 캐스티(John L. Casti), 이현주 옮김, 『X 이벤트: 복잡성 과학자가 말하는 11가지 문명 붕괴 시뮬레이션』(반비, 2012/2013), 75~76쪽.

2 제임스 글릭(James Gleick), 박래선 옮김, 『카오스: 새로운 과학의 출현』(동아시아, 1987/2013), 51쪽.

3 「카오스이론[chaos theory]」, 「네이버 지식백과」; 마이클 셔머(Michael Shermer), 박종성 옮김, 『경제학이 풀지 못한 시장의 비밀』(한국경제신문, 2008/2013), 106쪽; 「Butterfly effect in popular culture」, 「Wikipedia」; 제임스 글릭(James Gleick), 박래선 옮김, 『카오스: 새로운 과학의 출현』(동아시아, 1987/2013), 10쪽; 박종훈, 『2015년, 빚더미가 몰려온다』(21세기북스, 2012), 18쪽.

4 마크 뷰캐넌(Mark Buchanan), 김희봉 옮김, 『세상은 생각보다 단순하다: 격변하는 역사를 읽는 새로운 과학』(지호, 2001/2004), 299쪽.

5 필립 코틀러(Philip Kotler)·존 캐슬라이언(John A. Caslione), 김명철·방영호 옮김, 『카오틱스: 격동의 시대, 일등기업을 만드는 경영·마케팅 전략』(비즈니스맵, 2009), 38쪽.

6 데이비드 코드 머리(David Kord Murray), 박여진 옮김, 『승자의 편견』(생각연구소, 2011/2012), 185쪽.

7 돈 탭스콧(Don Tapscott), 이진원 옮김, 『디지털 네이티브: 역사상 가장 똑똑한 세대가 움직이는 새로운 세상』(비즈니스북스, 2008/2009), 395쪽.

8 로언 깁슨(Rowan Gibson) 대담·정리, 손병두 옮김, 『미래의 경영』(21세기북스, 1996/2000), 11쪽.

9 린다 캐플런 탈러(Linda Kaplan Thaler)·로빈 코발(Robin Koval), 정준희 옮김, 『유쾌한 나비효과: 당신이 사소한 것에 목숨 걸어야 하는 9가지 이유』(흐름출판, 2009/2010), 10쪽.

10 롤프 도벨리(Rolf Dobelli), 두행숙 옮김, 『스마트한 선택들: 후회없는 결정을 하기 위해 꼭 알아야 할 52가지 심리 법칙』(걷는나무, 2012/2013), 264쪽; 제이슨 츠바이크(Jason Zweig), 오성환·이상근 옮김, 『머니 앤드 브레인: 신경경제학은 어떻게 당신을 부자로 만드는가』(까치, 2007), 247쪽.

11 「블랙 스완」, 「네이버 지식백과」; 「The Black Swan(2007 book)」, 「Wikipedia」; 「Black swan theory」, 「Wikipedia」; 나심 니컬러스 탈레브(Nassim Nicholas Taleb), 이건 옮김, 『행운에 속지 마라』(중앙북스, 2004/2010); 차익종, 「검은 백조의 출현, 나심 니콜라스 텔레브를 월가의 이단자에서 '현자'로 만들다」, 나심 니컬러스 탈레브(Nassim Nicholas Taleb), 차익종 옮김, 『블랙 스완: 0.1%의 가능성이 모든 것을 바꾼다』(동녘사이언스, 2007/2008), 7~13쪽; 장경덕, 『정글경제특강』(에쎄, 2012), 31쪽; EBS 지식프라임 제작팀, 『지식 EBS 프라임』(밀리언하우스, 2009), 20~22쪽.

12 유병철, 「美 부채협상 블랙 스완인가, 네온 스완인가?」, 『세계일보』, 2011년 7월 25일; 백종민, 「美 디폴트는 '네온 스완'」, 『아시아경제』, 2013년 10월 10일.

13 이한나, 「자료로 미래 예측? 제발 착각하지 말라!」, 나심 니컬러스 탈레브(Nassim Nicholas Taleb), 김현구 옮김, 『블랙 스완에 대비하라: 최악의 상황에서도 살아남기 위한 10가지 원칙』(동녘사이언스,

2010/2011), 8~9쪽: 마이클 모부신(Michael Mauboussin), 김정주 옮김, 『왜 똑똑한 사람이 어리석은 결정을 내릴까?』(청림출판, 2009/2010), 191쪽.

14 나심 니컬러스 탈레브(Nassim Nicholas Taleb), 차익종 옮김, 『블랙 스완: 0.1%의 가능성이 모든 것을 바꾼다』(동녘사이언스, 2007/2008), 26쪽.

15 나심 니컬러스 탈레브(Nassim Nicholas Taleb), 차익종 옮김, 『블랙 스완: 0.1%의 가능성이 모든 것을 바꾼다』(동녘사이언스, 2007/2008), 215쪽.

16 하수정 · 정영효, 「'블랙 스완'의 경제 위기 해법…"무위험 · 고위험에 8대 2 투자"」, 『한국경제』, 2013년 9월 24일.

17 나심 니컬러스 탈레브(Nassim Nicholas Taleb), 배현 옮김, 『블랙 스완과 함께 가라: 나심 니콜라스 탈레브의 위대한 잠언집』(동녘사이언스, 2010/2011), 20쪽.

18 「Nassim Nicholas Taleb」, 『Wikipedia』.

19 백승찬, 「[책과 삶] 안주하지 말라 아픈 만큼 성숙해진다」, 『경향신문』, 2013년 10월 5일.

20 나심 니컬러스 탈레브(Nassim Nicholas Taleb), 이건 옮김, 『행운에 속지 마라』(중앙북스, 2004/2010), 6~7쪽.

21 나심 니컬러스 탈레브(Nassim Nicholas Taleb), 안세민 옮김, 『안티프래질: 불확실성과 충격을 성장으로 이끄는 힘』(와이즈베리, 2012/2013), 593쪽.

22 김민주, 『하인리히 법칙: 재앙을 예고하는 300번의 징후와 29번의 경고』(미래의창, 2014), 15~17쪽; 이상훈, 『세상을 지배하는 숨은 법칙』(21세기북스, 2012), 199쪽; 「하인리히 법칙」, 『네이버 지식백과』; 「Herbert William Heinrich」, 『Wikipedia』.

23 이영직, 『세상을 움직이는 100가지 법칙』(스마트비즈니스, 2009), 36~37쪽.

24 김민주, 『하인리히 법칙: 재앙을 예고하는 300번의 징후와 29번의 경고』(미래의창, 2014), 36쪽.

25 김민주, 『하인리히 법칙: 재앙을 예고하는 300번의 징후와 29번의 경고』(미래의창, 2014), 24~25쪽; 「Herbert William Heinrich」, 『Wikipedia』.

26 노응근, 「[여적] 세월호와 하인리히 법칙」, 『경향신문』, 2014년 4월 23일.

27 이정재, 「네 탓, 내 탓, 선장 탓」, 『중앙일보』, 2014년 4월 24일.

28 박종국, 「[왜냐면] 세월호 참사는 이미 예견돼 있었다」, 『한겨레』, 2014년 5월 1일.

29 이정재, 「네 탓, 내 탓, 선장 탓」, 『중앙일보』, 2014년 4월 24일.

30 박현영 · 윤석만 · 정종문, 「'삼풍' 때도 수많은 사전 징후…'하인리히 경고' 잊지 말자」, 『중앙일보』, 2014년 5월 7일.

31 박철응, 「[심층기획-한국 사회의 민낯 '세월호']」 "노동자 목숨도 돈으로 계산하는 '경제염려증'이 산업 안전의 근본 문제"」, 『경향신문』, 2014년 5월 21일.

32 박철응, 「"화물차, 과적 거부 땐 일감 안 줘…단속해달라 하면 경쟁력 운운"」, 『경향신문』, 2014년 6월 2일.

33 「[사설] '도로 위의 세월호' 안전대책 시급하다」, 『경향신문』, 2014년 6월 3일.

34 찰스 페로(Charles Perrow), 김태훈 옮김, 『무엇이 재앙을 만드는가?』(개정판, 알에이치코리아, 1999/2013), 14, 28~29쪽; 홍성태, 『위험사회를 진단한다: 사고사회를 넘어 안전사회로』(아로파, 2014), 123쪽; 「Normal Accidents」, 『Wikipedia』; 박돈규, 「명심하라, 실패는 낱낱이 기록된다는 것을」, 『조선일보』, 2014년 4월 26일.

35 김명진, 「실험실을 벗어난 과학기술, 확대된 불확실성」, 박성민 외, 『불확실한 세상: 위기의 시대를 좌우할 열쇳말』(사이언스북스, 2010), 305~306쪽.

36 찰스 페로(Charles Perrow), 김태훈 옮김, 『무엇이 재앙을 만드는가?』(개정판, 알에이치코리아, 1999/2013), 13~14쪽; 윌리엄 데이비도(William H. Davidow), 김동규 옮김, 『과잉연결시대: 일상이 된 인터넷, 그 이면에선 어떤 일이 벌어지는가』(수이북스, 2011), 259쪽; 노정태, 「'침몰 원인'과 '참사 원

인'은 구분해야」, 『경향신문』, 2014년 4월 21일; 팀 하포드(Tim Harford), 강유리 옮김, 『어댑트: 불확실성을 무기로 활용하는 힘』(웅진지식하우스, 2011), 280쪽.

37 비제이 바이테스워런(Vijay V. Vaitheeswaran), 안진환 옮김, 『필요 속도 탐욕』(한국경제신문, 2012/2013), 185쪽.

38 강준만, 「왜 우리 인간은 '부화뇌동하는 동물'인가?: 동조」, 『생각의 문법: 세상을 꿰뚫는 50가지 이론 3』(인물과사상사, 2015), 49~53쪽 참고.

39 찰스 페로(Charles Perrow), 김태훈 옮김, 『무엇이 재앙을 만드는가?』(개정판, 알에이치코리아, 1999/2013), 261~264쪽; 춘카 무이(Chunka Mui)·폴 캐럴(Paul B. Carroll), 이진원 옮김, 『똑똑한 기업을 한순간에 무너뜨린 위험한 전략』(흐름출판, 2008/2009), 284~285쪽.

40 레베카 솔닛(Rebecca Solnit), 정해영 옮김, 『이 폐허를 응시하라: 대재난 속에서 피어나는 혁명적 공동체에 대한 정치사회적 탐사』(펜타그램, 2009/2012), 166~167쪽.

41 로버트 퍼트넘(Robert D. Putnam), 정승현 옮김, 『나 홀로 볼링: 사회적 커뮤니티의 붕괴와 소생』(페이퍼로드, 2000/2009), 671쪽.

42 나오미 클라인(Naomi Klein), 김소희 옮김, 『쇼크 독트린: 자본주의 재앙의 도래』(살림비즈, 2007/2008), 524쪽.

43 나오미 클라인(Naomi Klein), 김소희 옮김, 『쇼크 독트린: 자본주의 재앙의 도래』(살림비즈, 2007/2008), 515쪽.

44 윤평중, 「'災難 유토피아'에서 희망을 꿈꾸다」, 『조선일보』, 2014년 5월 2일.

45 강희철, 「신문 만들기의 어려움」, 『한겨레』, 2014년 10월 20일.

독선 사회

ⓒ 강준만, 2015

초판 1쇄 2015년 7월 31일 펴냄
초판 2쇄 2015년 11월 11일 펴냄

지은이 | 강준만
펴낸이 | 강준우
기획·편집 | 박상문, 박지석, 박효주, 김환표
디자인 | 이은혜, 최진영
마케팅 | 이태준, 박상철
인쇄·제본 | 대정인쇄공사

펴낸곳 | 인물과사상사
출판등록 | 제17-204호 1998년 3월 11일

주소 | (121-839) 서울시 마포구 서교동 392-4 삼양E&R빌딩 2층
전화 | 02-325-6364
팩스 | 02-474-1413

www.inmul.co.kr | insa@inmul.co.kr

ISBN 978-89-5906-354-3 03300
값 15,000원

이 저작물의 내용을 쓰고자 할 때는 저작자와 인물과사상사의 허락을 받아야 합니다.
파손된 책은 바꾸어 드립니다.

이 도서의 국립중앙도서관 출판시도서목록(CIP)은 서지정보유통지원시스템 홈페이지(http://seoji.nl.go.kr)와
국가자료공동목록시스템(http://www.nl.go.kr/kolisnet)에서 이용하실 수 있습니다.
(CIP제어번호: CIP2015020159)